国家出版基金项目
NATIONAL PUBLICATION FOUNDATION

|新时代生态文明丛书|

城市发展转型与生态文明建设

李　萌　潘家华　等/编著

中国环境出版集团·北京

图书在版编目（CIP）数据

城市发展转型与生态文明建设 / 李萌等编著. -- 北京 : 中国环境出版集团,2021.8
（新时代生态文明丛书 / 钱易主编）
ISBN 978-7-5111-4853-7

Ⅰ. ①城… Ⅱ. ①李… Ⅲ. ①城市经济－转型经济－研究－中国②生态环境建设－研究－中国 Ⅳ. ①F299.21②X321.2

中国版本图书馆CIP数据核字(2021)第181345号

出版人　武德凯
责任编辑　丁莞歆
责任校对　任　丽
装帧设计　金　山

出版发行　中国环境出版集团
（100062　北京市东城区广渠门内大街 16 号）
网　　址：http：//www.cesp.com.cn
电子邮箱：bjgl@cesp.com.cn
联系电话：010-67112765（编辑管理部）
010-67147349（第四分社）
发行热线：010-67125803，010-67113405（传真）
印装质量热线：010-67113404
印　　刷　北京中科印刷有限公司
经　　销　各地新华书店
版　　次　2021 年 8 月第 1 版
印　　次　2021 年 8 月第 1 次印刷
开　　本　787×960　1/16
印　　张　20
字　　数　310 千字
定　　价　106.00 元

XIN SHIDAI
SHENGTAI WENMING
CONGSHU

总序

随着全球城镇化和工业化的持续推进，世界环境形势日益严峻，对国际政治、经济、贸易以及科技发展产生了极其深远的影响，成为构建“人类命运共同体”的主要挑战。目前，低污染、低排放、资源循环利用以及对人类和生态系统健康的维系已成为各国政府和人民关注的焦点，全球环境问题的协同治理和绿色可持续发展的逐步推进成为各国的共同愿景。中国正积极参与全球生态建设，成为全球环境治理重要的参与者、贡献者、引领者。当前，迫切需要更多地提出中国方案、贡献中国智慧，以提升中国在全球环境治理中的国际话语权，为国际社会提供更多的公共产品，切实推动构建“人类命运共同体”的全球进程。

党中央和国务院把生态文明建设摆在治国理政的突出位置，明确指出生态环境是关系党的使命、宗旨的重大政治问题，也是关系民生的重大社会问题。党的十八大以来，生态文明建设一直被摆在国家发展的突出位置，已经融入经济建设、政治建设、文化建设和社会建设的各个方面及各项进程之中。党的十九大将建设生态文明提升为中华民族永续发展的千年大计，明确必须树立和践行“绿水青山就是金山银山”的理念，到2035年总体形成节约资源和保护生态环境的空间格局、产业结构、生产方式、生活方式，生态环境质量实现根本好转，美丽中国的目标基本实现。习近平总书记在2018年全国生态环境保护大会上发表重要讲话，强调要自觉把经济社会发展同生态文明建设统筹起来，着力解决生态环境突出问题，坚决打好污染防治攻坚战，全面推动绿色发展，使我国生态文明建设迈上新台阶。2020年10月，党的十九届五中全会把“生态文明建设实现新进步”作为“十四五”时期经济社会发展的6个主要目标之一，并明确提出了2035年基本实现社会主义现代化的远景目标——广泛形成绿色生产生活方式，碳排放达峰后稳中有降，生态环境根本好转，美丽中国建设目标基本实现。

为了系统性地回顾和总结中国生态文明建设的发展历程和取得的重大成绩，深入剖析新时代生态文明建设面临的挑战，更好地发挥高等院校的“智库”作用，国家发展改革委、清华大学生态文明研究中心和中国高等教育学会生态文明教育研究分会共同组织了“新时代生态文明丛书”的编著工作。本丛书以国家发展改革委为指导单位，由钱易院士担任主编、温宗国教授担任副主编，共有100余位专家、学者参与其中，在组织编写的过程中还召开了数次研讨会和书稿审议会，广泛征求了各方意见。

“新时代生态文明丛书”定位为具有较高学术深度的科普读物，内容尽力体现科学性、系统性、权威性和可读性，力图反映新时代生态文明建设的总体思路与发展方向，梳理了中国生态文明的发展历程、新时代生态文明的重要思想，凝聚了近年来中国生态文明建设领域部分相关理论问题、政策分析和实践探索等前沿性研究成果。丛书编著委员会结合新时代生态文明建设的重要内涵和当下的热点问题，将新时代生态文明建设总论、生态文明体制改革与制度创新、生态文明建设探索示范、城市发展转型、美丽乡村建设、生态农业工程、工业生态化、自然生态系统保护、生态文化与传播、绿色大学建设10个重大主题作为丛书各分册的核心内容。

习近平总书记在2018年全国生态环境保护大会上指出，我国“生态文明建设正处于压力叠加、负重前行的关键期，已进入提供更多优质生态产品以满足人民日益增长的优美生态环境需要的攻坚期，也到了有条件有能力解决生态环境突出问题的窗口期”。面向2035年基本实现社会主义现代化的远景目标，党的十九届五中全会重点部署了“推动绿色发展，促进人与自然和谐共生”的任务，着重强调要加快推进绿色低碳发展，持续改善环境质量，提升生态系统质量和稳定性，全面提高资源利用效率。希望本丛书的出版能够系统地展示我国新时代生态文明建设的探索之路，凝练一批生态文明先行示范区和试验区的优秀经验与典型案例，为社会各界全面深入地了解新时代生态文明建设的国家战略提供参考，对生态文明建设过程中需要破题的重要改革实践给予启发。

钱　易　温宗国

2020年12月30日

前言

工业革命以来，全球城镇化的推进动力主要来自快速工业化，那些完成工业化进程的发达经济体已处于饱和的城镇化阶段。目前，我国正处于工业化和城镇化进程的后期阶段，建立在以市场为基础、以竞争为导向的工业文明发展范式基础上的传统城市经济体系正面临着一系列特殊问题与严峻挑战：城镇化推进速度快但问题凸显、挑战严峻，城市发展呈现高消耗、高排放、高风险的“三高”特征，城市不可持续发展的风险加剧……因而，从规划、治理和建设层面推动城市的生态化转型已刻不容缓。党的十八届三中全会明确提出要大力推进生态文明建设，并将其作为我国今后发展的一个主要方向和主要任务。2014年，中共中央、国务院印发《国家新型城镇化规划（2014—2020年）》，再一次强调要积极推进城市发展转型，要求按照建设中国特色社会主义“五位一体”总体布局积极、稳妥、扎实、有序地推进城镇化。2020年，党的十九届五中全会要求进一步完善新型城镇化战略，构建国土空间开发保护新格局，推动区域协调发展，全面推进以人为核心的新型城镇化。

本书以国家社会科学基金重点项目“城市生态文明的科学内涵与实践路径研究”（课题编号13AZD077）为基础，经过中国社会科学院城市发展与环境研究所历时4年的研究，并经进一步梳理、提炼、深化而成。在潘家华研究员的主持下，课题组成员通力合作完成了研究任务。在此基础上，李萌副研究员对初期成果进行了系统、全面的梳理和再加工，历经2年多次与课题组成员交流沟通，最终修改完善形成本书。此外，庄贵阳研究员还对本书提出了建设性意见。其他作者的主要贡献分别是，王冉参与了本书第1章、第2章、第3章的写作，薄凡参与了第5章的写作，刘彦君参与了第6章的写作，朱磊参与了第7章的写作，谢海生参与了第9章的写作，朱守先参与了第10章的写作，李红玉参与了第11章的写作，梁尚鹏参与了第13章的写作。还有一些参与课题前期研讨的人员也对本书的资料收集、内容设计等做了大量的工作，在此一并表示感谢。

本书将城市发展转型与生态文明建设作为城市创新发展的重大理论问题并开展研究，期冀通过城市发展范式的重构为城市的可持续发展寻求一条新的路径。但这一极具理论挑战性和实践复杂性的重大课题需要不断求索、不断深化、不断创新，才能不断完善城市生态文明发展范式的理论构建和实践转型。相关的研究工作还远未结束，本书也还有许多尚未涉及和需要进一步深入探讨的问题，因此留下些许遗憾。书中如有疏漏与不足之处，恳请广大读者批评指正。

作　者

2020年11月

目录

CONTENTS

实践篇　城市生态文明建设路径

CONTENTS

政策篇 城市生态文明建设制度创新

CONTENTS

引 言

XINSHIDAI
SHENGTAI WENMING
CONGSHU

党的十九大报告指出，我们要建设人与自然和谐共生的现代化，既要创造更多的物质财富和精神财富以满足人民日益增长的美好生活需要，也要提供更多的优质生态产品以满足人民日益增长的优美生态环境需要，为此必须加快生态文明体制改革、推进绿色发展。习近平总书记也多次强调，生态文明建设是关系中华民族永续发展的根本大计，要保持加强生态文明建设的战略定力。生态文明建设战略，不是一个单纯的环境保护战略，尤其是在城镇化的具体实践中，城市的绿色创新转型作为生态文明建设的重要载体和抓手，是基于中国智慧，以系统思维探索出的一条生态治理、文明创新的和谐共生之路。基于此，城镇化需要避免走工业化的老路，应步入生态文明的“快车道”，积极构建经济、社会、文化等生态化发展格局，提升城镇化的可持续发展能力，推动全社会实现从工业文明向生态文明的转型。

在保持经济发展的同时迅速实现产业结构的升级和转型，形成绿色的经济和消费行为方式，是推动区域协调发展的有力支撑，是促进社会全面进步的必然要求[1]。然而，传统粗放式的城镇化模式会引发并加剧诸多环境、社会方面的矛盾，如资源利用效率低、环境污染排放高、生态服务功能弱、财富分配差距大等。因此，以生态文明为遵循的城镇化是我国城市文明转型的必然要求。

生态文明作为一种人与自然和谐共生的社会文明形态，不是简单地对原始文明、农耕文明和工业文明的否定或传承，而是人类社会文明演进的新时代，强调尊重自然、顺应自然，追求人与自然和谐共存、共生、共荣、共享、共融。随着工业化进程的快速推进，废弃物排放对环境的污染，破坏自然所引起的生态退化，高物耗、高能耗造成的资源枯竭均迫使人们重新审视人与自然的关系，反思经济社会发展的评估模式，寻求人与自然和谐发展、共生共赢的可持续发展道路，推进城市创新发展。党的十八大确定的新型城镇化战略突出了生态文明建设，与以往的城镇化道路相比，其新的要义就是以人为本、实现人与自然的和谐发展，按照生态文明的原则进行城市、区域的产业布局、空间布局，充分考虑生态的承载能力，在城镇化的进程中实现生态文明的建设任务，在生态文明的建设中提升城镇化的质量与现代

[1] 参见2014年3月16日中共中央、国务院印发的《国家新型城镇化规划（2014—2020年）》。

化的整体水准，从而探索出具有中国特色的城市与区域协同发展、城镇与乡村互动进步的现代化之路。联合国2030年可持续发展议程从保障全人类共同的生存与发展权利的角度，明确设定了城市与人类居住区可持续发展的目标，提出要建设包容、安全、有抵御灾害能力和可持续的城市和人类住区，中国城市的生态文明发展范式转型也为全球城市可持续发展目标的实现提供了中国案例，全球城市的可持续发展也为中国城市的可持续发展转型提供了国际背景支撑。

习近平总书记将生态文明建设提高到未来国家发展的战略高度，“绿水青山就是金山银山”的科学论断不仅适用于乡村振兴，也是城市可持续发展的基本遵循。在新时代生态文明建设中推进城镇化进程，就是要对工业文明发展范式下不可持续的城镇化模式加以改造和提升，其突出表现在一方面要将城市建设与当地山水相融合，体现当地独有的自然风光，以城市与自然的统一性与一致性凸显当地的生态底色与文化特色；另一方面要将绿色、低碳和循环作为城市规划建设和经济运行管理的基本原则和发展路径，不仅要努力改善城市空间范围内的环境质量，更要严格控制排放到城市以外的环境介质中的各种大气、水和土壤污染物，高效节约利用有限的自然资源和生态服务，实现区域层面的可持续城镇化。新型城镇化建设要求发展思路的革命化转型，需要实现从速度向效益转型、从粗放型向质量型转型，将生态环境纳入城市经济、社会、文化体系的构建中，缓解并有效解决经济发展与自然环境的矛盾，稳步迈向可持续城镇化的“快车道”，实现中国城市文明的生态转型。

| 理论篇 |

城市生态文明转型

第1章

城市与文明

XINSHIDAI
SHENGTAI WENMING
CONGSHU

1.1 城市概述

1.1.1　城市的起源和发展

城市的起源可以追溯到原始社会。英国史学家戈登·柴尔德在《城市革命》中提出了城市的十大特征：大型居住区、财富集中、大规模公共建筑、出版物、表演艺术、科学知识、对外贸易、从事非生产劳动的专业人员、阶级社会、以居住区而不是以亲属关系为基础的政治组织[1]。城市理论家马克斯·韦伯则认为，城市是由古代要塞与要塞外的市场结合而形成的，其起源的典型过程是先出现要塞，然后在要塞外出现市场，最后二者合为城市；同时，他还提出了城市的五大特征：稳定性、市场城市、政府、联系性和公民自治权。美国历史地理学家保罗·惠特利提出，古代城市并非起源于市场或者战争堡垒，而是在礼仪中心的基础上发展而成的[2]。美国城市规划理论家刘易斯·芒福德在其著作《城市发展史》中梳理了城市的起源。他指出，城市出现在旧—新时期的文化社区中，在这一时期的社区里，人类组织开始变得复杂，人们开始从事除农民、牧民和猎人以外的不同职业。城市中出现的新职业者（如渔夫、矿工、士兵、商人等）开始将他们的技艺带入城市，形成了城市中的不同生活文化。

我国对“城市”一词的记载最早出现在战国时期的典籍中。在这一时期，具有军事防御功能的“城”与具有商品交换功能的“市”已经有机结合到了一起。而单独意义上的具有军事防御作用的“城”则出现得更早，甚至可以追溯到我国原始社会末期，如“黄帝筑城造五邑”“鲧筑城以卫君，造郭以守民，此城郭之始也”。而原始的“市”则是在原始社会末期随着部落或者部落联盟之间的大规模交换而产生的，最初以简单的物物交换形式进行，如“祝融作市”“日中为市，致天下之民，聚天下之货，交易而退，各得其所”，都是在原始社会末期出现商品交换之后才出现的。

从分工和剩余价值的角度来看，城市是在社会分工与社会剩余的基础上发展而来的。人类第一次社会大分工始于原始社会后期，使农业和畜牧业得以分离，并带来少量剩余产品的产生，继而出现了商品交换行为。第二次社会大分工实现了农业和手工业的分离，手工业与农业共同成为社会生产部门，剩余产品进一步增多，并进入流通领域参与商品交换，进而在一些生产发达、位置优良、交通便捷、人口集中的地区形成了市场，而以手工业和商业为主的小镇则形成了未来城镇的初步模型。第三次社会大分工直接出现了以交换为目的的劳动产品的生产，使商品经济进一步发展，促成了私有制的形成和阶级的分化，并最终导致原始社会瓦解。部落之间为保护财富及人身安全而设立防线、构筑城墙，形成了最为原始的城市。[3]

无论是国际研究还是国内记载，城市作为具有防御功能和产品交换功能、与人类生活息息相关的物理性存在，是人类由野蛮走向文明的重要标志。城市有效地动员了人力，加大了社会交往的规模和复杂性，并促进了科技创新、基础设施建设和农业生产力的进一步提升。可以说，城市发展的过程实际上是古老的村庄文化逐步向新兴的城市“文明”的退让。[4]

1.1.2 城市的内涵与本质

截至目前，学界对“城市”并未提出一个明确的定义。从人口学的角度来看，城市是人口高度聚集的地区；从地理学的角度来看，城市是建筑物聚集的地区。二者分别通过人口的密度和基础设施的密度将城市看作一种不同于农村的空间聚落。从经济学的视角来看，城市是市场交换的中心，具有高度的工业与服务业活力。其中，马克思认为，相较于乡村孤立与分散的人口与生产，城市具有更集中的资本和工具，是经济和文化生活的中心。列宁认为，城市在经济文化领域的权重使之成为政治中心，是国家前进的核心动力。英国经济学家巴顿表明，城市可以定义为有限空间内经济市场交互的网状系统，包括房屋、劳动、运输等市场的互相作用、共同发展。[5]

社会学对城市的定义则更多地从人性的角度进行描述。芝加哥学派学者罗伯特·帕克强调：“城市绝非简单的物质现象，绝非简单的人工构筑物。城市是自然的产物，而尤其是人性的产物。人性是探求城市本质的最重要线索。”[6]英国史学家戈登·柴尔德指出：“城市产生之前，基本上是解决人类的摄食、生育、自卫等生物学需求；只有形成城市以后，人类自身物种属性的需求才具备了得到实现的可能，城市也就是在逐步实现这些需求的过程中逐渐形成和发展的。”古希腊哲学家柏拉图说过：“一个城市，或者一个国家，是对人的需要的一种反应。”因此，可以把城市的本质解释为“人类物种属性的全面延伸和物化”[6]。而各种“城市病”也随着城市的发展应运而生，这些城市问题本身也来自人类自身的缺点和弱点。这也印证了从社会学角度来看，人是城市的主体和灵魂。此外，城市是一个动态概念——基于人为主题的能动性和开放性，城市会随着人类生产和需求的发展而演化，会经历起源、发展到灭亡的过程。社会学还强调，城市作为人的行为组织系统，其问题与发展都是人们行为与选择的展现。这一观点为城市的研究奠定了以人为中心的基础。美国城市社会学家路易斯·沃思给出了城市的社会学定义：“城市是依靠正规控制和职业行为规则所提供的约束力来组成的稳定结合体。城市之所以为城市，主要是城市形成了一种特有的生活方式——城市性。”路易斯·沃斯主张将人口数量、人口密度以及人口异质性作为城市的3个主要标志[6]。

城市概念的厘清是讨论城市生态文明的前提。我们将城市的概念分为一般意义层面和具体意义层面。一般意义上的城市指的是城市体系，包括城市的空间体系、规模体系和类型体系等。目前，衡量城市的空间体系大多是按照地理位置，如东部、中部、西部等来划分的。城市的规模体系则是按照城市的行政级别分为大、中、小城市。城市的规模层级主要以城市人口数量为依据。我国传统的城市规模层级主要包括人口为100万人以上的特大城市、50万人以上100万人以下的大城市、20万人以上50万人以下的中等城市、20万人以下的小城市。2014年，国务院发布了《国务院关于调整城市规模划分标准的通知》（国发〔2014〕51号），明确了新的城市规模划分标准。新标准以城区常住人口为统计口径，将城市划分为5类7档。与原标准相比，新标准有4点重要调整：①城市类型由4类变为5类，增设了超大城市；②将小城市和大城市分别划分为2档；③人口规模的上下限普遍提高，小城市人口上限由20万人提高到50万人（不包括本数），中等城市的人口范围由20万～50万人提高到50万～100万人，大城市的下限提高到100万人，超过500万人则称为特大城市，超过1 000万人则定义为超大城市；④将统计口径界定为城区常住人口。城市的类型体系则往往按照城市的功能分为资源型城市、制造业城市和服务型城市等。有些城市群可自成一个体系。而具体意义上的城市则往往特指某个城市，其空间位置、规模大小以及类型体系可根据城市的具体特征进行分类，如东部大型制造业城市、西部中型旅游型城市等。

1.2 城市与文明的关系

1.2.1 文明对城市发展的影响

从时间维度来看，文明是一种演化系统，有其发生、发展、演变的过程，呈现出不同的历史形态，彼此有质的差异。人类祖先以野蛮的方式存在于地球上，那时是没有文明的。在数万年前，其中一部分人萌发了自我意识，学会了制造工具，创造了语言，形成了最初级的人类文明。由此起步，人类文明经历了由低级向高级、由简单向复杂的缓慢而曲折的演化和转型。文明的转型可以定义为“由于生产技术和社会组织方式发生了重大变革，而使人与自然、人与人的关系及相关的文化价值体系发生了根本性变化”[7]。迄今为止，人类文明已经经历了原始文明、农业文明和工业文明的历史阶段，正在迈向生态文明。城市的出现是人类由野蛮时代进入文明时代的重要标志。城市作为人类社会发展中出现的一个重要的社会现象，受到社会经济基础及政治、法律、文化、宗教等上层建筑的影响。[8]

城市的出现与文明的发展息息相关，古人类文明的发源地往往也是城市或城邦的诞生地。刘易斯·芒福德指出，城市是人类文明产生的重要标志，其演变遵循人类文明发展的过程。城市和城邦多发源于一些大河流域，如两河流域（底格里斯河和幼发拉底河）、尼罗河、印度河、黄河，以支持人类文明的复杂性和组织性。因此，这些流域恰恰也是古人类文明的发源地。有条件从事初步农业和畜牧业的地方就会有村庄的存在，但是起源于大河流域的城市突破了农村社会交流与贸易交流的局域限制，需要广泛的物质和资源来支持更加广阔的交流和财富的积累，而大河带动的船运和水力资源则有效地支持了城市活动的进行和发展。[9]

城邦出现于原始社会中后期，是在奴隶制社会的基础上建立的，因此反映出典型的奴隶制社会的政治、经济形态和特点。两河流域最早期的城邦只是乡村的行政和宗教中心，后来随着生产力的发展和手工业的分化，逐渐发展成为帝王和贵族服务的手工业集中地和商业中心[8]。封建社会的城市则是随着社会生产力的不断发展壮大，在商品生产和商品经济进一步发展的基础上逐渐形成的。封建社会的城市等级分明、功能明晰，分为政治功能区、商业功能区、居民生活区，各区域建筑风格迥异、特点鲜明。随着资本主义萌芽的产生，城市规模也不断扩大。到15世纪末期，随着航海业的发展，生产力提高带来的剩余资本推动了对外贸易的发展，城市数量急剧增加，城市规模也迅速扩大。而随着18世纪工业革命的兴起，手工生产被机器生产所代替，工业发展吸引了大量劳动力来到城市，导致城市规模的迅速扩大，新型工业城市迅速发展。进入21世纪，科技的飞速发展带来生产力的不断释放，城市数量、规模也在不断增加。随着交通运输业的发展，城市的边界越来越广，与农村地区的界限日益模糊。与此同时，也出现了如工业城市、旅游城市、商业城市、金融城市、教育城市、资源城市等特色城市。

因此，城市作为一个国家或者地区的经济、政治、科学、文化、教育中心，是基于社会生产的漫长过程发展而来的。城市的起源、初具规模和快速发展是基于社会生产力和生产工具的发展，由此也带来了意识形态和阶级上的矛盾对立，包括城乡、工农、体力与脑力劳动的对立等。[8]

城市作为人类文明和复杂性组织结构的载体，受社会经济基础的制约，以及建立在这种社会经济基础之上的上层建筑的制约。可以认为，城市的面貌由其所发展的文明形态（包括经济形态、社会政治等）决定，并随着所依托的文明形态的变革而逐步产生变化。原始城市到现代化城市的发展过程也正是人类文明从原始文明向现代文明的发展过程。

1.2.2 城市的文明属性

城市文明是人类文明发展的一个阶段，其本身具有多重属性，或者说，城市是人类文明的一种具体表现形式，伴随着人类文明的产生发展、不断变革和形态演进而具有不同的阶段特征。人类文明由原始文明、农业文明、工业文明继而到生态文明的发展过程，也是城市由原始雏形到农业社会时期的城市，再到工业城市，继而发展为生态城市的过程[10]。

城市的文明属性，主要体现在以下几个方面。

1. 贯穿性

纵观人类文明的发展史、城市建设的演变史，城市并不是一种单独的文明现象，它无法离开政治、经济等文明现象而单独存在。同时，从传统社会到现代社会，城市都发挥着重要的文明作用。所有阶段的文明都在一定程度上具有空间性与城市性，城市是一种贯穿性的现象，既有原始城市、农业城市、工业城市、生态城市，又有军事城市、商业城市、消费城市等。贯穿性是城市的重要文明属性之一。

2. 整体性

城市可以涵盖政治、经济、文化等所有文明要素，但是政治、经济、文化等要素却无法涵盖城市。城市这一概念在自然性、生态性意义上的外延甚至大于文明。一定的生态环境与自然资源是城市存在的必要前提，当这些因素没有经过人类的改造与加工，即“人化”时，并不能称之为文明。城市是一种整体性的文明，涉及人与自然、人与人、人与社会等众多方面，甚至会关联到自然生态等人类文明所必需的外围条件、边界因素。

3. 复杂性

与其他文明要素、文明领域的复杂性相比，城市的复杂性尤为突出。城市文明的复杂性不仅涵盖所有具体的文明领域，更表现在所有的文明领域与文明要素都会因其聚集于城市而不断产生变化甚至加速变化，并不断产生、分裂出新的文明领域与新的文明要素。文明要素繁多且易变，人类需求也不断细化，二者相互作用、相互促进，使城市日益成为复杂且巨大的文明系统，甚至在一定程度上表现出不可知和不可控性。

4. 裂变性

城市聚集了多元化文明与多样化人口。城市中多样化人口的聚集促进了彼此间的交流与交往，为创新提供了根本性的内生动力。聚集推动创新，创新又促进了新的聚集，二者相互推进，使城市规模日益扩大、城市功能不断完善、城市构成要素与领域逐渐增多。回顾历史，城市变化的总体趋势是规模不断扩大、数量不断增加、功能日趋复杂、形态日益多样。由此可见，裂变式发展是城市的重要文明属性。[11]

参考文献

[1] 张艳红．传播：城市起源的原动力［J］．东南传播，2009（10）：75-77.
[2] 耿曙生．论中国城市的起源与形成［J］．苏州大学学报（哲学社会科学版），1990（4）：19-24.
[3] 郑宝祥．城市的起源和发展［J］．政治学研究，1985（4）：56-59.
[4] 朱逸宁．汉代政治型都市文化的形成及其对经济型都市的影响［J］．江南大学学报（人文社会科学版），2011（5）：47-51，133.
[5] 宋俊岭．城市的定义和本质［J］．北京社会科学，1994（2）：7.
[6] 尤建新．城市定义的发展［J］．上海管理科学，2006（3）：67-69.
[7] 黄大慧，韩爱勇．文明转型视角下的东亚秩序重构［J］．人民论坛，2010，35：18-19.
[8] 郑宝祥．城市的起源和发展［J］．政治学研究，1985（4）：56-59.
[9] 刘易斯·芒福德．城市发展史［M］．北京：中国建筑工业出版社，2005.
[10] 厉磊．工业文明与生态文明辩证关系研究［D］．北京：中共中央党校，2015.
[11] 陈忠．城市社会的文明逻辑——基于城市哲学与城市批评史的研究视角［J］．天津社会科学，2016（1）：58-64.

第2章

工业文明对城市的重塑

XINSHIDAI
SHENGTAI WENMING
CONGSHU

2.1 工业发展与城市化

2.1.1 城市化是农业文明向工业文明转型的重要标志

1. 城市化进程

城市化（urbanization/urbanisation）也称为城镇化，指一个国家或地区通过社会生产力的发展、科学技术的进步以及产业结构的调整，从以农业为主的乡村型社会转向以工业和服务业为主的现代城市型社会的演变过程。城市化进程包括产业结构的转变、地域空间的变化和人口职业的转变等。[1]

我们可以这样概括城市化的特点：①城市化的过程是人口从农村向城市转移的过程；②这种转移与工业化等非农业化发展直接相关，人们从乡村向城市转移是由非农业活动向城市集中带来的；③随着人口从乡村向城市转移，政治、经济、文化乃至人们的生活方式与社会意识等方面也会产生相应的变化。[2]

一般来说，城市化不同于城市的发展进程。城市化使人口快速集聚、生活质量提高，并产生社会分工，推动文明转型，促进社会进步。世界的城市化是在工业化推动下社会快速发展的结果。学界普遍认为，城市化是工业革命之后才开始的[1]。18世纪中叶，工业革命变革了人们的劳动方式，提高了劳动生产率，大大促进了生产的专业化和协作化。机器工业的大批量生产要求一些工厂集中在一起，以便相互供给原料、成品或提供服务，大量的商品生产出来需要有比较集中的市场和发达的商业、服务业、通信、信息、交通运输业等为商品的价值和商品流通服务，发达的商品生产和流通需要有发达的银行证券交易所，以便为社会再生产提供资本借贷的便利。所有这些均引起了大量非农业人口的迅速集中，导致不同规模城市的不断涌现[3]。可以说，城市化是农业文明向工业文明转型的重要标志。

一般来说，城市化可以分为4个阶段。

第一阶段：城市化的兴起。从1760年的产业革命开始至1851年，英国实现了城市化进程，成为世界上第一个城市人口超过总人口50%的国家。

第二阶段：发达国家城市化的基本实现。1851—1950年为城市化在欧洲和北美洲的发达国家基本实现的阶段，主要的实现方式是通过产业革命的推动，在工业化进程中吸引了大量的劳动力从农村转移到城市。这100年间，城市化进程快速发展，推动了4亿多人口进入城市。同期，发展中国家的人口也有所增加。1851年，发展中国家的城市人口仅有4 000万人，到1950年增加到2.68亿人。1851—1950年，整个世界的城市人口由8 000万人增加到7.12亿人，占世界总人口的28.4%。这一阶段，英国进入高度发达的城市化阶段，城市人口占比高达80%，其他发达国家进入基本城市化阶段（城市人口占比约为50%），发展中国家的城市化进入起步阶段，城市人口占比约为20%。[1]

第三阶段：城市化加快发展，进入世界城市化。1950—1990年，世界城市人口占比由28.4%上升至50%左右，整个世界开始进入基本城市化阶段。此时发达国家的城市化率约为70%，发展中国家约为35%。[2]

第四阶段：城市化完成阶段。1990—2030年，随着中国、印度等人口大国完成城市化进程，世界城市人口的占比将保持在60%左右。英国、美国等发达国家经历了城市化的迅速发展后进入调整期，逆城市化和城市郊区化有所发展。

2.中国的城市化

与世界城市化发展的总进程相比，中国的城市化进程基本可以分为3个阶段。

第一阶段（1949—1978年）：城市化发展的起步阶段。新中国成立之初，我国的城市化率仅为11.18%，到1978年提高到17.92%。近30年的时间里，我国的城市化发展非常缓慢，工业化速度大于城市化的发展速度。受到当时重工业化、轻城市化政策导向的影响，再加上我国城市化水平低、基础设施建设落后等的影响，这一阶段的城市化发展缓慢。

第二阶段（1979—2000年）：城市化平稳发展阶段。这一阶段，我国的城市化率由17.92%提高到36.22%，城市数量由139个增加到636个。这一时期城市化的迅速发展归因于改革开放以来经济的迅速发展。与此同时，我国以重工业为重心的发展战略向以轻工业为重心的发展战略转移，极大地促进了就业的增长。同时，在农村和城市进行的各项改革也为城市化的发展奠定了制度基础。20世纪80年代改革开放以后，沿海城市迅速发展，国家实施的城市带动区域发展战略和向东部沿海区域倾斜的政策使沿海大城市也成为城市化发展的重点。20世纪90年代中期开始的大规模国有企业体制改革也进一步活跃了城市经济，尤其是给农村劳动力进城务工带来了机遇。在这一阶段，由于劳动力的大量涌入，现有城市规模迅速扩大；轻工业的发展又催生了中小城市和小城镇的崛起，尤其是东南沿海一带以出口加工为特色的轻工业城市更是纷纷涌现。

第三阶段（2001年至今）：城市化的飞速发展阶段。这一阶段以住房制度改革为开端，在城市推行的住房制度改革对城市化的推动作用逐步显现，土地价值逐渐体现。房地产业的迅速发展使城市不断由中心区向郊区扩展，城市面积迅速扩大。由于交通基础设施的发展和完善，旧城区加速重组和新城区快速扩张成为城市化的主要表现形式。大城市周边的新城区也在不断涌现，城市群、城市带、城市圈成为城市化发展的新格局。

2.1.2 工业文明背景下城市发展的新特点

工业文明的诞生是人类发展史上具有划时代意义的一件大事，它首先兴起于欧洲，后来迅速在全世界范围内扩展开来。海外扩张和殖民、产业基础积累巩固与资产阶级崛起是工业文明兴起的重要条件。伴随着以蒸汽技术为核心的第一次工业革命、以电力技术为核心的第二次工业革命和以信息技术为核心的第三次科技革命，工业文明在世界各地蓬勃发展，极大地改变了人们的生产和生活方式。

1. 城市人口快速集聚

第一次工业革命以来，机器的大规模应用使人类得以在一定程度上摆脱了对水力、风力等天然能源在地理方位上的制约，并带来了真正意义上的能源动力革命。人工能源可以将生产集中在一个或者几个相对固定的区域，并在这些区域的基础上吸引更多的人力资本。产业集聚带来人口的集聚，继而带动了商业和贸易的发展，以及城市人口的迅速膨胀。

2. 城市布局发生根本性变化

随着工业化的发展，城市布局由原来的防御性功能向生产性功能转变。城市以工厂为中心点，向周围逐渐辐射扩散。工人居住区分布在工厂外围，继而衍生出满足他们日常生活需要的商业区和娱乐区。随着工厂的进一步扩大，居住区和商业区也会再次以新的工厂区为中心扩展出去，形成圈层式的城市布局。产业不断扩大所产生的新需求（包括仓储、物流等）又使城市区域进一步向外扩张，并产生了模块化的布局，如仓储区、生产区、生活区等。商业活动随着工厂的扩大也同步甚至更为迅速地发展，工人生活水平的提高刺激了商业活动的发展，经济活动的增加、金融机构的产生使城市中以商业、贸易和金融活动为主的区域迅速扩大。

城市布局的改变与交通工具的发展密不可分，铁路、汽车、航运、空运等多种交通运输形式的出现也对城市布局提出了新的要求。

3. 城市服务功能迅速优化

城市产生之初，其军事意义和宗教意义远远大于对城市居民生活的服务意义。但是随着工业革命后经济的大发展，居民对生活质量改善的要求远远大于对城市防御功能的需求。在这样的趋势下，城市的服务功能，包括生活服务（商业、教育、医疗、养老、环境治理等）和生产服务功能得以迅速发展。

2.2 工业文明时代城市面临的挑战

工业文明的实质是以化石能源为动力的生产方式，是高度集中的商品化的生产方式，是大规模资本化、市场化的生产方式，是高度国际化的生产方式，它呈现出生产机械化、经济自由化和政治民主化3个核心特征。工业文明在创造了巨大的生产力、推动社会进步的同时，也带来了一系列的问题与危机，其城市扩张的过程就是自然环境发展为人工环境的过程。城市面积的扩大意味着自然面积的缩小，而城市化进程中产生的废水、废气、废渣等，对居民健康和生态环境都会产生显著的影响。城市本身给局部小气候带来的影响、环境污染对城市生态的破坏、城市对乡村资源掠夺导致的城乡差距加大、“城市病”的不断恶化等都是工业文明时代城市面临的挑战。

2.2.1 城市对气候的影响

预计到2025年，全世界约有60%的人口居住在城市。城市化带来的经济发展所对应的基础设施建设与产业建设改变了城市原有的下垫面特征。此外，城市交通与产业消耗的能源产生了热能与污染，排入大气后会导致近地层大气结构的改变，形成城市局域性气候。随着全球城市化进程的发展，这种限于城市及其周边地区的天气变化逐渐演变为全球范围内的气候变化，给全球居民的公共健康与安全带来威胁。受到城市下垫面影响的环境因素主要有降水、气温与辐射，进而影响大气污染物的扩散与沉降，使热能在城市及其周边地区聚集的现象越发严重。因此，城市及周边地区开始形成独有的气候效应，如城市热岛效应、干岛效应、浊岛效应、湿岛效应及雨岛效应等[4]。其中，城市热岛效应是最为典型和严重的城市气候异象表现，在夏季严重影响了制冷所需的能耗，也会对空气质量有所影响，这是因为热岛效应的垂直分布使污染物难以随气流飘散，从而导致局部地区的空气污染聚集，无法自然得到缓解。此外，我国近年来秋冬季越发频繁的雾霾现象表明城市浊岛效应正在愈演愈烈。

1. 城市热岛效应

近年来，在全球气候变暖的趋势下，城市热环境成为当前城市气候与环境研究的热点问题。在人为因素与气候条件的相互作用下，城市中心地区近地面温度一般高于周边地区，这一现象被称为城市热岛效应（urban heat island effect）。其中，人为因素主要包括城市下垫面的改变、热量和温室气体的过度排放，以及大气污染。有研究表明，城市的扩建会加快热岛效应的形成并加重其严重程度。城市人口越多，热岛效应越明显。

由于较高的人口密度与较低的绿化程度，我国许多城市都有较为严重的热岛效应。除对环境和能耗的影响外，热岛效应还极大地加重了我国城市居民用电的经济负担。热岛效应对能量的消耗以及全球变暖的影响处于恶性循环状态：由于热岛效应使城市温度过高，交通工具与建筑物的制冷需求就会增大，制冷导致的温室气体排放因此增多，直接加速了全球变暖和城市热岛效应的恶化。此外，城市建筑物的钢筋水泥质地也改变了原有土层的受热与散热机制，使一些大城市的年平均气温增幅大于全球变暖速度，为全球气候变化带来风险。[4]

2. 城市浊岛效应

随着工业化进程的加快与城市的扩张，城市生产活动所排放的大气污染物在空中聚集，对阳光产生吸收与散射效应，一方面使大气能见度降低，另一方面使到达地面的阳光急剧减少。引起大气能见度降低的因素又分为人为与自然两种：人为因素包括大气污染物的排放，如烟尘；自然因素包括雾与扬沙。其中，人为因素造成的大气能见度降低尤其值得关注：工业污染造成的气溶胶粒子（包括PM_{10}、$PM_{2.5}$、硫酸盐、炭黑等物质）排放，不仅会减少阳光对地面的直射，还会对居民的呼吸系统造成损伤。大气能见度与温度、湿度、风速、风向等气候条件关系紧密[4]，因此改善城市的空气质量要从城市本身的气候条件着手，应用基于自然的解决方案进行因地制宜的处理。

3. 城市干岛效应和湿岛效应

由于城市下垫面质地的改变以及人类生产活动的影响，城市的湿度日振幅往往大于郊区，形成昼夜更替的干岛效应和湿岛效应（并称干湿岛效应）。干湿岛效应的成因与热岛效应息息相关：城市由于气温较高，在夏末秋初时相对于周边地区结露较少，空气中的水气压高于周边地区，因而形成湿岛效应；同时，在上午升温后，由于城市可以蒸发的露水（相对于郊区）较少，湿岛效应又会转为干岛效应。

干岛效应的另一原因是城市主体有钢筋水泥结构的不透水下垫面，城市中的降水大部分会被排水管道倒流至其他区域。因此，城市缺乏天然地表土壤和植被的储水能力，从而导致城市的空气不能通过土壤和植被蒸发获得持续水分，因此形成干岛效应。随着城市的扩大，其干岛效应强度明显增强，即干岛效应强度随着城市的发展而加剧[4]。

4. 城市雨岛效应

雨岛效应也是影响城市气候的因素之一。城市高密度的建筑物与交通带来的热量在城市上空积累成热气流，增大了降水的概率。同时，城市集中的建筑物使风速减小，强雨带等天气系统在城市上空停留的时间比空旷的郊区长，因而总降水量增多，这被称为雨岛效应。雨岛效应集中出现在汛期和暴雨时，导致城市的暴雨频率与强度高于周边地区，易形成洪涝灾害[5]。

2.2.2 “城市病”的蔓延

“城市病”源自人类需求的无限性与资源供给的有限性之间的矛盾。在城市化进程中，工业、商业和生活行为产生的废弃物排放，人口膨胀带来的居住空间减少、交通拥堵和噪声污染等，以及对农村的掠夺式发展带来的城乡差距拉大，逐渐成为城市良性发展的障碍。

1. 人口膨胀

随着城市化的不断发展，大量的农村人口涌入城市。随着城市基础设施和多种产业的迅速发展，城市对周边人口的吸引力不断增加。交通运输网络不断向更为边远的地区延伸，为人口涌入城市创造了便利的条件。当人口集聚超过城市资源环境的承载极限时，就会导致城市生存空间狭窄，人均基础设施和公共服务的占有量偏低，从而严重影响城市居民的生活体验和生活质量，也不利于城市的健康、持续发展。

2. 环境污染

城市的快速发展以及公共服务设施的不足使城市发展产生了巨大的环境压力。发达国家在上百年的工业化进程中分阶段出现的环境问题在我国已集中显现。当前我国城市的环境污染按自然要素可分为三大类。

一是大气污染。化石能源燃烧、机动车尾气排放、工业废气排放是造成大气污染的最主要因素，其主要污染物是二氧化硫、二氧化碳、烟尘、氮氧化物以及氰、氟、氯等有害元素，这些也是造成雾霾、光化学烟雾等事件的主要原因。随着城市人口规模的膨胀，能源消耗不断上升，由于第二产业发展过快，其集中排放的污染物超出了环境的自净能力；机动车保有量的不断上升、城市规划的不合理使拥堵现象频发，进一步加重了尾气排放的危害。除此以外，造成大气污染的原因还有工地扬尘、厨房油烟（包括路边烧烤）、农业活动排放（如秸秆焚烧）等。

二是水污染。工业发展过程中超标排放的工业废水、大量未经处理的生活污水和其他废弃物进入江、河、湖、海等水体后，由于污染物超过了水体的自净能力而造成污染，进而导致水体中的有害化学元素含量超过阈值，危害人体健康，破坏自然生态平衡。尽管近年来因加大了治理力度，工业废水有所减量，但生活污水依然保持原有量，占废水排放总量的一半以上。水污染还会随着水体流动扩散到河湖、水库甚至地下水中，直接对饮用水水质、水生生物生存、土地、渔业发展、工农业生产等造成影响。

三是土壤污染。土壤污染是人口激增和工业发展中将固体废物填埋堆放的必然产物。土壤污染的来源渠道很多，不仅包括固体废物中的有害物质渗入土壤而导致的直接污染，还包括大气中的有害物质被雨水携带进入土壤而造成的间接污染，而在被污染土壤上生存的动植物则会吸收土壤中的有毒物质，再经由食物链将这些物质传递给人类，从而给人体健康带来间接影响。

若按照人为因素分类，环境污染还包括噪声污染、光污染、垃圾污染等。

噪声污染包括城市道路交通噪声（其中高架道路、轨道交通等引发的噪声影响更为突出）、建筑工地噪声、社会生活噪声（如来自第三产业的餐饮场所、菜市场、商店、文化娱乐场所的排风机、空调机组、喇叭音响等噪声）和城市工业噪声[6]。噪声污染影响居民的生活质量，危害居民的身体健康，严重的还会引发社会矛盾。

光污染主要包括白亮污染、人工白昼污染和彩光污染。光污染的重要表现之一是建筑物反光导致人们暂时失去视觉或产生晕眩感，给夜间开车或作业带来很大危险。严重的光污染和杂乱的光波会损伤眼睛，扰乱生物钟，诱发不良情绪，干扰天文观测、通信设备的使用，甚至造成车祸、坠机等悲剧。

垃圾污染又称固体废物污染，是城市面临的主要污染之一。调查数据显示，我国2/3的城市陷入垃圾围城中。为了更直观地描述城市垃圾产生的速度之快，有研究称大城市每人每天大约产生1 kg垃圾，一个中型城市可以在一天内产生近万吨的固体废物[7]。工业、生活、厨余等各种垃圾堆积带来了处理难题，如垃圾填埋会造成土壤污染，且挖掘成本高、填埋空间有限；垃圾焚烧发电可能会带来空气污染，其中垃圾焚烧厂项目也引发了一系列争议与社会矛盾。

3. 交通拥堵

随着经济的不断增长、城市化水平的不断提升，机动车（尤其是私家车）数量与日俱增，使城市道路负荷加重、能源消耗加剧，尤其是在一些特大城市、大城市中，交通拥堵已成为制约城市发展的重要一环。造成交通拥堵现象的原因有二：一是在客观上，城市发展迅速，机动车保有量不断上升，但是公共交通基础设施建设不到位、规划不合理且缺乏长远考虑；二是在主观上，交通事故占用车道、交通法规意识淡薄、不按规定车道行车、抢道不让行等现象普遍存在。

交通拥堵的危害不容忽视：不仅增加了出行成本，降低了运输效率，埋下了交通事故隐患，而且还会降低发动机的燃烧效率，加重能源浪费和尾气排放，加剧城市大气污染。从长远来看，拥堵问题会干扰城市功能的发挥，甚至导致经济社会发展的衰退。

4. 就业困难

造成就业困难的原因，一方面是城市快速扩张，大量外来人口的涌入造成劳动力市场供需失衡；另一方面是一些城市正处于发展转型阶段，面临着产业更替、升级，原有产业劳动力不能进入新兴产业中，从而出现大量的下岗失业与离退休人群。而这些原因最终可归结为劳动力供需结构错配，各行各业对专业化、技术型人才的需求越来越高，新增劳动力的知识与技能结构不能满足岗位要求，造成大量未就业人口与社会闲散人员，加重了城市贫困问题。因此，在我国城市化快速发展的时期，解决城市就业、防止出现社会贫困问题是实现城市文明转型的重要保障。

5. 住房紧张

在城市发展过程中，随着人口的增加，注册家庭数量上升，越来越多的城市新居民面临着找不到合适房源的问题。一方面，客观上确实存在着人口增长过快、经济适用房房源供给短缺、保障性住房建设缓慢等原因；另一方面，居高不下的房价更是挡在城市新居民面前的一座大山，开发商拿地成本上升，建筑材料价格高企，建筑商为了牟取利润选择建设更多的商品房，更有部分商家炒房、囤房、哄抢房源、倒买倒卖扰乱市场秩序，导致房地产行业的不健康发展。住房需求难以满足，外来务工人员和年轻居民就无法安居，无法融入城市生活，从而造成人口流动性加大、治安恶化，为城市健康、可持续发展埋下隐患。

6. 城市规划不合理

城市规划在宏观和微观两个维度上对城市的面貌、布局形态、规模和居民生活环境产生着深刻的影响，其中，宏观层面包括城市性质和发展方向、城市交通布局、城市功能分区、城市人口规模、城市防洪工程、防震、消防、管线燃气系统、公共绿地和防护绿地等，微观层面包括道路红线（城市及居住区级道路用地的边界线）、建筑红线（建筑用地边界外）、城市紫线（国家历史文化街区及建筑的保护范围界线）、城市绿线（城市绿化建设）、容积率、建筑间距、日照间距比、日照标准、建筑密度等[8]。

在城市快速发展的阶段，政府规划部门缺乏前瞻性、充分论证和科学筹划，配套设施建设不齐全，城市管理方式落后等原因造成城市盲目扩张，进而引起功能区分布不合理，交通拥堵，排水、电力设施不能适应城市需求，居民生活质量恶化，城市风格千篇一律等后果，同时也加重了对生态环境、历史古迹的破坏。

除此以外，开发商在建设房地产项目时缺乏政府引导和一致性统筹，盲目追求利润，求大求异，也是造成城市规划不合理的重要原因。

2.2.3 城乡差距

城乡差距即城乡二元结构，是指“以社会化大生产为主要特点的城市经济和以小生产为主要特点的农村经济并存的经济结构”[9]。美国经过70年的努力将工农收入趋向平衡。而发展中国家的城乡经济基本处于一种非均衡的发展态势，并且这种差距在缺少宏观调控的背景下有继续扩大的趋势。增长极理论和非均衡发展理论表明，在某一时段内城乡差距和区域发展不平衡是各国工业化和城市化进程中普遍存在的现象，并且城乡差距总是先逐步扩大、再逐渐缩小的，但是如果这种差距过大，则会引发贫富分化、阶级对立、治安隐患等社会问题，农业人口减少、耕地废弃、威胁农业生产等生产问题，自然村与传统特色文化消亡等文化问题。从宏观经济的角度来看，城乡差距长期过大会导致农村居民消费增长缓慢，制约社会消费总量的增长，不利于消费结构的优化升级，阻碍经济发展方式的转变，降低国民经济的整体效率。

以我国为例，城乡差距的表现归纳起来有以下几点。

1. 收入差距

1979年以来，尽管我国人均收入实现了飞跃式的提高，但农村人均可支配收入的增速仍远远低于城镇，而且这种差距还在进一步扩大。另外，农村居民的收入除了与城镇居民一样用于储蓄和消费，还要投入农具和农业消耗品的购买以支持其生产，因而导致城乡人均可支配收入差距更大。

2. 消费、投资差距

在收入差距不断扩大的同时，城乡居民的生活消费差距也在呈不断扩大之势。考虑到再生产成本的扣除，农村地区在消费品种类、数量、质量等方面的差距，以及农村居民有限的消费能力制约着经济总量的发展。

在投资层面，农村固定资产投资额占全社会固定资产投资总额的比重偏小，且呈下降趋势。金融机构投放到农村的信贷资金所占比重小，人均信贷资金额城乡差距大，不利于村镇经济的发展。

3. 教育、医疗差距

教育资源是社会资源中的重要组成部分，包括教师资源和教学硬件设施。以我国为例，2009—2019年的10年间，我国农村的小学减少了一半以上，从23万所减少到8万多所，平均每天消失40所农村小学；初中也从1.8万所减少到1.4万所。在九年制义务教育阶段，农村学生的辍学、流失现象也较为严重[10]。小学学校的消失始于20世纪90年代中期出现的“撤点并校”。“撤点并校”指的是将几个小学合并为一个，其初衷是对教育资源进行优化整合，提高规模效益，合理规划学校布局，然而在实践中却更多是由于地方政府需要通过缩减学校规模和教师编制来节省财政支出。“撤点并校”在国务院《关于基础教育改革与发展的决定》（国发〔2001〕21号）出台后，由于地方政府需要承担大部分义务教育经费而变得愈演愈烈。

我国医疗卫生财政支出整体不足，政府预算中医疗卫生支出占财政支出的比例呈下降趋势，直接导致了个人医疗卫生支出的明显增加。我国农村人口众多，再加上医疗卫生财政资金的缺位，使农村和城市的医疗卫生资源配置比例严重失调。此外，经济区域间的发展不平衡更加重了贫困地区农民的医疗卫生费用负担，医疗卫生条件得不到可靠保障[11]。

4. 就业差距

由于经济和产业结构、资源禀赋差异等，城乡在就业机会等方面的差距巨大，农村劳动力利用率尚有很大的发掘空间。2019年，我国城镇劳动人口的登记失业率为3.62%，农村劳动人口的失业率缺少数据。除去进城务工的近1.7亿劳动力，留守农村的劳动力利用率也不高。

5. 公共投入、社会保障差距

我国用于农业的财政支出本身占财政总支出的比例就偏小，虽然支出金额不断增加，但增速较为缓慢。这种差距不仅体现在统计收入上，城乡居民享受的各种社会福利也存在较大差距。很多社会福利实际上是居民的一种隐性收入，因此城乡居民实际的收入差距应比统计的要大。目前，城镇居民享受的住房、物价等方面的各种补贴，以及医疗、失业、最低收入保障等各种社会保险，绝大多数农民都享受不到。城镇居民以社会福利方式获得的隐性收入难以准确估计。

参考文献

[1] 高珮义．世界城市化的一般规律与中国的城市化 [J]．中国社会科学，1990 (5)：127-139.

[2] 王春光．中国城市化与社会结构变迁 [J]．中国农业大学学报（社会科学版），2008 (3)：55-67.

[3] 刘建春，钟小慧．赣州建设区域性中心城市的思考 [J]．企业家，2012 (3)：88-89.

[4] 史军，等．城市气候效应研究进展 [J]．热带气象学报，2011 (6)：942-951.

[5] 颜昕，谢映霞．城市“雨岛” [N/OL]．中国气象报，[2019-09-18] .http：//www.cma.gov.cn/2011xzt/2012zhuant/20120302/2012030205/201203020502/201203/t20120306_163742.html.

[6] 裴军．城市环境污染的现状、原因及对策建议［J］．中国科技论坛，2009（2）：98-102.
[7] 薛松．“大城市病”笼罩中国［J］．环境，2012（9）：50-52.
[8] 张静娇．城市规划对城市发展作用探讨［J］．现代商贸工业，2008（12）：97-98.
[9] 王亚红，李富忠．城乡建设用地市场一体化的制约因素及对策分析［J］．山西农业大学学报（社会科学版），2011（3）：277-280.
[10] 江永清．公共服务均等化与县乡政府行为变革［J］．四川行政学院学报，2007（5）：32-34.
[11] 杜创，朱恒鹏．中国城市医疗卫生体制的演变逻辑［J］．中国社会科学，2016（8）：66-89，205-206.

第3章

城市的生态文明转型之路

XINSHIDAI
SHENGTAI WENMING
CONGSHU

3.1 生态文明与工业文明的区别和联系

生态文明的思想起源于中国古代传统的生态思想，借鉴于马克思、恩格斯的生态观，激发于生态环境问题严峻、公民生态文明意识淡薄、生产生活方式不可持续等现实问题。党的十七大报告正式提出了生态文明这一概念，它是中国共产党生态思想和实践在新阶段、新条件下的最新产物。对于生态文明的理解有4个要点：①生态文明是以高度发达的物质生产力为基础的；②生态文明的核心理念是人与自然和谐发展；③生态文明的根本途径是改善人与自然的关系[1]；④建设生态文明的根本目标是实现人与自然的永续发展。

3.1.1 生态文明与工业文明的联系

工业文明和生态文明并非对立，而是一种相互联系、相互促进的关系，如生态资源也是生产力，森林生产的木材产品和生态产品是对生态经济的直接贡献；生态资源还为工农业发展提供了新的物质、能量资源和吸收碳排放的生态容量，从而促进了经济的持续增长。所以生态文明并不是对工业文明的完全否定，而是在批判地继承工业文明的基础上发展起来的一种新的文明形态。生态文明与工业文明之间存在着诸多共性，如二者都强调物质生产的重要性，重视科技的推动作用和制度的保障作用。

在认识到工业文明与生态文明的辩证关系的基础上，我们应大力推动现代经济社会发展与生态系统良性循环相结合，让工业生产为使用或污染生态环境付出成本，并将其用于环境建设和恢复，鼓励生产者在利用自然、开发自然的同时遵循自然规律、保护生态环境，让国家实现绿色GDP增长。具体来说，相关行为主体应采取以下行动。

一是着重培育生态文明意识。通过加强宣传不断深化人民群众对生态文明建设的了解，通过开展生态文明的实践活动将生态文明意识内化为人民群众的实际行动，通过完善与生态文明相关的法律法规充分保障公民配合、参与、监督环境管理的权利。

二是牢固树立科学发展观。切实转变经济发展方式，加快转变传统的高投入、高消耗、高污染的粗放型经济发展方式，通过淘汰落后产业、加快传统产业优化升级来推进产业结构转型，通过鼓励、推动战略性新兴产业发展来提升资源节约型、环境友好型产业的比重。

三是加快发展生态科技。重点加强新能源技术和新材料的开发利用及生命科学、海洋探索技术的应用。通过提高资源循环利用效率，减少生产过程中的资源和能源消耗、污染排放，推动整个生产、消费过程实现生态和谐。

四是鼓励提倡生态消费。注重营造良好的社会氛围，重视绿色产品生产，加大绿色技术研发投入和生态产品宣传，以引导公众向生态消费转变；通过税收减免、财政补贴等激励机制，培育低碳市场、绿色市场，鼓励商品生产者研发低碳产品、绿色产品；建立与国际环境标准制度相接轨的法律法规体系以规范市场行为，为生态消费提供良好的制度和法律保障。

3.1.2 生态文明与工业文明的区别

生态文明与工业文明是两种不同的文明形态：工业文明[2]属于无刚性约束条件下的外延扩张型经济发展方式，生态文明与其在伦理、边界、目标等多个方面都存在很大的差异（表3-1）。

表3-1 工业文明与生态文明发展范式比较

内容	工业文明	生态文明
伦理基础	功利主义	尊重自然，人与自然和谐
价值测度与分配	劳动价值，按劳分配	劳动和自然价值， 按劳分配+自然价值再生产
社会关系	优胜劣汰、适者生存	互利共赢、和谐共生
制度设计	多保护资本，少关注人和自然	多关注人和自然

续表

内容	工业文明	生态文明
目标函数	利润最大化	社会福祉和可持续发展
能源基础	化石能源	可再生能源
环境容量与约束	不考虑	考虑
技术创新	经济效率、市场回报率	生态效率、可持续导向
生产方式	线性的（从原料经过生产过程到产品和废料）	循环再生
消费模式	铺张浪费、奢华	绿色、低碳、健康、品质
人类可持续发展	增长动力缺失、贫富差距拉大、发展中国家的环境污染和生态退化加剧；可持续发展在工业文明的社会形态下得到认可，但得不到执行	发达国家与发展中国家之间的合作转型，人与人、人与社会、人与自然的和谐

资料来源：潘家华，《中国的环境治理与生态建设》，中国社会科学出版社，2015 年。

1. 伦理指标：有用性与公平性的对立

在工业文明时代，人与自然相处以及人际社交关系中的伦理以有用性为唯一标准。在这一伦理观的作用下，工业文明割裂了人与自然之间的内在联系，认为人与自然的关系是对立的。工业文明时代对自然资源的价值论证体现在如何对其进行最大限度的利用和发掘，继而带来了包括过度使用、乱采滥伐的环境恶果。在这一伦理标准中，社会体现为社交关系的自私性和对权力的追逐，继而产生了社会不公和权力的过分集中。生态文明则将人类与自然界视为不可割裂的有机整体，主张人与自然的和谐共处、共荣共生，资源的使用要在自然可以承受的范围内，不可过度开发，即所谓的生态公正性；社会公正则体现在社会生活中的人际关系以尊重和平等为社交原则，崇尚民主和法治。

尊重自然是一种道德理念，顺应自然则是行为准则。经济的发展需要顺应自然规律，违背自然规律的结果只能是破坏生态环境，并最终导致经济发展进入“瓶颈”。建设生态文明的关键是要基于自然环境承载力与自然规律来发展资源节约、环境友好的生产力。

自然环境承载力受限于生态系统生产力。我国地域广、气候差异大，区域生态系统生产力的空间分化明显，形成了相应的社会经济基本格局。其中，西部地区的环境容量较低，生态系统脆弱，无法承担大规模集聚的城市化与工业化。就同等面积空间而言，东部地区的生态系统生产力可能超过西部地区数倍。因此，生态文明建设应当与当地的自然环境承载力与生态系统生产力相结合，而非忽略自然限制一味追求高速的经济发展。

2. 边界指标：无边界与红线意识的对立

工业文明奉行的生产观是以不断扩大再生产为手段、以谋取利润最大化为目标，把消费看作刺激经济快速增长的重要手段和实现人生价值的标志。无边界意味着无约束，必然带来生产资料的枯竭和过度奢靡消费。而生态文明则强调生产资料的利用要有边界意识和红线意识，尤其是对于土地、水、矿产等不可再生资源的开发和使用，要充分考虑到环境资源承载力。同样，生态文明倡导的消费观应是绿色、适度、可持续的，要考虑自然资源及能源的可承受能力，并与国情、国力相适应。

3. 目标指标：利益最大化与可持续发展的对立

工业文明的经济发展观单纯追求经济增长，生产者以利润最大化为目标，消费者则以效用最大化为目标，不考虑资源、环境约束。而生态文明的发展观则是坚持人与自然全面、协调、可持续发展。

4. 能源基础指标：化石能源与可持续能源的对立

整个工业文明是依赖化石能源为动力发展起来的，从煤炭、石油到天然气，化石能源成为工业革命的能源基础。从世界能源消耗的历史格局来看，化石能源在城市化与工业化的进程中为其提供了基本的能源保障。但是，未来的能源需求远远超出了化石能源的可采储量，因此，生态文明时代的动力基础向可再生能源转型将成为一种必然的趋势。

一个国家的城市化在达到30%左右的时候会进入加速发展的时期。在城市化水平持续提高的过程中，城市成为经济增长的主力与制高点。因此，全球经济竞争是以城市为体系的竞争。在新的历史条件下，城市除了大力发展第三产业、提高影响经济的能力和范围，还要大力开展生态文明建设。生态文明建设已经成为我国提升国家综合竞争力与世界竞争力，保持长期稳定发展的必要环节。

3.2 城市生态文明转型的必要性

3.2.1 城市生态文明转型的重要作用

建设生态文明，树立生态文明观念，是推动科学发展、促进社会和谐的必然要求，有助于节约能源资源、保护生态环境。党的十八大报告指出："建设生态文明，是关系人民福祉、关乎民族未来的长远大计。面对资源约束趋紧、环境污染严重、生态系统退化的严峻形势，必须树立尊重自然、顺应自然、保护自然的生态文明理念，把生态文明建设放在突出地位，融入经济建设、政治建设、文化建设、社会建设各方面和全过程，努力建设美丽中国，实现中华民族永续发展。"[3]城市向生态文明转型，是时代、世界潮流的大趋势，也是解决城市化进程中出现的"城市病"和产业转型等一系列问题、实现城市与经济永续发展的必然要求。

1. 有利于解决城市发展难题，保障社会经济可持续发展

改革开放以来，我国的城市化进程明显加快。2019年的国务院政府工作报告提出，近1 400万的农业转移人口在城镇落户，预计到2035年，我国城市化水平将达到70%。当前，我国已步入城市化快速发展阶段。然而，城市作为人工系统，其自然调节能力相对较差，如人口快速增长所带来的资源紧缺、服务业高速发展所带来的对工业生产的忽视问题使城市的生态发展受到挑战；产业结构失衡导致经济发展产生泡沫，进而使城市陷入不稳定的局面。在这样的经济环境下，若商业竞争缺少市场监管，就会导致企业破产、员工失业等社会问题，从而使社会治安的稳定性受到挑战。城市用地规划也会在无序竞争中变得杂乱，企业生存和发展空间的竞争使土地开发常常陷入“越界”的局面，也使城乡接合部的建设缺少规划，陷入混乱。不仅如此，城市的环境质量也往往会在这样的竞争中进一步恶化，城市的盲目扩建侵占了自然环境，使城市应对气候变化的韧性和稳定性降低。这些因城市化发展速度过快而导致的问题在我国部分城市已有显现，如何解决这些问题，并预防其他城市问题的发生，成为我国城市化进程中的重要课题。[4]

城市化进程过快也会带来很多矛盾，主要包括城市数量的增长与城市建设质量下降之间的矛盾，城市人口数量膨胀过快与人口素质提升缓慢之间的矛盾，经济发展的强劲态势和扩张欲望与城市环境承载力和供给力受限之间的矛盾，现代的城市社会需求与落后的城市基础设施之间的矛盾，自身传统的文化和体制与未来社会发展灵活、高效的要求之间的矛盾，等等。在当今世界城市化进程迈入生态化发展的背景下，建设以人为中心的生态城市已成为全球趋势，这是保护人类生产生活环境、保持地球可持续运转的必然结果。因此，实现我国城市的生态文明转型并开展生态文明建设，同样也是我国建设和谐社会、小康社会的战略发展方向。不难看出，我国的生态文明建设对实现全面小康的目标有着突出的意义：一方面，完善和优化了我国的行政管理体系，增强了全国城市化进程中区域协调与统一驱动的机制；另一方面，促进了绿色低碳循环发展，优化了城市功能与产业结构，为未来可持续发展奠定了良好的基础。

2. 有利于实现产业结构升级与经济结构优化

在我国城市化快速发展的过程中，因城市经济与产业的空间结构设计规划不合理导致的能效低、污染高、布局乱等问题已成为城市转型阶段需要关注的重点。因此，我国应将生态措施纳入经济和产业结构改革，以使生态环境保护产生可持续的经济效益。

当前，我国城市多以粗放型经济模式为主导，通过对资源和环境的高投入、高消耗来保持城市经济的持续增长和活力。然而，这种以环境为代价的增长是不可持续的。因此，我国需要大力发展低碳科技，实现资源的集约管理，提高劳动人口素质，将城市的经济发展与生态文明建设相结合，塑造可持续的绿色经济增长与城市发展模式。

3. 有利于改善生态环境，建设资源节约、低碳宜居城市，实现人的全面发展

工业化发展给人类带来了丰厚的物质财富，在一定程度上满足了人们多方面的生活需求，但也对生态环境造成了污染和破坏，改善生态环境状况成为全人类的共识。构建资源节约、低碳宜居城市，提升居民的生活环境与健康水平，提高居民生活质量已迫在眉睫。

城市的生态文明转型是从城市社会、经济、文化等多方面着手的全面结构优化升级：在环境方面，起到保护和美化的作用；在社会方面，起到提高居民生活质量的作用；在经济方面，起到促进可持续发展的作用。城市的生态文明转型是解决人与自然的发展矛盾，实现和谐共处与共赢的重要手段。

3.2.2 城市生态文明转型的实践与探索

我国自1996年起逐步将可持续发展纳入未来发展战略，并在全国范围内推行生态城市建设方案。截至2011年，我国有230多个地级以上城市提出生态文明建设目标，另有超过半数的城市提出低碳城市建设理念。我国城市的生态建设包含不同的侧重点，旨在创造适宜城市本身的绿色生态城市类型，如景观休闲型城市、绿色产业型城市、资源节约型城市、环境友好型城市、循环经济型城市和绿色消费型城市[5]。上述几大类型依托绿色城市、生态城市建设，以海绵城市、低碳城市、循环城市作为表现和实现路径，均有利于生态环境保护。

与世界发达国家的生态城市相比，我国的生态城市建设仍存在诸多问题。例如，我国生态城市的规划、编制和管理仍需完善，生态规划与地区特色也不太相符。此外，我国城市建设的评价指标还需改进，如评价标准与体系可以增加动态性，指标建设可以参考地域差异与特色，指标体系应反映出当地社会、经济与环境三位一体的作用机制，地方政府的生态文明建设工作要受到监督并鼓励公众参与。以上这些方面的改进可以极大地推进我国生态城市的建设。[6]

1. 城市生态文明转型探索之绿色城市

绿色城市兴起于20世纪70年代的欧洲，彼时的欧洲正处于工业化和城市化引发的生态与环境问题最为突出的时刻。从20世纪90年代起，欧洲诸国开始进行生态城市建设，以实现经济与环境的和谐和可持续发展。其中，斯德哥尔摩、汉堡、哥本哈根等城市赢得了2010年欧洲委员会评选的“欧洲绿色首都”称号[7]。

当前，中国也有上百个城市提出了绿色城市发展规划，旨在实现以下目标[8]。①紧缩城市：实现土地资源的集约式管理和利用，减少土地资源的占用与浪费；同时，推行土地的混合使用以便最大化地提高利用效率、增强城市活力，并在社区中推行生态化措施。②发展公共交通：确保城市的公共交通具有优先权，扩大交通网的覆盖范围，提高公交车、地铁等的频次，加大机动车道与非机动车道建设与维护的投入，为居民提供方便优质的公共交通服务与非机动车驾驶体验，使居民自主优先选择公共交通，以降低私家车的使用率、减少城市机动车尾气排放与能源消耗。③生态城市：构建城市绿地、提高生态化建设技术水平、全面推进清洁可再生能源的使用是促进城市生态建设、倡导绿色生活的重要考量指标。④生态管理与绿色经济：政府应作为生态建设的主体，实施对自身的生态化改革，优化采购政策、建设计划、管理系统等现行行政模式，减少对资源的使用，并促进企业与个人选择绿色的生产生活方式，为城市全方位的生态文明建设与绿色经济构建做出政策保证。[9]

2. 城市生态文明转型探索之海绵城市

海绵城市是从城市雨洪管理的角度来描述的一种可持续的城市建设模式，其内涵是指现代城市应该具有像海绵一样吸纳、净化和利用雨水的功能，以及应对气候变化、极端降雨的防灾减灾、维持生态功能的能力[10]。

建设海绵城市的关键是改变传统城市建设中大量使用硬化路面这种“灰色”设施的模式，该模式在“快速排出”与“末端集中”方面的控制效果欠佳，“往往造成逢雨必涝，旱涝急转”[11]。《海绵城市建设技术指南——低影响开发雨水系统构建（试行）》（建城函〔2014〕275号）中提出，城市路面建设应优先利用“绿色”方式进行排水，如渗水砖、下沉绿地、植被沟等，分散洪涝的源头，通过土地对雨水的吸收，缓慢而有效地排水，一方面有效地避免了城市逢雨必涝的窘境，另一方面增强了对雨水的收集能力，有效促进了对水资源的节约利用。建设海绵城市就要有“海绵体”，城市的“海绵体”既包括河、湖、池塘等水系，也包括绿地、花园、可渗透路面这样的城市配套设施。雨水通过这些“海绵体”下渗、滞蓄、净化、回用，最后剩余的部分径流通过管网、泵站外排，从而有效提高了城市排水系统的效率，减缓了城市内涝的压力。[12]

海绵城市在国外有大量的探索和实践，如柏林的地下水道长度总计约9 646 km，不仅能够高效排水排污，还能起到平衡城市生态系统的作用；美国的大多数城市改建了传统的水利设施，在郊外储存雨水，再利用水渠送到市区，污水通过地下沟渠排走；瑞士实施的雨水工程是通过税收政策来鼓励居民建设节能型房屋的，以此推动雨水的循环利用。

3. 城市生态文明转型探索之低碳城市

低碳城市是经济以低碳发展为模式和方向、市民以低碳生活为理念和行为特征、政府公务管理层以低碳社会为建设标本和蓝图的城市。低碳城市建设中的一个关键要素是能源结构的清洁化转型和能源利用效率的提高，包括生产低碳和生活低碳两个方面。其中，循环经济和清洁生产是基础，低碳技术是支撑，低碳消费是导向。

当前，国内外有很多低（零）碳城市项目的成功实践，如1980年竣工的丹麦贝德“太阳和风”社区，就是由居民自发组织建设的公共住宅社区，以太阳能和风能作为主要能源；比较有代表性的在建项目是我国天津的生态城和以低碳技术创新为特征的阿联酋“马斯德城”[13]。

国家发展改革委于2010年7月19日发布了《关于开展低碳省区和低碳城市试点工作的通知》（发改气候〔2010〕1587号），确定广东、辽宁、湖北、陕西、云南五省和天津、重庆、深圳、厦门、杭州、南昌、贵阳、保定八市为我国第一批国家低碳试点。之后，第二批、第三批国家低碳省区和低碳城市试点相继开展，至今我国已在29个省份的81个城市开展了低碳试点，基本在全国全面铺开。

3.2.3 城市生态文明转型的路径分析

1. 转型规划

各国建设生态文明城市的首要目标都是节能减排、控制温室气体排放、加快低碳经济发展。许多国家均已制定或正在制定“国家低碳增长规划”[13]。

应对气候变化有两个重点：“减缓”（mitigation）和“适应”（adaptation）。“减缓”是指通过减少温室气体排放来降低其潜在的负面影响，如城市可以编制推动低碳城市建设的法律、规范和标准，拟定节能减排的激励政策、城市规划和建设方式。“适应”是指在全球变暖带来的生态及环境变化不可避免的前提下，城市规划从适应的角度出发，考量并分析生物和自然的转变及其对社会的影响，从而制定政策以提高城市对抗自然变化与生态风险的韧性和灵活性。其中，“适应”的手段包括建造防洪堤坝等科技工程、合适的衣食住行等行为方式、生态化的企业管理运营方式，以及保护濒危物种、保护湿地等法律和政策的制定与实施。尽管目的相似，但“减缓”和“适应”这两个概念的实施和效果却不尽相同：“减缓”是长期和持久的，其效果会在一个国家10～50年的发展中逐步显现出来；“适应”则是短期和紧迫的，因此是发展中国家在环境问题迫在眉睫的阶段的首选。例如，孟加拉国的城市规划强调“适应”，南非注重“减缓”，而我国则采取“减缓”与“适应”并重的方式，这与我国经济发展和环境现状相符。

2. 转型方式

低碳城市建设有两个重要的切入点。

一是信息技术主导下的低碳城市建设。2009年，世界自然基金会（WWF）与爱立信公司（Ericsson）等国际机构联合发文指出，20世纪的基础设施是高碳排放的，因此发展和投资机场、道路、铁路、桥梁、加油站等设施会增加碳排放量。21世纪的低碳解决方案是将投资的重点从传统基础设施转移至现代信息基础设施，如光纤、移动网络基地台以及服务器。在现代信息基础设施的帮助下，移动宽带将信息传递速度提至光速，虚拟会议减少了交通和场地带来的碳排放，电子纸（E-Paper）减少了生产生活对造纸工业的需求。这样的信息技术进步是21世纪建立低碳城市的必要切入点。

二是新能源技术下的低碳城市建设。一些发达国家在近年来已经开始迈入新能源时代。美国大力发展风能和太阳能发电技术与设施，并在《美国复兴与再投资计划法案》中提出可再生能源产量倍增的目标，即到2012年美国风能和太阳能发电量占总发电量的10%，到2025年占25%。瑞士预计在2050年将人均能耗由现在的5 000 W减少到2 000 W，同时着手提高能源使用效率，用可再生能源替代矿物燃料，并维护和更新运营设施，以保证节能减排的效率。2008年，英国城乡规划协会（TCPA）和热电联供协会（CHPA）联合发布了《社区能源：面向低碳未来的城市规划》，提出了适应城镇空间模式的能源系统规划框架：在城镇中心，针对公共和商业建筑发展大尺度热电联供系统和太阳能、光电系统；在中心边缘区，大学和医院的供热、新兴居住区的开发均可以支持热电联供体系，并具有发展其他可再生技术的潜力，如太阳热力收集器等；在城区，借助住房的更新改造及在混合功能住房方面的投资，发展社区尺度的单独建筑能源系统；在工业区，建设大型能源生产项目；在郊区县市，利用其低密度特征，采用微观能源生产技术；在大型的新城市伸展区和聚落区，遵循低碳、分散化的能源生产原则；在农村地区，发展中、大型风力发电系统，构建生物燃料供应链，并在未来推进海洋能源生产[13]。

参考文献

[1] 李宏伟．生态文明建设的科学内涵与当代中国生态文明建设［J］．理论参考，2012（5）：7-9.

[2] 郭静利，郭燕枝．我国生态文明建设现状、成效和未来展望［J］．农业展望，2011（11）：34-38.

[3] 胡锦涛．坚定不移沿着中国特色社会主义道路前进　为全面建成小康社会而奋斗——在中国共产党第十八次全国代表大会上的报告［M］．北京：人民出版社，2012.

[4] 王发曾 . 论我国城市开放空间系统的优化 [J] . 人文地理，2005 (3)：1-8，113.
[5] 顾倩 . 基于低碳理念的生态社区规划研究 [D] . 杭州：浙江大学，2009.
[6] 郭珉媛 .1999 年以来国内生态城市评价指标体系研究述评 [J] . 前沿，2010 (23)：142-145.
[7] 陈雪莲 . 认真借鉴欧洲的绿色城市主义 [N/OL] . 环球时报，[2014-02-12] . http：//opinion.people.com.cn/n/2014/0212/c1003-24333021.html.
[8] 白磊 . 欧洲的绿色城市主义——从《*Green Urbanism：Learning from European Cities*》看中国城市发展 [J] . 城市问题，2006 (7)：81-84.
[9] 赵华 . 我国生态城市建设的意义与原则 [J] . 中国城市经济，2011 (11)：32.
[10] 杨阳，林广思 . 海绵城市概念与思想 [J] . 南方建筑，2015 (3)：59-64.
[11] 吴丹洁，詹圣泽，李友华，等 . 中国特色海绵城市的新兴趋势与实践研究 [J] . 城镇化与区域发展，2016 (1)：79-97.
[12] 车生泉，谢长坤，陈丹，等 . 海绵城市理论与技术发展沿革及构建途径 [J] . 中国园林，2015 (6)：11-15.
[13] 罗巧灵，胡忆东，丘永东 . 国际低碳城市规划的理论、实践和研究展望 [J] . 规划师论坛，2011 (5)：5-10，27.

|实践篇|

城市生态文明建设路径

第4章

生态文明城市的内涵及特征

XINSHIDAI
SHENGTAI WENMING
CONGSHU

4.1 生态文明的内涵

4.1.1 生态文明的由来

20世纪中期，西方工业化国家爆发了一系列环境污染事件，由此人们开始关注环境与可持续发展问题。从1962年《寂静的春天》的出版，到1992年联合国环境与发展会议、2002年联合国可持续发展世界首脑会议、2012年“里约+20”峰会等的召开，全球探索人与自然和谐共存的可持续发展的脚步一直没有停歇。对于这种尊重自然、顺应自然的文明，各国学者一直在寻找相应的概念。1971年，保罗·伯翰南在《超越文明》中指出，继工业文明后一种“后文明”即将出现。“后文明”这一概念在1995年被美国学者罗伊·莫里森在其著作《生态民主》中被定义为生态文明。[1]

同时，加拿大学者威廉·莱斯于20世纪70年代发表了《自然的控制》和《满足的限度》，剖析了资本主义社会异化消费现象，指出资本主义剥削利用自然、控制自然的生产观念是资源枯竭和生态危机的根源，并提出要建立“易于生存的社会”以解决生态危机[2]。这一理论后来衍生出系统的生态马克思理论，并为随后开展的生态运动打下了基础。例如，1980年，奉行生态社会主义的德国绿党成立，其在欧洲数十个国家的议会中均具有影响力，从而使以社会主义为意识形态和政治纲领、以生态文明和绿色经济为实践方法的“红色绿党”概念在欧洲被广为传播。

生态文明本身属于自然科学的范畴，其概念起源于1966年德国动物学家海克尔创立的生态学，涵盖了有机体与环境的相互影响，即生物与生物、生物与环境之间竞争、共生的动态平衡模式。1944年，日本人类学家梅棹忠夫在《文明的生态史观：梅棹忠夫文集》中表示，自然环境与生态条件都对人类文明史的进程有着重要影响。这种从生态学的角度处理人类发展与自然关系以及环境与经济问题的观点，就形成了生态文明世界观和方法论的雏形。但“生态文明”一词的使用时间并不长，它是苏联环境学家在《莫斯科大学学报·科学共产主义》1984年第2期上发表的《在成熟社会主义条件下培养个人生态文明的途径》一文中首先采用的，该文认为人类发展必须重视生态状况。对生态文明内涵的理解因人而异：有人强调生态状况，有人强调文明程度，有人强调生态环境保护，有人强调生态环境工程建设，可谓见仁见智。[3]

4.1.2 生态文明的概念与内涵

从词语的构成上来看，生态文明涉及“生态”和“文明”两个方面。“生态”是指生物之间以及生物与环境之间的相互关系与存在状态，即自然生态。而“文明”一词在我国最早见于《周易》，即“见龙在田，天下文明”。唐代孔颖达注疏《尚书》时将“文明”解释为“经天纬地曰文，照临四方曰明”，其中，“经天纬地”意为改造自然，属物质文明；“照临四方”意为驱走愚昧，属精神文明。可见，“文明”一词在古代已经包含了物质文明和精神文明。在西方语系中，文明（civilization）的字面解释源于civilis，即civil，拉丁词根civis意为市民，civitas意为城市，大致是“开化”之意，与“野蛮”相对应。演化至今，“文明”包含了两层含义：一是文化层面的含义，指人类社会发展到较高阶段的文化状态，通常以文字的出现为标志，如古希腊文明、玛雅文明；二是道德层面的含义，指人们具有的良好习惯和道德素质[4]。

近些年，学术界对于生态文明的概念与内涵也展开了广泛的讨论，概括起来分为以下几类：一是认为生态文明是人类的一个发展阶段（如俞可平、李红卫、王治河、陈瑞清等），人类至今已经经历了原始文明、农业文明和工业文明三个阶段，在对自身发展和反思的基础上，人类即将迈入生态文明新阶段；二是认为生态文明是社会文明的一个方面（如余谋昌等），即生态文明是继物质文明、精神文明、政治文明之后的第四种文明，四大文明一起支撑着和谐社会的大厦；三是认为生态文明是一种发展理念（如赵建军、李良美），即生态文明与“野蛮”相对，是在工业文明已经取得成果的基础上，用更文明的态度对待自然、建设和保护生态环境、改善与优化人与自然的关系，从而实现经济社会可持续发展的目标；四是认为生态文明是改善人民生活和实现可持续发展的途径，是一种建立在先进生产力基础上的文明形态（如潘岳）。总体来看，生态文明是在确保人民群众基本生活需要的基础上，加强生态建设和环境保护，转变生产模式和行为模式，走一条依靠自然、利用自然而又保护自然，与自然和谐共处、互动发展的可持续发展之路。[2]

廖日文、章燕妮在以上研究的基础上提出，生态文明作为一种崭新的文明形态，应从自然观、价值观、生产方式、生活方式四个方面来具体把握：在自然观上，要尊重自然，树立生态自然观，基于自然变化的规律，准确认识人与自然的关系，并按照客观规律去调整人与自然的关系；在价值观上，要承认自然的价值，树立生态价值观，肯定生态要素对人类生活的作用，倡导人与自然的协同进化；在生产方式上，要转变经济发展方式，实现产业生态化，改变以往那种高投入、高消耗、高排放、不循环的产业模式，建设以生态规律为指导的生态化产业；在生活方式上，要适度消费，树立绿色消费观，拒绝过度消费，推行适度、节制的消费方式，崇尚以简朴、自然和保护生态等为特征的新型消费行为，避免或减少对环境的破坏，保证人类社会永续发展。[5]

综上所述，生态文明作为人类社会发展到一定阶段的产物，其概念界定应有广义与狭义之分。狭义的生态文明，侧重指人与自然关系上的一种道德伦理与行为准则，它把人本身作为自然界的一员，认为自然界是人类生存和发展的基础，因此在观念上，人类要尊重自然、顺应自然、公平对待自然；在行为上，人类的活动不能凌驾于自然规律之上，要遵循客观规律，寻求人与自然的协调发展。而广义的生态文明，则是指一种超越工业文明的新型社会文明形态，既包括尊重自然、与自然同存共荣的价值观，也包括在这种价值观指导下形成的生产方式、经济基础和上层建筑，是“人与自然和谐共进、生产力高度发达、人文全面发展、社会持续繁荣”这样一种社会的一切物质和精神成果的总和。

4.1.3 生态文明的基本要求

从上述分析我们不难看出，生态文明具有较为宽泛的内涵，准确把握生态文明的实质有三个基本要求。

一是资源节约性。资源节约是通过对资源的合理配置、高效和循环利用、有效保护和替代，实现以最少的资源消耗量获得最大的经济效益和社会收益。节水、节能、节材、节地是建设资源节约型社会的主要方式。

二是环境友好性。环境友好是一项系统工程，其重要任务是做好污染防治，需要综合运用技术措施、经济手段、法律机制和其他行政管理手段和措施，对可能造成污染的污染物排放行为进行必要的监督和控制。

三是生态保护性。生态保护是促进和落实生态文明建设、解决当前环境危机和资源危机的根本要义，也是保障生态产品和国土安全的关键，更是实现美丽中国和可持续发展的保障。

生态文明作为一种新的社会形态，追求公正、高效、和谐和人文的社会发展，具有普适性和普适价值，是当今中国乃至世界文明发展的方向。

4.2 生态文明城市的典型特征

生态文明城市是生态文明建设的具体表现，一般来说，需要具备以下四个方面的特征。

4.2.1 低碳特征

低碳特征是生态文明城市的重要特征。一个城市是否是生态文明城市，其首要特征是应有较低的温室气体排放量。具体来说，城市的低碳建设是指通过经济发展模式、消费理念和生活方式的转变，在保证生活质量不断提高的前提下，实现有助于减少碳排放量的城市建设模式和社会发展方式。低碳特征强调以低碳理念为指导，在一定的规划、政策和制度建设的推动下推广低碳理念，以低碳技术和低碳产品为基础，以低碳能源生产和应用为主要对象，由公众广泛参与，通过发展当地经济和提高人们的生活质量为全球碳减排做出贡献[6]。低碳特征是生态文明城市的一个重要特征，也是生态文明城市评价体系中非常重要的指标，建设低碳城市是建设生态文明城市的前提和基础。

4.2.2 绿色特征

绿色特征是生态文明城市的另一个重要特征。城市的绿色发展要求秉承人与自然和谐发展的理念，以体制革新为引导、以技术创新为支撑，运用生态经济学原理和系统工程方法改变城市的生产和消费方式、决策和管理方法，建设经济发达、生态高效的产业，生态健康、景观适宜的环境，体制合理、社会和谐的文化以及人与自然和谐共生的健康、文明的生态社区。城市绿色生态系统的构建过程也是在城市空间承载力的基础上不断走向自适应和可持续发展的过程，其建设内容涵盖绿色科技、绿色能源、绿色住宅、绿色消费等多个方面。绿色城市建设是建设生态文明城市的方式和手段。

4.2.3　可持续发展特征

20世纪70年代，在联合国教科文组织发起的“人与生物圈”研究计划中首次提出了“生态城市”的概念[7]，强调生态城市是一种趋向尽可能降低对于能源、水或是食物等必需品的需求量，也尽可能降低废热、二氧化碳、甲烷与废水排放的城市。具体来说，生态城市是一个经济高度发达、社会繁荣昌盛、人民安居乐业、生态良性循环这四方面保持高度和谐，城市环境及人居环境清洁、优美、舒适、安全，失业率低，社会保障体系完善，高新技术占主导地位，技术与自然达到充分融合，最大程度地发挥人的创造力和生产力，有利于提高城市文明程度的稳定、协调、持续发展的人工复合生态系统。生态城市的发展目标是要实现人与自然的和谐，包括自然系统的和谐、人与自然的和谐、人与人的和谐三方面内容。其中，追求自然系统、人与自然的和谐是基础和条件，实现人与人的和谐是生态城市的目的和根本所在，即生态城市不仅能“供养”自然，而且能满足人类自身进化、发展的需求，达到“人和”[8]。生态城市强调人与自然的协调，其中蕴含了人类活动与大气环境相协调的要义，其提出的温室气体减排的目标，正是建设生态文明城市的题中之义。

4.2.4　韧性特征

前文提到，生态文明城市建设不仅通过温室气体减排来减缓全球变暖的进程，而且还应具有适应气候变化的能力，即在气候风险面前具有一定的反应能力，提高城市应对极端天气等气候灾害的能力。韧性城市正是从适应气候变化的角度对城市建设提出的新要求。韧性城市或适应型城市关注的是城市如何通过灾害管理和科学规划来适应未来不确定的气候变化风险，并在应对气候变化的共同目标下协同考虑城市减缓温室气体排放、灵活应对气候灾害风险这两大任务，从而提升城市的可持续发展能力。韧性城市理念要求在城市发展规划中协同考虑城市面临的各种复杂问题和不同利益主体的需求：在规划理念上，侧重于以人为本，注重城市社会、经济和生态层面的可持续性；在规划目标上，侧重于增强城市适应气候变化的能力，降低气候灾害导致的风险，而不以减少温室气体排放量作为首要任务和目标；在规划手段上，侧重于从管理、技术和研究层面加强各部门和各领域的整合，体现灵活性和适应性的规划和治理特色[9]。通过建设韧性城市提高城市应对气候变化的水平，是建设生态文明城市的必要补充。

城市生态文明的重塑正在引发城市建设的革命。现代社会正由以人类中心主义为价值取向的文明转型为人与自然和谐发展的文明。因此，研究城市生态文明建设的科学内涵、评价体系、建设机制与政策工具对我国当前新型城市化建设具有重要的理论意义和社会意义。

参考文献

[1] 潘家华 . 生态文明：一种新的发展范式 [J] .China Economist，2015 (4)：44-71.

[2] 陈洪波，潘家华 . 我国生态文明建设理论与实践进展 [J] . 中国地质大学学报 (社会科学版)，2012 (5)：13-17，138.

[3] 周弘春 . 生态文明建设应成为重要任务 [J] . 中国发展观察，2012 (9)：13-17.

[4] 王尔德 . 生态文明是超越工业文明的社会文明形态 [EB/OL] . [2012-10-09] .http：//roll.sohu.com/20121009/n354459722.shtml.

[5] 廖日文，章燕妮 . 生态文明的内涵及其现实意义 [J] . 中国人口・资源与环境，2011 (8)：377-380.

[6] 李向阳，李端晴 . 低碳城市理论研究述评 [J] . 现代城市，2010 (12)：17-20.
[7] 陈祥珍 . 营造宜居环境　构建生态漳州 [J] . 城乡建设，2009 (9)：5，51-52.
[8] 张诗雨 . 国外的生态城市发展——国外城市治理经验之十一 [J] . 中国发展观察，2015 (12)：74，82-85.
[9] 郑艳，王文军，潘家华 . 低碳韧性城市：理念、途径与政策选择 [J] . 城市发展研究，2013 (3)：10-14.

第5章

生态文明城市的经济发展模式转型

XINSHIDAI SHENGTAI WENMING CONGSHU

转变经济发展模式是建设生态文明城市的核心环节。党的十八大首次提出“着力推进绿色发展、循环发展、低碳发展，形成节约资源和保护环境的空间格局、产业结构、生产方式、生活方式”，初步指明了经济发展模式的转型方向和重点领域。党的十九大进一步强调“建立健全绿色低碳循环发展的经济体系”。绿色经济、低碳经济和循环经济均要求在经济发展中重视资源价值，充分考虑环境因素，从而为解决经济发展需求膨胀与资源有限性之间的矛盾、协调经济发展与环境保护的关系提供了有效路径，成为城市经济发展模式转型的必然趋势。

5.1 城市经济发展模式的内涵解析

5.1.1 城市经济发展模式的内涵

20世纪80年代，费孝通教授考察了沿海地区部分城镇的经济发展情况，相继提炼出“苏南模式”“温州模式”“珠江模式”等特殊的经济发展模式，开启了对区域经济发展模式的探讨，他认为区域经济发展模式就是特定区域在一定历史条件下探索出的具有特色的经济发展路子[1]。沿着这一研究思路，国内学者从不同角度对经济发展模式的内涵进行了剖析。

狭义的经济发展模式指的是经济发展采用的方法和实现的路径[2]，强调的是发展的“方式”，主要包括依靠投入要素的数量增长来驱动的粗放型经济发展模式和依靠投入要素的结构优化、生产效率提高来驱动的集约型经济发展模式。

广义的经济发展模式不只是经济发展路径，还包括区域经济发展战略及其相应的方法和机制，涉及区域发展的价值理念、目标定位、基础条件、路径选择、保障机制和区域间的相互关系等[3]。从空间结构来看，经济发展模式反映的是区域内生产力空间的配置格局[4]；从经济体制来看，经济发展模式是经济系统及其组成部分的关系和运行机制；从要素配置来看，经济发展模式是区域内生产要素的配置方式，决定了区域生产力的发展方向、速度和水平[5]。

本书认为城市作为社会经济活动的集合体，其经济发展的复杂性、所涉及利益的多元性决定了城市经济发展模式更适宜从广义角度来看待。城市经济发展模式植根于城市的区位条件和发展阶段，代表着城市经济发展的路径、动力和特征，不仅涉及城市的经济发展，还关系到城市的消费观念、技术研发、环境保护和制度建设等综合性目标。因此，城市经济发展模式与城市的全面转型存在长期互动的关系：一方面，城市基于自身的历史条件、区位条件，以及行政职能、政策措施等外在因素，来选择产业发展方向和空间布局，这直接影响到城市经济发展模式的形成；另一方面，经济发展模式的优化可以带动产业转型升级、城市能级提升，进而决定了城市的全面转型。

5.1.2 生态文明城市的经济发展模式

过去我国在工业文明指导下的城市经济发展模式呈现出“资源掠夺式”的特征，长此以往就会带来资源枯竭、环境污染、生态破坏的严重问题，生态环境承载力紧逼上线，经济发展空间受到极大压缩。与此同时，城市化的快速推进带来了人口和城市规模的不断扩张，城市经济发展对资源、能源的需求持续增加，造成了资源约束的矛盾凸显，因而迫切需要寻求新的经济发展模式，重塑人与自然的关系，协调经济效益和生态效益。值此转型节点，党的十九届四中全会提出要“健全资源节约集约循环利用政策体系”“完善绿色生产和消费的法律制度和政策导向，发展绿色金融，推进市场导向的绿色技术创新，更加自觉地推动绿色循环低碳发展”[6]，既代表了时代的先声，又指明了城市转型的方向和重点领域。党的十九大也将“建立健全绿色低碳循环发展的经济体系”作为推动绿色发展的重要内容。

生态文明城市的经济发展模式应当着眼于长远利益，更加注重经济发展“质”的提高，以绿色发展、低碳发展、循环发展为根本路径，以资源投入产出最大化为基本特征，以技术创新、观念创新和制度创新为动力机制，统筹经济发展、生态环境改善、社会制度进步和人的全面发展。

在向绿色低碳循环发展整体转型的大方向下，城市可结合自身的实际发展情况进一步细分经济发展模式。例如，在绿色经济发展模式下，可按照经济发展动力进一步细分为绿色生产型城市、绿色消费型城市和综合性绿色发展城市；在低碳经济发展模式下，可结合经济发展水平、碳排放水平和生态基础条件细分为低碳创新型城市、低碳生态型城市和低碳工业型城市；在循环经济发展模式下，可按照城市主导产业细分为资源枯竭型城市、消费型城市、制造业城市等不同的城市类型。

从差异性来看，以上三种经济发展模式关注的领域各有侧重，在技术特性和实现手段上也各不相同。绿色经济发展模式关注的是城市环境质量，探究造成环境问题的深层次经济、社会原因，可以通过技术等手段予以矫正，以减轻环境污染和生态破坏，形成绿色化的城市经济、城市形态和城市空间布局；低碳经济发展模式关注的是城市能源消耗问题，强调生产、消费全过程的节能减排，通过优化能源结构和提高能源使用效率来减少碳排放，以应对能源安全危机和全球性的气候变化危机；循环经济发展模式关注的是城市资源节约问题，以资源循环利用为核心内容，防范和化解城市发展的资源风险，从源头和生产过程来解决城市发展中面临的资源环境约束问题。

从统一性来看，这三种经济发展模式的理论基础相同，都承认资源环境有价论，考虑经济发展的生态环境成本，秉持可持续发展观，将经济、社会和环境发展视为实现可持续发展目标不可或缺的三大支柱；其本质也相同，都倡导平衡经济发展和环境保护的关系，强调节约资源、提高经济发展质量、将生态优势转化为发展优势，以实现生态保护与经济发展的双赢。

5.2 绿色经济发展模式

绿色经济发展模式，从广义上讲，是包含低碳经济、循环经济等在内的一切环境友好型的经济发展模式，注重经济利益和环境利益的协调；从狭义上讲，特指应在经济发展中重视生态环境保护[7]。城市的绿色经济发展模式比绿色经济形态的维度更广，以协调生态环境保护和经济发展为核心，主张推动产业转型、培养绿色生活方式、重塑价值理念、改革治理体系，最终实现城市经济的绿色化、城市环境的绿色化、城市形态的绿色化、城市文化的绿色化、城市治理的绿色化。

5.2.1　绿色经济发展模式的内涵

1989年，英国经济学家Pearce在《绿色经济蓝皮书》中首次提出“绿色经济”的概念，他认为绿色经济是一种能够实现可持续发展的经济形态，主张经济发展应满足自然和人类自身可承受的条件。2008年国际金融危机后，发展绿色经济成为国际社会的共识。联合国环境规划署（UNEP）2011年发布的《迈向绿色经济》报告将绿色经济界定为“提高人类福祉和社会公平，同时显著降低环境风险，降低生态稀缺性的经济”[8]，倡导发挥节能建筑、新能源、可持续交通、淡水、生态基础设施和可持续农业等经济部门的驱动作用，通过适度的国内财政措施和政策改革，在贸易、援助、基础设施建设、能力建设等方面开展国际合作，实现向绿色经济转型。2030年可持续发展议程以“一个都不能少”为主题，鼓励各国根据不同的历史背景和发展阶段，以17项目标为指引，实施可持续发展和绿色经济政策。自此，绿色经济成为发掘经济增长新动力、提供就业机会、引领世界经济走向复苏的重要战略。

2001年，我国学者刘思华就在《绿色经济论——经济发展理论变革与中国经济再造》一书中提出，绿色经济是可持续经济的实现形态和形象概括[9]。中国科学院发布的《2011中国可持续发展战略报告》提出，绿色经济转型包括由小到大的3个递进层面：①解决资源节约、污染治理、生态保护等绿色领域本身的问题；②发展新能源、节能环保改造等绿色产业；③使绿色发展的理念深入到工业化和城市化的建设进程中[10]。在2019年中国绿色经济峰会上，政府领导和专家学者就绿色经济发展的一些关键性问题达成进一步共识，认为在生态环境严峻，能源、资源约束趋紧，对外发展模式亟待转变的发展背景下，绿色发展已成为必然的趋势。

在理论层面，城市绿色经济发展模式将环境因素视为影响经济增长的内生变量，注重实现生态环境保护和经济发展的双重目标。“绿色”体现的是资源节约、环境友好的可持续发展属性，要求社会经济活动以尊重自然、顺应自然和保护自然为前提，通过建立城市绿色经济发展模式，降低经济活动对环境造成的负外部性影响，改观城市生态环境恶化的面貌，营造人与自然和谐发展的宜居环境。

在实践层面，城市绿色经济发展模式将“绿色化”作为城市转型发展的路径。2015年3月24日，中央政治局会议审议通过了《关于加快推进生态文明建设的意见》，首次提出将绿色化与新型工业化、城市化、信息化、农业现代化同步建设，并以此指导城市生产方式、生活方式、价值理念、布局形态和治理方式的全面转变，从而催生出以生态保护为前提的新型工业化和城市化道路。

5.2.2 推进绿色经济发展模式的实现机制

构建城市绿色经济发展模式，需要将绿色化渗透到城市发展的各个领域——改进城市产业形态、优化城市空间布局、树立文明消费观、培养环保健康的生活方式、实行严格的生态环境管理、营造和谐宜居的生存环境，使城市永葆生命力。

1. 大力发展绿色产业，优化经济增长路径

发展绿色产业，一是要对传统产业实行绿色化改造，引导高耗能、高排放产业向绿色产业转型，鼓励节能环保新兴产业的发展；二是要以新能源、新材料、可再生能源和环保产业等为切入点，给予政策、资金的扶持，培育新的经济增长点，开发无污染的工艺技术和绿色产品，进而以绿色产业创造绿色就业岗位，以绿色产品促使绿色消费观念的形成，以环境管理优化经济增长路径；三是要在产业布局上，发挥循环产业园区的集聚效应和关联效应，实现成本降低、资源共享和节约利用，最大化地降低城市产业废弃物排放，提高生产效率。

2. 逐步完善市场手段，将环境因素纳入经济决策

综合运用资源定价、资源产权交易和排污权交易等市场手段，促使环境负外部成本内部化，规范企业生产行为。一是健全自然资源价格机制，确立市场在资源产品定价中的基础性地位，使资源价格足以弥补资源耗竭成本，从而限制资源在生产和消费中的无节制使用；二是建立资源产权交易市场，推动资源资本化，提高资源配置效率；三是完善排污权交易制度，实现对排污总量的控制。

3. 严守生态红线，优化城市布局

根据城市资源环境承载力进行科学的宏观布局，在城市空间布局上注重控制人口规模、城市规模的扩张，将城市开发建设的强度控制在生态底线之内，避免工业用地的无序扩张，提高土地利用效率。依托固有的资源禀赋科学划分城市功能区，减少生态区域与工业区域的交叉，最大程度地减轻生产、生活活动对生态环境系统的影响，同时增强对森林公园、湿地公园等城市绿地的保护。

4. 以环境保护为宗旨，完善绿色城市建设

城市建设中的生态环境问题主要源于交通和建筑领域。推进绿色交通发展，要求在交通基础设施投资和建设中注重衡量资源环境成本，完善公共交通系统，建立以大运量、高速度、绿色、低碳的轨道交通为主的立体化运输体系，将节能型的轨道交通作为大城市的主要客运方式，鼓励新能源汽车的推广应用，降低私人轿车的使用频率。推进绿色建筑发展，要求运用节能建筑材料，特别是在照明、供热方面要注重能源的节约循环利用，以最小化的资源能源消耗满足居住需求，以尊重自然规律为前提规范城市建设，推进生态系统修复工作，维护城市自然进化能力。此外，还应以“系统观念”指导城市建设，统筹城市供水、供电、能源、排污问题，避免重复建设和资源浪费问题。

5. 积极探索海绵城市等模式，维护城市生态系统功能

城市生态系统是维持人类基本生存的载体，因此城市绿色经济发展应与城市生态系统相适应，以环保理念为指导，完善城市基础设施建设，拓展城市绿色空间，维护好城市的基本生态功能。为此，应积极探索海绵城市、地下综合管廊城市等模式，保证自然系统与人文系统的有机结合，利用自然力量排水，建设自然存积、自然渗透、自然净化的城市水循环系统，维护城市生态系统功能的完整性，增强城市适应气候变化和应对自然灾害的能力。

6. 借助绿色金融等手段，加强城市建设的资金保障

拓宽融资渠道、构建多层次的资本市场，可以为生态文明城市建设提供资金支持。一是要加强政府引导，整合各类城市建设资金，设立城市生态环境治理专项资金，发挥财政资源的配置职能和财政资金的引导作用；二是要采取市场运作等方式，鼓励支持社会资金投入，多渠道筹措建设资金；三是要利用绿色信贷、绿色债券、绿色保险、绿色基金等金融工具，增加对节能环保工程、绿色技术研发的投资力度，并向低污染产业提供补贴，引导社会经济资源流向节能环保领域。

7. 构建城市发展的绿色绩效考核体系

改变单纯以经济增长指标度量城市发展水平的方式，建立涵盖“五位一体”建设的系统性综合考核指标，关注城市的宜居度，将生态环境质量、居民健康水平作为城市发展的重要考核内容，探索编制自然资源资产负债表，建立以绿色GDP为核心的绿色核算方式和政治绩效考核制度，科学考量城市建设的生态环境成本，严格执行环保“一票否决”制度，以绿色化的绩效考核制度促进城市发展质量的提升。

5.2.3 城市绿色经济发展模式的实践探索

城市应根据自身的发展阶段和基础选择不同的绿色经济发展路径：经济较发达、科技创新能力较高的城市，可以选择从消费端推进绿色经济发展模式，通过绿色产品的购买、消费和回收培养绿色生活方式，形成绿色消费型城市，同时倒逼企业向绿色生产方式转型；传统的资源型城市，需要以绿色化为动力打破原有的资源拉动型经济增长模式，提高区域创新能力，建立绿色生产型城市；资源禀赋丰富和生态基础较好的城市，可以依托生态优势培养发展优势，建立绿色综合型城市。

1. 东营：资源型经济城市的绿色转型之路

山东省东营市是中国第二大油田——胜利油田的所在地，长期以来东营市石油工业的生产总值约占全市GDP的70%，呈现出典型的资源型经济发展特征：城市的经济增长过度依赖资源的初级开采和加工，短期内迅速积累起丰厚的资源财富，忽视了对科技研发、人才培养和生态补偿的投入，最终造成区域产业结构单一、科技创新水平低、资源枯竭、生态环境恶化等问题，严重制约了区域的可持续发展能力。2012年，东营市明确提出建设生态文明示范城市的目标定位，树立“环境立市、生态优先”的思路，大刀阔斧地开展了产业结构调整、修复生态环境等行动，推动资源型经济向绿色经济发展模式的转变。

在产业转型方面，一是大力提升传统产业，借助先进技术手段改造升级传统产业，夯实石油装备制造业、橡胶轮胎、石油等传统优势基础，确保“节能不降效、减排不减产”；二是发展高新技术产业和先进制造业，将东营建设成为全国重要的石油装备制造研发基地和汽车零部件生产基地；三是发挥产业园区的集聚效应，推动产业生态化，建立了东营经济技术开发区、东营软件园等一批园区，严把进入门槛，大力推进绿色招商，初步形成电子信息、汽车及零部件、新能源、石油装备制造、环境友好型新材料、有色金属压延及深加工等高端产业集群。

在新能源开发利用方面，既淘汰落后产能，严禁高耗能、高污染项目上马；又积极开发新能源和可再生能源，建立起以中国大唐集团有限公司、国华电力公司、中国华能集团有限公司为代表的一批风能项目和中心城区、河口、孤岛等地热田，为经济发展提供各类能源保障。

在生态环境治理方面，东营市开展了生态环境整治专项行动，抓好重点流域、重点区域和重点行业的污染治理，先后启动了百万亩湿地修复工程、生态林场建设试点、金湖银河生态工程等项目，形成了以“大水面、大绿地、大湿地、大空间”为特色的城市生态系统[11]；同时，开展了农村环境综合治理，积极建设美丽乡村。

东营市将产业结构的绿色化升级作为发展的核心任务，积极推进生态环境治理，逐步走出“资源诅咒”，迎来广阔的发展空间。2016年4月14日，东营市被联合国环境规划署选为中国首个绿色经济示范点项目，在绿色产业、绿色核算、绿色投资、绿色金融等相关绿色经济政策上先行先试。东营市正以切实的转型行动践行绿色经济发展理念，探索出一条资源型经济城市的绿色转型之路。

2. 厦门：打造绿色消费型城市

城市的绿色消费是指城市消费者选择绿色的消费资料、消费产品或消费方式，既能满足自身的消费需求，又能兼顾生态环境保护的理性消费行为。在《生态城市绿皮书：中国生态城市建设发展报告（2019）》中，厦门市在全国绿色消费型城市综合指数排名中位列第四，初步在全市形成了绿色消费方式。

2019年，厦门市把创建国家生态园林城市写入政府工作报告，市委、市政府多次召开专题会议研究并通过了《厦门市创建国家生态园林城市工作方案》。2020年，厦门市获批“国家生态园林城市”。在创建国家生态园林城市的过程中，厦门市大力推进完善绿化管理、加强绿地建设、改善生态环境、提升市政设施、促进节能减排等各项工作，优化城市绿地结构，均衡各类绿地布局，城市生态宜居水平不断提升。

厦门市还制定并实施了《厦门市推进国家生态文明试验区建设暨厦门市生态文明体制改革行动方案》，以推进生态文明建设和生态环境保护。截至2019年，该行动方案确定的36项改革任务基本完成，对应的58项改革成果也已完成54项。至此，厦门市基本建成生态文明建设制度体系，成为灵活机制、优化产业、富裕百姓、美化环境的表率[12]。此外，厦门市还开展了“十城万盏”试点工程。2011年，厦门市在已实施的试点工程的基础上，根据LED照明技术发展阶段和场所应用条件，实施了环岛路剩余路段、新建政府投资大型公共建筑等LED照明产品示范工程，进一步扩大了试点示范范围，重点完善了路灯、隧道灯、室内照明和地下停车场照明等示范要求，实施LED产品1万盏以上，实现年节电约1 500万kW·h以上。2012年以后，厦门市开始大面积推广LED高效节能照明产品和工程。

在试点示范工程项目的带动下，厦门市大力推广新能源汽车、节能灯具、太阳能光伏发电，在交通、新能源利用、废物回收等领域取得了卓越成效，大幅降低了消费过程中的资源能源消耗和生态环境破坏。

3. 普洱：依托生态优势建设绿色综合型城市

普洱市位于云南省南部，自然资源丰富、气候宜人，有着得天独厚的生态优势。自2012年起普洱市就提出“生态立市、绿色发展”战略，启动了国家绿色经济试验示范区建设，并于2013年正式得到国家发展改革委的复函肯定，成为全国唯一的绿色经济试验示范区。多年来，普洱市立足资源优势，提出“发展是第一要务，保护是第一政绩”的理念，开启了以绿色产业为主体、绿色企业为主力、绿色经济为主流、绿色文化为主导的新发展阶段[13]。

一是推动绿色生产方式转型，依托资源优势，大力发展绿色产业，建立起以普洱茶、咖啡、烟草、生物制药和高原特色产品为主的特色生物、清洁能源、现代林产业、休闲度假养生四大产业基地[14]；加快园区循环改造，推行废弃物无害化处理和资源化利用，将节能降耗工作落到实处，构建起生物工业园区、林产工业园区、边境贸易加工工业园区和绿色工业示范园区等一批绿色化园区；推动科技创新成果向新产品、新项目和新产业转化，建立起一批科技创新驱动示范工程、高新技术产业化示范项目。

二是推行绿色生活方式，在全社会范围内提倡节能环保、绿色出行、绿色消费，建成主城区自行车绿色出行系统，引进新能源电动公交车，提高绿色产品的政府采购比例[15]。

三是弘扬绿色文化，围绕茶文化、少数民族文化塑造特色品牌，并逐步辐射延伸，将云南普洱茶交易中心和云南咖啡交易中心建设成为国内最大的茶叶、咖啡交易平台、投融资平台和定价中心；走文化和旅游产业融合发展之路，形成独具普洱元素的文化旅游产品[14]。

四是加大生态环境保护力度，科学规划国土开发空间布局，按照重点开发区、限制开发区、禁止开发区、重点生态功能区等不同功能定位实行差异性开发和保护措施；先后实施了生态移民、退耕还林、天然林保护和湿地修复等生态工程[16]。

五是完善绿色发展体制机制建设，建立省级推进示范区联席会议制度，加强部门间的协调配合，促进区域间的合作交流；将绿色经济发展、资源利用效率、环境与生态效率指标纳入绿色经济考评体系；建立绿色经济发展研究院，成立中国绿色碳汇基金会碳汇经济促进中心，为绿色经济发展提供技术和资金等支撑。

在绿色发展理念的引领下，普洱市严守生态保护底线，通过发展生物医药、文化旅游等绿色产业，利用培育绿色文化、推动治理制度创新等手段，在保护生态环境的同时获得了经济收益，真正成为将生态优势转化为发展优势的典范。

5.3 低碳经济发展模式

我国是世界上最大的能源消费国和碳排放国，面临着巨大的减排压力；与此同时，城市化和工业化仍处于快速推进阶段，对能源消耗的刚性需求在短期内难以回落。因此，建立低碳经济发展模式既是外在减排压力使然，也是内在转型发展的需要。城市作为社会经济活动的聚集地，在碳减排中发挥着举足轻重的作用，低碳试点城市已经在制定低碳发展规划和落实碳达峰目标上迈出了重要的一步，将在我国低碳转型进程中发挥引领作用。

5.3.1 低碳经济发展模式的内涵、特征及依据

1. 低碳经济发展模式的内涵及特征

低碳经济（low carbon economy）一词最早出现在2003年英国发布的能源白皮书《我们能源的未来——创建一个低碳经济体》中。该书宣布英国到2050年将成为一个低碳经济国家，并将低碳经济定义为用更少的自然资源消耗和环境污染来获得更多的经济产出，从而为达到更高的生活标准和更好的生活质量、发展先进技术、发现商机、促进就业创造机会[17]，从而阐明了低碳经济的本质是“以最小的资源能源消耗换取最大的经济收益”。此后，低碳经济作为一项应对全球气候变化的重要措施广为人知。联合国环境规划署将2008年世界环境日的主题确定为“戒除嗜好！面向低碳经济”，呼吁全球向低碳经济转型。

低碳经济作为一种经济形态，是在一定的碳排放约束下，使碳生产力和人文发展均达到一定水平的经济形态，具有低碳排放、高碳生产力和阶段性三个核心特征[18]。首先，低碳排放不强制要求零碳排放。“绝对低碳”即零碳，因受到社会经济条件的限制而难以在短期内实现，需要一个渐进的转型过程；“达到一定目标的低碳”，通常是指完成国际气候谈判中拟定的量化减排目标，如《巴黎协定》提出的将温升控制在2℃以内的共识就是全球自主减排贡献目标的基准；“相对低碳”则立足于一定发展阶段，表现为碳排放的增长速度低于GDP的增长速度，更加符合发展中国家控制碳排放和实现经济增长的转型要求。其次，高碳生产力代表着高经济效率。低碳既为人文发展施加了碳排放约束，又不能损害人文发展目标，其解决途径在于提高碳生产力，以更少的能源消耗产出更多的社会财富。最后，碳排放与经济增长呈现强脱钩和弱脱钩等阶段性特征。对于发展中国家而言，可行的转型途径是在保持经济增长速度为正的前提下，使碳排放弹性不断降低。

低碳经济发展模式以提高能源效率和改善能源结构为核心，在整体上体现出低能耗、低排放、低污染和高效率的特征，严格把控从生产、销售、运输、消费到回收的全生命周期的碳排放控制，形成了低碳的生产方式和消费方式。因此，以低碳

经济发展模式推动城市转型，就是要将低碳排放作为城市建设的基本约束，建立低碳生产方式和低碳消费模式，发展低碳建筑、低碳交通、低碳社区等，提高能源效率、优化能源结构，控制城市温室气体排放，增强城市应对气候变化的能力。

2. 低碳经济发展模式的现实依据

低碳经济是应对减排压力的根本出路。全球性的气候变化危机给人们的生产、生活造成严重威胁，联合国政府间气候变化专门委员会（IPCC）发布的第五次评估报告将气候变化主要归咎于温室气体的排放，而1970—2010年源于化石燃料燃烧和工业过程的二氧化碳排放量占温室气体排放总量的78%，可见减排的中心任务是“减碳”。根据国际能源署的估算，城市中各类活动的能源消耗量占全球的80%；在全球因能源消耗产生的温室气体排放中，城市占67%，并将在2030年达到70%以上[19]。因此，减排最大的难关和主阵地在城市。2015年巴黎气候大会以后，我国在向《联合国气候变化框架公约》秘书处提交的国家自主贡献中提出，“将于2030年左右使二氧化碳排放达到峰值，单位国内生产总值二氧化碳排放比2005年下降60%～65%”。国家“十四五”规划纲要也确立了“单位GDP能耗和碳排放量分别下降13.5%和18%”的指标，要求城市未来的经济活动满足碳排放硬性约束，使城乡人居环境明显改善，实现全面转型。

低碳经济是优化能源结构的可行途径。当前煤炭在我国能源消费结构中的占比仍达到62%[20]，能源消费长期依赖化石能源，生产过程的高能耗、高排放使我国面临着巨大的减排压力。低碳经济倡导使用天然气、核电等清洁能源和太阳能、风能、生物质能等可再生能源，通过技术、管理的革新促进碳生产力的提高，确保了能源的节约高效利用，为现阶段能源结构的改进提供了可行途径。

我国从“十二五”规划开始就正式提出建设低碳城市，2010年至今已先后开展了3批低碳试点城市，覆盖东、中、西部并已然在全国范围内铺开。试点城市按要求编制了低碳发展规划，设置了碳达峰目标，而要想将低碳理念转化为切实行动，还需制定具体的碳达峰路线图，探索具有特色的低碳经济发展模式，以为全国各地的低碳转型积累先进经验。

5.3.2 推进低碳经济发展模式的实现机制

城市在构建低碳经济发展模式的过程中，应当立足于自身的条件和发展阶段，形成以低碳为特征的生产方式和消费方式，综合运用市场手段，改善城市治理体系，在减少碳源的同时增加碳汇，从而实现碳排放总量和强度的双向控制。

1. 强化低碳产业支撑

低碳经济的竞争表现为低碳技术的竞争，着眼点是低碳产品和低碳产业的长期竞争力[21]。建立低碳产业体系的首要任务是淘汰落后产能，促进传统产业向低能耗、低排放、高效率转变。发展低碳农业，增加生物多样性，推进秸秆还田、退耕还林，拓宽现代都市农业的服务功能；发展低碳工业，促进工业化和信息化的深度融合，使制造业向中高端迈进。此外，还要大力发展能源密集度较低的高新技术产业、现代服务业和信息技术产业等新兴产业；推进新能源产业发展，重点开发地热能、生物质能等可再生清洁能源，推进清洁电力的发展。

2. 大力发展碳捕获和封存、新能源等技术

生产过程的节能控制、新能源的开发、低碳产品的使用都需要低碳技术作为支撑。通过强化企业自主创新的主体地位、实现产学研一体化、构建技术交流合作平台等手段，低碳技术主要在3个关键性领域取得突破：①开发碳捕获和封存、生物固碳等减碳技术，有效控制二氧化碳排放；②开发煤矸石利用、煤层气利用等节能技术，提升天然气等清洁能源在一次能源消费结构中的比重；③开发风力发电、太阳能光伏电池、氢能等新能源开发利用技术，缓解我国能源压力。

3. 改进森林管理，发掘碳汇潜力

森林碳汇是最有效的固碳方式[22]。加强城市森林管理主要以尊重自然生态规律为先导，落实“严禁移植大树进城”的要求，健全森林总量管理制度；通过护林、造林、提高采伐效率、延长轮伐和天然林全面停伐来保护森林的碳贮存能力；通过加大森林公园保护力度、发展森林城市、建设森林小镇等创新性手段的实施，科学增加城市森林覆盖面积；配合耕地退还、退化草地修复等综合措施，建立系统性的城市碳汇管理体系。

4. 健全碳排放权交易市场

当前，我国的碳排放权交易市场建设刚刚起步，在城市建设中应抓住这一机遇，促进环保节能设备改造，发展以碳排放为标的的金融服务、碳捕捉服务，培育碳汇相关行业和新的经济增长点。同时，建立健全温室气体排放核算体系，促进企业环境监测报告制度、温室气体排放报告制度、环境影响评估制度等的规范化，实现对碳排放总量和强度的严格控制，倒逼企业提升减排技术，促进经济发展方式向低碳化转型。

5. 推动“低碳细胞工程”，实行精细化减排管理

所谓“低碳细胞工程”，就是依托能源需求单元，实现减碳、低碳、近零碳乃至于负碳。在城市规划中通过优化建筑和交通布局，把建筑和设施等各个低碳细胞单元有效组合起来，构成低碳能源消费网络，并通过这个精细化的管理网络把社会上的各种资源和能源浪费消减掉。对于文化娱乐设施、体育场馆等占据大量城市自然空间的大型公共设施，可以安装太阳能热水、光伏或光热发电设施，或利用地源热泵供热制冷，使其自身成为一个能源生产设施，减少能源消耗，甚至还可以向电网供电；对于难以利用风、光、地热且自然空间比较有限的城市高密度住宅，主要通过能效标准约束实现低碳；对于相对空旷的乡村、城乡接合部的低密度建筑，可通过风能、光热、光伏、生物质能的综合开发利用建成近零碳或零碳的细胞聚合体；对于大型街区，应进行整体低碳规划，充分利用自然优势重塑城市生态系统。

5.3.3　城市低碳经济发展模式的实践探索

1. 深圳：创新型城市的低碳经济发展模式

深圳市是我国首个经济特区，以创新为引领实现了经济、社会的快速发展，率先步入工业化和城市化后期。在经济高速增长的同时，深圳市也面临着人口膨胀、资源短缺的约束。2009年，深圳市出台了《深圳新能源产业振兴发展规划（2009—2015年）》，提出将深圳市率先建设成为国家新能源产业重要基地和低碳经济先锋城市，这是“低碳”一词首次出现在政府层面的工作规划中。2010年，深圳市被确立为国家第一批低碳试点城市，并在其“十二五”发展目标中明确提出“率先建成

国家创新型城市、民生幸福城市、国家低碳生态示范城市”。低碳发展正式上升为深圳的城市发展战略。

“十二五”期间，深圳市从供给侧和需求侧同时发力，在能源结构、建筑、交通和居民生活等方面共同推动低碳发展。在顶层设计上，深圳市专门成立了低碳发展领导小组，制定了我国首部专门规范碳排放和碳交易的地方性法规《深圳经济特区碳排放管理若干规定》，明确了碳排放管控制度、配额管理制度、碳排放抵消制度、碳排放权交易制度、碳排放报告核查制度和惩罚制度6项重要制度，进一步制定了涵盖城市规划、经济与产业发展、建筑、交通、废弃物、水资源、生态环境、碳排放与碳交易等方面的18部法规规章，形成了一套较为完善的促进低碳发展的法规体系。2015年，在第一届中美气候智慧型/低碳城市峰会上，深圳市提出到2022年实现碳排放达峰的承诺，成为我国首批承诺提前达峰的城市。

在低碳产业方面，深圳市将生物、新能源和互联网确立为优势产业，制定了《深圳市产业结构调整优化和产业导向目录》，淘汰落后产能，严禁高耗能、高排放产业进入，实现了产业的全面升级；打造低碳产业园区，形成了东部低碳产业走廊，成为低碳产业链上下游联动的功能平台、“产城合一”的空间载体。

在城市空间布局方面，深圳市通过组团式发展奠定了城市低碳生态空间骨架，实行基本的生态控制线联席会议制度，严守生态控制线，采用城市更新战略，提高土地使用强度，为城市空间发展预留弹性。2012年，在中欧可持续城市化合作旗舰项目的支持下，深圳市正式启动了国际低碳城开发建设，试图通过开展混合用地规划、实行慢行空间布局、完善低碳交通体系和推行低碳建筑设计等手段，在区域内形成低碳产业聚集区、气候政策先行示范区和低碳生活方式引领区。

在低碳金融创新方面，深圳市发行了国内首只碳债券、碳基金、私募碳基金（嘉碳开元基金）和首款互联网碳金融产品“配额宝”，一系列碳金融服务产品发挥了资本杠杆的放大效应，极大地活跃了深圳市的碳排放权交易。

在低碳技术创新方面，深圳市集合深圳华大基因研究院、深圳市特区建设发展集团、万科企业股份有限公司和深圳建筑科学研究院等力量组成了低碳产业联盟，在循环经济、新农业发展、低碳城市建设等多个领域开展研究，促进了技术、资金和产业项目的有效对接。

作为经济发达、碳排放水平较低的城市，深圳市通过发挥技术创新优势、提升产业层次、控制城市交通和建筑领域的碳排放等措施，找到了提升城市竞争力、挖掘减排潜力的要害，成为中国低碳城市建设的楷模。

2. 广元：生态型城市的低碳经济发展模式

广元市位于四川省北部、嘉陵江上游，自然生态系统保存相对完好，蕴藏着丰富的天然气、煤炭和水等资源，具有发展低碳经济的天然优势。目前，广元市仍处于工业化初期阶段，区内有苍溪、旺苍和朝天3个国家级贫困县。作为西部欠发达地区、"5·12"特大地震重灾区，广元市在市委五届九次全会上创造性地提出"低碳重建、低碳发展"，以低碳经济为引领推动灾后重建，逐渐使城市焕发出新的活力。

2012年，广元市入选国家第二批低碳试点城市，以"低碳广元、生态家园"为目标探索低碳发展道路。大力推进低碳农业园区、循环工业园区、生态旅游园区和城乡低碳社区四区建设，实施低碳园区建设、新能源示范市创建、人居生态环境改善、试点示范引领和基础提升五大工程。

在组织领导方面，广元市于2011年在全国创新性地设立了正县级的市低碳发展局并配备了专职副局长，在市发展改革委内部增设了低碳发展科，组织落实全市低碳发展各项工作。各县区成立了相应的协调机构，同时还成立了低碳经济发展研究会，为低碳发展政策的制定提供科学支撑。

在低碳产业体系的构建方面，广元市确立了旅游、电子机械、生态农业等优势产业，严格执行项目环评制度，对产能落后、排放不达标的企业一律不予审批；打造集现代农业、旅游观光、生态示范于一体的低碳循环农业示范园区；推动低碳生态旅游业发展，形成"剑门蜀道""女皇故里"等一批精品旅游项目。

在新能源开发利用方面，广元市利用丰富的能源优势大力发展清洁能源，加快水电资源、农村沼气、风能和太阳能的开发，开展"气化广元"工程，建立天然气综合利用工业园区，发展分布式能源，推进工业企业煤改气。

在城市建设方面，广元市开展了天然林保护、退耕还林、植树造林等生态工程建设，推进城区园林、郊区森林、水系景观、道路林荫、庭院花园等城市绿化项目，提高城市碳汇储备；同时，推广低碳建筑，新建公共建筑选用节能材料，优先选用节能灯具、LED光源，建成了翡翠城等一批节能示范小区。

经过多年的努力，广元市先后被评为“国家森林城市”“国家卫生城市”“中国优秀旅游城市”“全国首批低碳发展突出贡献城市”“中国低碳生态先进城市”，荣获“中国人居环境范例奖”，探索出了一条低碳崛起之路。

3. 株洲：工业型城市的低碳转型之路

湖南省株洲市是我国传统的工业基地、重要的铁路枢纽和长株潭城市群三大核心之一。“一五”期间，株洲市被列为全国重点建设的8个工业城市之一，迄今形成了以冶金、机械、化工、新材料、生物医药等为主导的产业体系，经济实力在中部非省会城市中稳居第一。然而，长期以“高碳高增长”为特征的经济发展模式限制了株洲市的可持续发展能力，不利于发挥中部轴心城市的支撑作用。2017年，株洲市入选第三批国家低碳试点城市，开启了城区老工业基地的低碳转型之路。

株洲市在开展低碳交通建设的同时积极推行产业化运作，形成了轨道交通、新能源汽车和通用航空等优势产业集群。2004年，株洲市开通了节能与新能源汽车示范运营线，推广纯电动或混合动力公交车，成为全国首个电动公交城。自2011年起，株洲市面向国内市场投放电动公交车，在发挥示范效应的同时带来了巨额收益。与此同时，株洲市实现了公共自行车租赁系统的全城覆盖，并面向全国推行，建立起包含公共自行车生产、销售、运用、后台软件开发和管理的“一条龙”产业链[23]。

传统产业的节能改造是株洲市低碳转型的又一重点。2016年，株洲市全面推进《大气污染防治行动计划》（国发〔2013〕37号），投资1.7亿元用于大唐华银燃煤电厂超低排放和节能改造工程、大中型餐饮店油烟治理、出租车燃气化改造等工程；同时，关闭洗水厂、小水泥厂、屠宰场等企业，坚持商住区不进工业企业、高新区不进环境污染企业，实现了城市的生态改善[24]。

未来，株洲市将在新兴产业发展、低碳港口建设、公交智能调度管理系统、节能灯具推广、清洁能源利用、绿色建筑等更广阔的领域开展探索，全面带动城市产业体系、交通体系和生活方式的转型升级。

5.4 循环经济发展模式

循环经济是提高城市资源利用效率、减轻城市环境污染、破除资源能源约束障碍的有效手段。城市建立循环经济发展模式旨在通过“资源—产品—再生资源”模式，将城市的生产领域和生活领域相连接，使城市的服务功能与生态功能相结合，将城市打造成为零污染、零排放的自循环体。

5.4.1 循环经济发展模式的内涵与依据

1. 循环经济发展模式的内涵

循环经济诞生于20世纪60年代，脱胎于生态经济学理论。1966年，K. Boulding提出的“宇宙飞船经济”被认为是循环经济的雏形，其核心思想认为地球不是开放的系统，而是一个封闭的系统，宛如漂浮在太空中的宇宙飞船，空间狭小、资源有限，需要不断攫取资源才能运行，一旦资源耗竭飞船将停止运行，要想永续运行只能依靠飞船内资源的循环利用。1990年，Pearce和Turner在《自然资源和环境经济学》（*Economics of Natural Resources and the Environment*）一书中首次构建了“循环经济模型”，认为废弃物的再循环利用可降低自然净化压力。

我国学者最初在生态经济学和产业经济学领域引入循环经济的概念[25]，基于不同视角对循环经济的内涵进行阐述。部分学者将循环经济划归为生态经济，如刘庆山[26]较早运用了循环经济的概念，指出废弃资源的再资源化（即资源的循环经济利用）、开发再生资源是解决资源短缺的必由之路。任勇等[27]、冯之浚等[28]学者基于产业经济学理论，将循环经济的研究聚焦于工业园区建设，以促进产业的有机组合和共生。还有学者拓宽了循环经济的理论基础和应用范围，王国印[29]分别从资源经济学、环境经济学、生态学和系统论等理论出发，剖析了循环经济的8个维度；诸大建等[25]将循环经济的理论发展历程总结为3个阶段，指出最新的3.0版涵盖了经济、政治、社会、文化、生态领域，从废物循环、产品循环扩展到资产循环。

我国自“十一五”规划就将循环经济作为重点发展战略，倡导将循环经济理念融入区域经济发展、城乡建设和产品生产中，经过多年的实践已初见成效，建立了《中华人民共和国循环经济促进法》《再生资源回收管理办法》《粉煤灰综合利用管理办法》《煤矸石综合利用管理办法》等一系列法律法规，以及《循环经济发展战略及近期行动计划》（国发〔2013〕5号）等政策规范，支持了多个循环经济示范试点项目和循环经济产业园区。

以城市为载体，循环经济发展模式的意义体现为解决城市废弃物排放增多、资源能源枯竭的严峻问题，既要维护城市的生态系统，又要保持城市支撑社会经济运行的基本功能。结合上述理论，城市循环经济发展模式是通过科学技术、工艺流程、消费方式和组织形式等创新手段，构建覆盖企业、园区和社会3个层次的循环系统，将城市的生产领域和生活领域相连接、城市的服务功能与生态功能相结合，使物质能量流动由“资源—产品—废弃物”的线性模式转变为“资源—产品—再生资源”的循环模式。其技术特征表现为“减量化”（reducing）、“再利用”（reusing）和“再生化”（recycling），变废弃物为再生资源，以减少资源消耗和污染排放，促进产品和服务的重复利用，最大限度地提高资源利用效率，破解城市的资源约束。

2. 循环经济发展模式的现实依据

我国目前的能源消费结构仍以化石能源为主，2016年我国能源消费量占全球的23%，而我国煤炭储量为世界的21.4%，石油储量仅为世界的1.5%，天然气储量占世界的2.9%[20]，三者的储产比均低于世界平均水平；在人均资源占有量上，我国人均耕地面积仅占世界人均水平的1/3，人均水资源量占世界的1/4、人均森林与林地面积占世界的1/6[30]。随着人口膨胀和经济规模的扩张，资源需求增加与资源约束趋紧之间的矛盾将日趋严峻。循环经济通过“资源—产品—再生资源”的循环流动过程，将生产和消费相连接，组成良性的循环经济系统，把消费环节的“废物”转化为生产环节的“资源”，实现了资源的重复利用，减少了废物的排放，避免了由资源开发引起的生态环境破坏，为摆脱“增长极限”的魔咒、拓宽发展空间提供了可能性。

循环经济还为城市培育新兴产业、增加就业提供了可能。循环经济的再循环、再投入和再利用开创了全新的技术范式，通过废弃物新功能的开发，使产业链从产品的生产、加工环节延伸到废旧物品处理的再生环节[31]，催生了环保产业和低消耗、高附加值的高新技术产业等的兴起，是加快产业结构调整的有力措施。同时，循环经济促进了城市内部共生产业合作和区际产业协同，改变了单纯依靠要素投入数量拉动经济增长的模式，将城市构建成一个节约高效的循环系统。

5.4.2 循环经济发展模式的分类及实现机制

1. 根据不同循环层次构建企业内部的小循环、园区层次的中循环和社会层次的大循环模式

一是构建企业循环系统，实现清洁生产。企业内生循环体现在3个方面：①在生产源头，实施清洁生产，促进资源消耗减量化，提高产品附加值；②在生产过程中，延伸产业链，下游工序以上游工序产生的废弃物为原料进行循环利用，将污染尽可能留在生产企业内部进行处理，实现污染最小化；③在使用回收环节，通过废弃物回收和产品加工处理，充分利用再生资源，提高产品重复利用率，并建立废物无害化安全处置应对机制，合理安置现有经济条件下无法循环利用的废弃物。

二是构建园区循环系统，推动产业的新陈代谢。建立集循环技术研发、废弃物回收和循环产品生产于一体的静脉产业园区；根据产业间的关联性对园区进行功能划分，构成产业生态链网，形成企业间的产业代谢和共生耦合关系，促进废弃物和余能的循环再利用；按照不同循环产业园区的功能和生态特性提供分类指导，强化循环产业园区的专业服务职能；完善园区基础设施、生活区等配套设施的布局，使园区内部实现设施和资源共享、技术交流和对接。

生态工业园建设是解决工业园区环境问题、实现转型和区域经济可持续发展的主要途径之一[32]。未来的生态工业园将面临5种发展趋势：①共生化趋势，遵循“资源—产品—利用—回收—生产—再生资源”的循环经济模式，使企业之间形成互换产品的产业共生方式，以实现资源的集约利用和结构优化；②信息化趋势，内部应建立完善的信息网络系统，以实现对生态工业园的有效管理，其中，外部的信息发布系统、数据存储交换系统，内部的OA系统和环境管理信息系统等均是信息网络建设的重点；③法制化趋势，生态工业园的发展需要综合运用法律、经济、政策、舆论等手段来保障其良性运行，如发展生态工业园的政策法规体系、技术标准支撑体系、行政监管体系等，使园区建设进入法制化、制度化、规范化和科学化的发展轨道；④城乡一体化趋势，生态工业园的发展必将打破地域的限制，实现区域、城市、乡村等不同层次的联动和互动，在资源、交通、劳动力等方面形成优势互补，推动生态工业园的整体协调、快速同步发展，进而推动城乡经济、文化、教育等的一体化发展；⑤多元化趋势，随着生态工业园的不断发展，各种物质、劳动力、技术等不断得到利用和整合，必将带动其他生态产业的发展与融合，如生态工业园通过与生态农业园、生态林业园、生态渔业园等园区的有机结合，可以实现资源、能源、信息等生产要素的相互利用和集成共享。

三是构建社会大循环系统。一方面，要促进生态系统与城市功能系统的有机结合，依托城市绿色基础设施建设，连通自然系统和人文系统，促进城市的水循环、废弃物的资源化利用和能源再生，维护城市生态系统的完整性，为城市的社会经济活动提供支撑；另一方面，要促进城市生产系统和生活系统的有机链接，将生态系统的余热、余能应用于供热、供气等生活领域，加速城市中的水利用，将建筑废料、生活垃圾转化为生产原料。

2. 根据不同产业类型设计农业、资源型产业、制造业和服务业等各类循环链条

一是构建农业循环发展模式，可细分为4类[33]：①建立农业内部循环模式，如利用绿化带和凹槽收集自然雨水用于浇灌，将废弃枝叶制成有机肥料回归田间，形成循环农林园区；②建立农业复合型循环模式，实施种养结合、立体化种植，实现农林牧副渔多业共生发展；③建立农业废弃物再生循环模式，将农业生产过程中的废弃物资源化、再利用，如促进秸秆饲料化、肥料化、能源化综合利用，实现秸秆还田；④建立工农业互动循环模式，打造农产品深加工产业链，将初级农产品转化为工业原料、能源和日用品，实现价值增值，反之，生活垃圾经过堆肥加工制成有机肥和饲料，可重新进入农业领域。

二是构建工业循环发展模式。重点推动煤炭、钢铁、有色金属、石油化工、电力和建材等资源型产业向循环利用方向拓展，促进资源深加工和产业链延伸，建立废弃物回收利用体系，形成从资源开发、加工到废弃物循环利用的良性循环；大力发展再生资源产业，如推动太阳能光伏发电在水热循环系统中的应用，加大生物质能源发电的应用；推进产业关联和产业聚集，依托循环工业园区实现能源梯级利用、水资源循环利用、废物交换利用和土地节约利用。

三是构建服务业循环发展模式。推动服务主体绿色化、服务过程清洁化，以循环经济提升生产性服务业和生活性服务业的质量；打造绿色物流供应链，建立以城市为中心的统一配送网络，采用简化、可回收的包装，扩大仓储环节的清洁能源应用；推进绿色信息通信服务业，回收废旧通信产品，加快老旧设备退网，推广可再生能源发电；发展绿色餐饮业、住宿业和商贸旅游业，实施建筑照明、供热系统的节能改造，建立餐厨废弃物分类回收和资源化利用体系，形成绿色服务模式[34]。

3. 根据不同经济对象建立废弃物循环发展模式和产品循环发展模式

废弃物循环发展模式针对的是城市生产领域和生活领域中的废弃物循环利用，包括废弃物排放、分类、收集、运输、中间处置、最终处置和利用的完整过程[35]，目的在于最大化地减少废弃物排放，增加新材料和新资源供给。在生产领域，应制定严格的排放标准，通过清洁技术手段从源头减少企业的污染排放；同时，加强末端治理，促进废弃物的无害化、资源化处理。在生活领域，可实施垃圾分类处理回收利用制度，推动垃圾焚烧发电产业的发展，注重垃圾处理场的生态修复和卫生填埋。

产品循环发展模式即通过延长产品寿命、扩展产品用途来降低物质流动速度，从而达到规模控制的目标[36]。一方面，通过旧货再用和拆卸再造等方式将本企业副产品作为其他企业的生产原料，增加产业间的耦合共生性，建立塑料、轮胎、包装、矿物油、机电、汽车等循环利用产业链，充分实现资源共享；另一方面，通过改良产品设计来提高产品质量，开发产品的多样化用途，通过加强维修和维护服务来修复产品的失效功能，以延长产品的使用周期、增加产品重复使用的次数、减少再生产的资源消耗。

5.4.3 城市循环经济发展模式的实践探索

1. 天津子牙循环经济产业区：兼具生产、生活功能的“再生城”

天津子牙循环经济产业区（以下简称园区）地处天津市静海区西南部，位居环京津冀和环渤海双重经济圈腹地，是中国北方最大的循环经济园区、中日循环型城市合作项目，先后被批准为第二批国家循环经济试点园区和首批国家“城市矿产”示范基地。从2002年设立初期的环保产业园到2012年升级后的子牙循环经济产业区，园区在循环产业发展、资源再生化、污染控制和封闭式管理方面积累了先进经验，形成了集工业、农业、科研和居住功能于一体的循环经济发展模式。

园区由工业区、科研居住服务区和林下农业循环经济示范区三大功能区构成。工业区重点发展废旧机电产品拆卸加工、废弃电子产品处理加工、报废汽车拆解加工、橡塑加工、新能源产业和环保产业六大产业链。科研居住服务区依靠地源热泵和太阳能供热系统，形成绿色建筑集群；园区内的循环经济科技研发中心、再生资源研究中心、资源再生利用与再制造研究中心等产学研合作机构，就工业固体废物的有效回收和无害化处理开展了深入的研究。林下农业循环经济示范区重点发展林下种植、林下养殖、生态旅游和文化教育等产业项目，形成了农、林、牧各行业循环相生的林下产业链条[37]。

在污染控制方面，园区建设秉持“厂在林中，林在厂中”的理念，设置新污水处理厂、固体废物处置中心、环状再生水管网系统，建立了集污水处理、中水回用、雨水收集、废弃物处理于一体的综合节能环保系统。

在园区管理方面，园区由子牙循环经济产业区管理委员会统一规划和管理，建立了海关、检验检疫、环保、区位“四位一体”的联合监管体制，设立了电子地磅系统、电子车牌识别系统、集装箱识别系统、视频监控系统和通道式放射性探测系统[38]，对入园的废机电产品从拆解、加工到拆解后各成分的去向实行全程监管、封闭式管理。

在循环经济发展模式下，园区每年都能向市场提供铜、铝、铁、橡塑材料等再生资源，综合节能率达80%～85%，减排达80%以上，水资源循环利用率、绿色建筑普及率、废弃物无害化处理率等均达到100%，实现了零排放[37]。

2. 铜陵：循环经济引领资源型城市转型

发展循环经济能够重构资源型产业，延伸资源开采—深加工—回收再生产业链，提高产业间的关联度，是推动资源型城市转型的有效路径。安徽省铜陵市自古便是我国重要的铜产业基地，而过分依赖铜产业发展使该市面临资源枯竭、污染严重的困境。20世纪90年代以来，铜陵市将循环经济纳入长期经济发展战略规划，全面开展了跨行业的资源综合利用。2005年，铜陵市和铜陵有色金属集团控股有限公司分别入选国家首批循环经济试点市和首批循环经济试点企业，成为全国唯一的“双试点”。经过多年探索，2011年“铜陵模式”被选入12个区域类循环经济典型模式，2013年铜陵市被列入全国首批循环经济示范创建市和国家节能减排示范市，成为全国循环经济的样板城市，可以向全国其他类似城市推广先进经验、发挥示范效应。

在生产领域，铜陵市的循环经济发展模式没有弃铜而生，而是以铜为立身之本，形成了“铜冶炼—拆解—深加工—回收”的纵向产业链。从铜冶炼出发，延伸出“电解铜—铜箔—覆铜板—印制电路板”“电解铜—无氧铜杆—铜线—特种漆包线”“电解铜—铜带—集成电路引线框架”等产业链，将形成千亿产值的铜产业集群。

以打造产业循环链为核心，铜陵市构建起大、中、小循环发展模式。在企业小循环层次上，铜化有机化工、安钠达钛白粉、铜官山化工、华兴化工等公司组团发展，实现了物流、能流和废水之间的梯级循环利用；在园区中循环层次上，横港循环经济工业示范区内聚集了铜冶炼、化工、水泥、发电、钢铁等企业，配备资源回收利用设施，共建环保系统，形成以废弃物回收、垃圾焚烧和再资源化为主体的静脉产业圈层；在社会大循环层次上，从工业领域的循环生产出发，逐步向农业、服务业和生活领域拓展，如围绕“山丘生态保护区”和“洲圩绿色农业区”建设，形成了种植业、养殖业、农产品加工业相结合的循环利用产业链[39]。

在生活领域，铜陵市以发展循环经济为引领，促进产业发展与城市发展相融合。例如，利用水泥窑处理生活垃圾示范项目，将垃圾焚后的灰渣用作生产水泥的原料，污水经过滤后送到气化炉内高温氯化，完全分解其中的有机成分，实现无害化；抓住“互联网+”机遇，建立电商平台，促进农副产品生产与消费服务业的对接；立足铜都特色，建设铜文化博物馆，营造特色城市文化；整修河道，建设山水铜都，等等。

未来，铜陵市将打造“循环引领、产城融合、三生共赢”的循环经济升级版，将循环经济向更高层次、更广领域推广[40]。

参考文献

[1] 宋林飞．中国经济发展模式的理论探讨：费孝通的一项重要学术贡献［J］．江海学刊，2006（1）：65-71.

[2] 徐琳瑜．面向生态城市的经济发展模式［J］．生态经济，2008（8）：33-35.

[3] 孔翔，杨宏玲．基于生态文明建设的区域经济发展模式优化［J］．经济问题探索，2011（7）：38-42.

[4] 李岳峰，张军慧．区域经济发展模式的形成机理及其类型比较［J］．开发研究，2008（1）：29-33.

[5] 尚勇敏，曾刚．区域经济发展模式内涵、标准的再探讨［J］．经济问题探索，2015（1）：62-67.

[6] 中共中央关于坚持和完善中国特色社会主义制度、推进国家治理体系和治理能力现代化若干重大问题的决定［EB/OL］．［2019-11-05］．http：//www.gov.cn/zhengce/2019-11/05/content_5449023.htm.

[7] 解振华．未来趋势：绿色循环低碳发展［J］．中国生态文明，2013（1）：10-13.

[8] United Nations Environment Program. Towards a Green Economy：Pathways to Sustainable Development and Poverty Eradication［R/OL］．［2011-02-11］．http：//web.unep.org/greeneconomy/resources/green-economy-report.

[9] 方时姣．绿色经济思想的历史与现实纵深论［J］．马克思主义研究，2010（6）：55-62.

[10] 朱婧，孙新章，刘学敏，等．中国绿色经济战略研究［J］．中国人口·资源与环境，2012（4）：7-12.

[11] 陈玮英 . 东营生态立市 [N] . 中国企业报，2012-12-25 (18) .
[12] 黄璜 . 生态文明指数——厦门全国最棒 [N] . 厦门日报，2019-04-23 (A02) .
[13] 李汉勇 . 天赐普洱正芬芳 [N] . 云南日报，2015-11-26 (1) .
[14] 王永刚 . 绿色发展　普洱市聚力前行 [N] . 云南日报，2016-08-12 (7) .
[15] 普洱市在坚持绿色发展理念中实现跨越发展 [EB/OL] . [2013-02-28] . http ://leaders.people.com.cn/n/2013/0228/c217816-20633613.html.
[16] 梁荔 . 普洱绿色发展之路 [N] . 普洱日报，2016-08-01 (1) .
[17] UK Energy White Paper : Our Energy Future-creating a Low Carbon Economy [EB/OL] . [2003-03-24] . https ://www.gov.uk/government/publications/our-energy-future-creating-a-low-carbon-economy.
[18] 潘家华，庄贵阳，郑艳，等 . 低碳经济的概念辨识及核心要素分析 [J] . 国际经济评论，2010 (4) : 88-101.
[19] 刘志林，秦波 . 城市形态与低碳城市:研究进展与规划策略 [J] . 国际城市规划，2013 (2): 4-11.
[20] 英国 BP 石油公司 .BP 世界能源统计年鉴 2017 [EB/OL] . [2017-07-05] https ://www.bp.com/zh_cn/china/home/news/reports/statistical-review-2017.html.
[21] 庄贵阳 . 中国发展低碳经济的困难与障碍分析 [J] . 江西社会科学，2009 (7) : 20-26.
[22] 冯之浚，周荣 . 低碳经济：中国实现绿色发展的根本途径 [J] . 中国人口 · 资源与环境，2010 (4) : 1-7.
[23] 让绿色交通成为宜居城市的必备条件 [EB/OL] . [2012-11-13] . http ://www.zzsskl.gov.cn/?thread-1787-1.html.
[24] 株洲入选第三批国家低碳试点城市 [EB/OL] . [2017-01-15] . http ://jxw.zhuzhou.gov.cn//articles/1279/2017-1/125049.html.
[25] 诸大建，朱远 . 生态文明背景下循环经济理论的深化研究 [J] . 中国科学院院刊，2013 (2) : 207-218.
[26] 刘庆山 . 开发利用再生资　源缓解自然资源短缺 [J] . 再生资源研究，1994 (10) : 5-7.
[27] 任勇，陈燕平，周国梅，等 . 我国循环经济的发展模式 [J] . 中国人口 · 资源与环境，2005，15 (5) : 137-142.
[28] 冯之浚，刘燕华，周长益，等 . 我国循环经济生态工业园发展模式研究 [J] . 中国软科学，2008 (4) : 2-10.
[29] 王国印 . 论循环经济的本质与政策启示 [J] . 中国软科学，2012 (1) : 26-38.
[30] 胡鞍钢 . 中国资源与经济发展 [M] . 国情报告:第八卷 ·2005 年 (上) . 北京:党建读物出版社，社会科学文献出版社，2012.
[31] 解振华 . 关于循环经济理论与政策的几点思考 [J] . 环境保护，2004，32 (1) : 3-8.
[32] 田金平，刘巍，臧娜，等 . 中国生态工业园区发展现状与展望 [J] . 生态学报，2016 (22):

7323-7334.
[33] 尹昌斌．我国循环农业发展理论与实践［J］．中国生态农业学报，2013（1）：47-53.
[34] 国务院关于印发循环经济发展战略的通知［EB/OL］．［2013-02-26］．http：//www.gov.cn/zhengce/content/2013-02/06/content_1631.htm.
[35] 彭绪庶，瞿会宁．城市典型废弃物循环利用体系建设——日本的实践与启示［J］．技术经济与管理研究，2012（7）：84-89.
[36] 诸大建，朱远．生态文明背景下循环经济理论的深化研究［J］．中国科学院院刊，2013（2）：207-218.
[37] 天津子牙循环经济产业区．打造循环、生态、智慧、便捷、宜居的“子牙模式”——天津子牙循环经济产业区建设经验推介［J］．再生资源与循环经济，2012（6）：8-10.
[38] 张鸣岐．天津子牙循环经济产业区成北方最大再生资源加工区［N］．天津日报，2009-08-09（2）.
[39] 何振红．安徽铜陵：走出循环经济新路［N］．经济日报，2009-10-28（9）.
[40] 国家发改委推广铜陵打造循环经济升级版做法［EB/OL］．［2016-12-05］．http：//www.gov.cn/xinwen/2016-12/05/content_5143463.htm.

第6章

生态文明城市的绿色消费模式

XINSHIDAI
SHENGTAI WENMING
CONGSHU

城市发展与消费模式的形成与演变密切相关。城市是居民消费产生的主要空间，同时城市居民消费也是全社会消费模式演变的引领者。然而，在城市化进程中，人口、产业的高度集聚产生了大量的资源能源消耗。随着生态文明建设在城市领域的不断推进，绿色消费作为以消费模式转变引导城市发展模式转变的有效机制成为城市实践生态文明的重要领域。绿色消费群体的迅速成长向市场释放出强烈的信号，并不断传导到价值链的上游，推动绿色产业的升级优化。本章聚焦生态文明城市的绿色消费模式，从绿色消费的内涵和外延出发，阐释绿色消费对消费主义"消费—生态"悖论的现实超越，辨识绿色消费的动力来源和影响因素，并从我国生态文明建设出发总结绿色消费发展的实践路径。

6.1 异化消费："消费—生态"悖论的形成

6.1.1 消费型城市和消费型生态危机

消费是城市经济体系和产业体系的核心构成，同时也是城市生态系统中物质、信息、能量流动的重要环节[1]。从购买、流通、使用到最终废弃，人类消费的各个环节都会对自然环境造成相应的影响。20世纪以来，不论在发达国家还是在发展中国家，伴随着城市化的高速发展，城市的生产和消费能力都得到了爆发式的增长。西方国家在城市化、工业化后期出现了大量消费型城市，即依赖消费者的购买力、以内部需求为发展动力的城市[2]。消费型城市的出现使城市原有的经济发展模式发生了改变，从原来的以生产投资为主要发展动力转变为以丰富的消费产品和强大的消费能力为主要驱动因素。消费型城市的出现进一步促进了城市消费水平和消费规模的大幅提升。随着我国经济发展的逐步转型，由生产型城市转向消费型城市、由投资拉动转为内需拉动成为当前我国改善需求结构、优化产业结构的重要举措。

城市是人口、产业高度集聚的区域。庞大的城市与极其有限的环境资源之间形成了严峻的紧张关系，城市人口巨大的消费量和有限的环境承载力之间的尖锐矛盾成为众多城市问题产生的根源，而现代城市消费文化和消费模式正进一步加剧这一矛盾。21世纪初，随着我国城市化进程的加快，北京、上海、广州、杭州等城市已然呈现出从生产型城市转变为消费型城市的特征。城市化的快速推进和城市消费的扩张给城市居民带来了充沛的消费品，极大地提升了其生活品质，但同时消费型社会的到来也对城市居民的消费习惯、消费观念、文化认同、价值取向等产生了巨大的影响。这种变迁，一方面加速了城市化、现代化的进程，并通过消费需求的扩大实现对经济发展的促进作用；另一方面对城市的生态环境造成了严重影响，从生产型的生态破坏转变为消费型的生态破坏。这一问题产生的根源在于在“全球性的现代化”和“现代性的全球化”背景下，工业文明导向下的“现代性”并未改变其对经济社会和自然生态的价值认识，由工业文明导致的“异化消费”在消费型城市时代进一步扩张，已经成为当前生态环境退化、城市发展陷入危机等一系列问题的根源。如果不改变当前消费型城市的发展轨迹，不建立新的生态消费文化和生态消费道德，那么消费型城市的扩张将导致这种异化的消费文化进一步侵占和剥削城市的生态环境，并最终导致城市的生态灾难。

6.1.2　工业文明促成了消费的异化

消费的本意在于通过满足人类需求不断推进人的自由的全面发展[3]。然而，消费是如何由人类满足自身需求的主要途径异变为对自然环境的破坏的呢？要剖析这一问题的形成机制必须从消费的自身属性出发。消费作为人类社会经济活动的主要部分之一，既具有社会属性，也具有自然属性。消费的社会属性在于它是包含生产、流通、分配、交换等在内的社会再生产的重要环节。马克思认为，消费是社会再生产的起点与归宿——生产的根本目的在于消费，而消费又进一步反作用于生产，推动生产发展和技术进步[4]。消费的社会属性还在于它受到所处的一定时间和空间所拥有的生产力和生产方式的制约。从原始社会到农业社会再到工业社会，人类的消费模式随着生产力和生产方式的发展而发展。消费的自然属性在于人们消费的产品在生产中所需的原材料来自自然界，消费后的废弃物再次回到自然界，因而消费从事实上构建起人类与自然界物质和能量流动的循环。人类的消费观念、消费方式和消费行为不仅是社会的产物，也受到自然因素的影响，是一定的“社会—生态”关系的产物。

在工业革命以前的社会中，由于生产力的限制和生产方式的落后，人类的消费模式处在相对单一、水平低下的状态。尽管人类已由原始社会对自然的神秘崇拜转变为主动地改造自然，但是受到生产力的限制，人类活动对自然的改造是有限的，其获取的自然资源和排放到自然中的废弃物尚不足以改变生态环境自身运行的平衡。然而这种平衡状态在工业革命开启后被迅速打破。生产力的跨越式发展带来了消费的高速增长和不断膨胀的征服自然的野心。过往难以企及的征服自然的欲望在新的科学技术和生产力的支持下成为可能。工业文明中的消费，已不仅是人类满足个人生存、生活需求的途径，而是成为“资本的逻辑”现实化的途径。马克思指出，资本的目的不在于人类的生存，而在于自身的扩张和增值。资本通过转化为商品实现劳动的物化，再回归到资本形式实现价值的增值。“资本的逻辑”要求生产的无限增长，也就意味着消费需要无限增长。生产越多，消费越多，消费需求就越高涨，生产就越扩张，资本在这种循环往复中实现不断的增值和扩张。在“资本的逻辑”中，消费成为资本主义获取利润的途径，消费的目的也由服务于人的需求转变为服务于资本主义追求利润的需求。

20世纪40年代，伴随凯恩斯主义的兴起，“大众高消费时代”从美国开始席卷全球。罗斯托将这一消费型社会的特质描述为消费问题和广义的福利问题，其对生产问题的取代成为社会关注的焦点[5]。消费型社会的到来意味着资本主义通过大规模的创造需求、刺激消费来促进生产，并借此克服原来周期性的生产危机。消费型社会是作为克服资本主义危机的手段而产生的。在消费型社会中，消费进一步由满足人对物质的需求和消耗转变为控制人的手段，社会进入西方马克思主义学家列斐伏尔所称的“消费被控制的官僚主义社会”[6]。“为了消费而消费”导致消费与物质的使用价值相脱离，消费不再是人类自我实现和自我满足的工具，而成为人类追求的目标本身。

6.1.3 异化消费：资本主义控制的新形式

“异化”是德国古典哲学的重要概念，也是西方马克思主义对现代社会的总体批判。黑格尔用“异化”的概念来阐述其“绝对精神”的理念。马克思在总结和批判黑格尔和费尔巴哈理论的基础上提出了劳动异化理论，奠定了西方马克思主义异化批判理论的基础。马克思指出，劳动是人类异化发生的主要场所，随着私有制的产生和社会分工的出现，生产力发展到一定的阶段就产生了异化的现象。马克思劳动异化理论为以卢卡奇等为代表的西方马克思主义异化理论奠定了基础。

资本主义社会通过大众传播媒介等手段，将消费符号化为身份和地位的象征，把本来不属于或不真正属于个人需求的商品变成人们的需要。人们在遵循这些被强加的“资本的需求”（或者说“社会利益”）消费的过程中，营造出一种“虚幻的自由和缥缈的幸福”，也就是“虚假需求”。生活不再是消费的目的，反而消费成为生活的目标。马尔库塞指出，“真实需求”是那种“最充分地利用人类现有的物质资源和智力资源，使个人和所有个人得到最充分的发展的需求”。而资本主义生产方式却在“真实需求”之外臆造出“虚假需求”。“虚假需求”的本质目的在于把本来不属于人类本性的物质需求和享受激发出来，使人把“虚假需求”当作“真实需求”并无止境地追逐。以不断增长的消费需求带动不断扩张的生产，不断扩张的生产和过剩的产品再度刺激人们消费的欲求，从而使资本实现不断增值，进而破除资本主义周期性危机的魔咒。“虚假需求”这种“资本主义控制的新形式”导致了“个人和社会的一体化”[7]。如图6-1所示，个人在选择消费的商品时看似是自由的，事实上却受到经由广告等大众传播媒介的影响，反映了统治阶级和厂商（或者说资本）的诉求。在消费领域从需求到购买再到选择何种商品，人们都被统治阶级巧妙地操纵着，真实的消费被异化为一种外在的虚假行为。

6.1.4 工业文明下的异化消费导致了“消费—生态”悖论

异化消费不仅造成了西方发达工业社会经济、文化和社会的巨大危机，也对生态环境造成了严重的损害。西方马克思主义认为，当代资本主义最主要的特征即“异化的消费”，同时其也是导致当代资本主义生态危机的根源之一[8]。资本主义竞争的核心逻辑在于通过社会生产、消费能力的无尽增长实现财富的不断积累。这

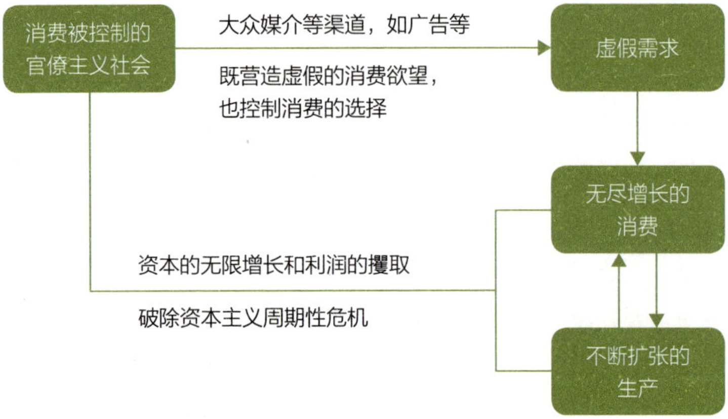

图6-1　异化消费是资本主义控制的新形式

一逻辑不可避免地导致“新陈代谢断裂”[1]的发生，使人类社会经济发展的秩序与支持其运行的自然环境系统割裂。在异化消费的催动下，人们大量地消耗自然资源和能源以进行无节制的生产和消耗，形成了“大规模掠夺式开采—大规模生产—大规模消费—大规模废弃”的线性消费模式。

从表象上来看，异化消费导致的生态危机是由人类因消费而消耗自然资源和排放废弃物的速度远超环境的自我更新阈值导致的。在技术进步的推动下，人类享有极大丰富的物质财富，消费的深度和广度获得了前所未有的拓展；同时，技术进步推动了人类中心主义的进一步扩展，以征服自然为目的的人类活动不断掠夺自然资源、侵蚀生态环境。然而，以“高污染”“高排放”“高消耗”为特征的现代生产、消费方式终将走入末路。

生态危机不仅表现为环境恶化和资源枯竭，其本质上是制度危机，是由异化消费和技术理性功能边界的恶性膨胀共同导致的“消费—生态”悖论。社会存在决定

[1] “新陈代谢断裂”是西方马克思主义生态批判的核心概念。马克思用“新陈代谢断裂”来解释异化的人类劳动和环境之间的关系，其实质是指在相互依赖的社会新陈代谢过程中，土地再生产的必需条件持续被切断，进而打破了新陈代谢的循环。Foster J B. The Ecology of Destruction［J］. Monthly Review，2007，58（9）：1-14.

社会意识，人的消费观念最终受制于社会制度。社会制度一旦形成就会极大地影响着社会生活。个人行为的动因来自个人需求，因此个人需求支配着人类对自然的无节制的索取行为。当异化消费中的个人需求从“基本需求”转化为“虚假需求”时，真实的个人需求也就被片面、畸形地扭曲为对物质财富的贪婪索取。精神需求、文化需求都被边缘化和弱化了。而技术理性功能边界的恶性膨胀则为消费主义的无限蔓延提供了基础。在技术进步使人类可以“任意”地改造自然、利用自然、消耗自然且不再担心“物资短缺”的情况下，技术本身被异化为“对人和自然的统治”。科学技术在满足人对物质的不断追求的同时，也悄然实现了对人的奴役。技术既充当了现代工业社会中人类社会与自然的媒介，也割裂了人类社会与自然。马克思主义生态学家认为，以追求利润为根本目的的资本是导致生态问题的根本原因。在这种资本的逻辑之下，生产和消费必须服务于资本的需求。在技术的“座架”[1]作用下，人只能透过技术的视角，按照技术的需求来看待自然，从而导致自然也就成为人的对立物，失去了其本性。

“消费—生态”悖论是人类的异化消费与有限的生态容量之间的矛盾，是人类因受异化的、虚假的消费需求控制而无限度地扩张消费和竞争，从而导致生态系统被破坏的结果。即便消费主体认识到环境污染、资源破坏、生态恶化等问题将严重损害自身的生存质量，遏制可持续发展，造成严重的经济、社会、生态危机，但是消费主体仍旧难以自制地想要满足自身的消费欲求，即便这种欲求是以生态环境为代价的。“消费—生态”悖论在全球化的背景下进一步造成了多极主体之间的不平等：少数发达资本主义国家已经进入高收入水平，其物质生活水准已经远远超出生存的基本需求；大多数发展中国家和欠发展国家仍处于需要不断提高物质生活水准的阶段。这种对比之下的不平等导致人们进一步沉浸在奢侈型消费和符号性消费带

---

[1] 西方马克思主义认为，当技术进步使人类错误地认为其可以“肆意”地改造自然、利用自然、消耗自然而不再受到“资源约束”限制时，技术就成为一种“解蔽”方式，使“人被坐落在此，被一股力量安排着、要求着，这股力量是在技术本质中显现出来的而又是人类自己不能控制的”。这种“被坐落在此”的作用就是技术的“座架”作用。海德格尔.1966年答《明镜》记者问［M］//外国哲学资料：第五辑.北京：商务印书馆，1980：177.

来的“虚无的满足感”中。

6.2 绿色消费：生态文明对“消费—生态”悖论的现实超越

6.2.1 绿色消费运动的兴起

绿色消费是在对人类以往破坏性消费模式的反思下出现的新的消费模式和消费价值取向。20世纪60年代，西方发达国家的生态危机初步显现，日本的水俣病、伦敦的大气污染、美国洛杉矶的光化学烟雾等公共环境事件频发。1962年，蕾切尔·卡逊撰写的《寂静的春天》一书通过大量数据印证了环境问题的严重性，向世界敲响了滥用化学物质可能带来危害的警钟，开启了生态学进入社会和经济等领域的序幕，代表了20世纪人类与自然共存的生态意识的觉醒。1972年，由罗马俱乐部发表的《增长的极限》报告直击全球环境问题的根本，从认识和实践上试图改变人类发展方式和对待环境的态度。这一报告的发布，触发了西方国家20世纪70年代大规模绿色生态运动的爆发。

20世纪六七十年代，随着西方国家环境恶化、能源危机的不断加剧，绿色运动蓬勃兴起。能源危机和资源短缺触发了大规模的社会环境运动，大众媒体对环境问题和生态危机的宣传进一步促使环境问题成为社会热点，形成了具有政治意义的主题，并最终成为重要的政治议题。绿色消费概念就是在环境运动中形成和发展的。1987年，英国人John Elkington和Julia Hailes编写的《绿色消费者指南》首次提及“绿色消费”的概念，通过列举“避免消费”的负面清单，从消费对象的角度界定了绿色消费，即不消费具有污染环境因素的产品，强调在产品的消费过程中不对环境造成污染。1991年，国际消费者联盟（IOCU）通过了“绿色消费主义决议案”，也提出了类似的概念。IOCU在该决议案中倡导消费者应增强生态意识、树立绿色消费观念，呼吁全球消费者在商品和服务的选择过程中应关注环境和生态问题。[9]

20世纪80年代末，世界环境与发展委员会（WCED）发布的《我们共同的未来》报告，提出了可持续发展概念的核心思想，并将可持续发展的思潮引入绿色发展运动之中。1992年，联合国环境与发展会议发布了《21世纪议程》，指出工业化国家不可持续的消费和生产方式导致全球环境的持续恶化与资源的枯竭。为了实现可持续发展，使所有人都能享有较高的生活质量，大会还呼吁全球各国应促进可持续消费形态的发展。1994年，在奥斯陆召开的“可持续消费专题研讨会”上，联合国环境规划署首次正式提出了“可持续消费”的概念。2002年，世界可持续发展峰会在约翰内斯堡召开，形成了《约翰内斯堡执行计划》（JPOI）。这次会议作出了全球承诺，其中最重要的就是改变不可持续的消费和生产方式，通过提高资源利用效率和改进生产工艺的高效和可持续性，减少资源退化和浪费，减少环境污染，实现经济增长和环境退化之间的脱钩。联合国环境规划署与联合国经济和社会事务部在峰会后共同发起了马拉喀什进程，落实《约翰内斯堡执行计划》中提出的《可持续消费和生产十年方案框架》。目前，马拉喀什进程已经举行了多次磋商，以明确各个国家和区域在可持续生产和消费方面的需求和优先领域。

随着经济增长和社会发展，绿色消费在我国呈现出蓬勃发展之势。中国消费者协会将绿色消费确定为2001年的消费主题，开展了一系列宣传活动。在宣传提纲中，中国消费者协会提出绿色消费应包含3个层次的含义：①在选购行为中，倡导消费者选择未受污染且环境友好的绿色产品；②在使用和处置行为中，倡导消费者注重对垃圾的处置，避免环境污染；③在消费观念上，引导消费者改变消费观念，崇尚自然、追求健康，节约资源和能源，实现可持续消费[10]。2002年，中国首届“可持续消费论坛”在北京召开。2008年6月10—12日，环境保护部、财政部、联合国环境规划署、欧盟委员会联合主办了“可持续消费国际研讨会”。2016年8月，由中国连锁经营协会（CCFA）、世界自然基金会（WWF）以及中国零售可持续发展圆桌成员企业联合举办，由联合国气候变化和环境主题组、联合国中国可持续消费伙伴和联合国环境规划署特别指导的“2016年绿色可持续消费宣传周”活动在全国开展。这次活动以“绿色生活、智慧消费”为主旨，围绕“衣、食、住、行、乐”五大领域，增强消费者体验，带动公众参与，全面推广可持续消费理念。

6.2.2 绿色消费的概念

绿色消费是人类在意识到环境问题和生态危机后提出的"道德消费"（ethical consumption）概念之一，代表了人类首次开始反思技术理性带来的极度自信，同时也是对合理处置个人欲求的满足和环境制约之间关系的思考。绿色消费概念的提出意味着消费者主体意识的觉醒，也意味着人们已经认识到个人行动将对整体环境产生影响。绿色消费的概念自产生以来就随着时代的发展而不断丰富、扩展。由于其本身的复杂性和综合性，对绿色消费内涵和外延的认识在学术界尚未达成一致。总体而言，绿色消费的定义可以大致分为以下几类。

1. 消费对象角度：强调选择亲环境型的消费品

早期的绿色消费运动是在能源和资源危机的触发下产生的，主要关注的对象是消费品，即消费品本身在生产、流通、使用和废弃过程中对环境的影响。从消费对象角度出发，绿色消费概念框架的核心是如何界定和区分绿色产品。绿色产品可以简单地定义为不会危害环境和不包含潜在危害成分的产品[11]。John Elkington和Julia Hailes编写的《绿色消费者指南》从消费对象的属性出发定义了绿色消费的概念，主要包含6个方面的要素：①不会危害消费者及他人健康；②在生产使用和丢弃时没有造成大量的资源消耗；③不因过度包装或过短的保存期（生命期）而造成浪费；④不使用出自稀有动物或稀缺自然资源的原材料；⑤生产中不含有对动物残酷或不必要的剥夺的成分；⑥对其他国家尤其是发展中国家没有不利的影响[12]。绿色产品的亲环境性应从产品的全生命周期来审视，包括产品的成分来源及过程、产品的生产和流通过程、产品的实际消费和处置过程，并评估产品的环境排放物和能源消耗等各方面因素。严格来说，完全意义上的绿色产品并不存在。根据熵增定律，消费者购买、使用和处置的所有产品都会在生命周期的某个阶段产生一定的负面环境影响。因此，所谓绿色产品，就是要尽量减少这种负面影响，也就是说，当某一产品与其他非亲环境性产品相比时，若它对环境的影响较低就可以将其视作绿色产品。与普通产品相比，绿色产品因其原材料、工艺、技术等方面的原因而存在一定程度的溢价[13]。消费者在选择消费品的过程中，若能充分考虑自身行为对环境造成的影响，尽量减少或使负面影响最小化，同时使产品的长期受益最大化，就可将这种行为视作绿色消费行为。

从消费对象出发定义绿色消费概念，要求消费者对绿色产品的信息有全面的了解，一方面，厂商在产品宣传时不应存在虚假宣传的行为；另一方面，消费者应具有比较充分的辨识绿色产品的知识。一旦存在信息不对称、不透明的情况，就会使消费者对绿色消费行为产生怀疑和忧虑。绿色产品也激发了绿色产品标识、绿色产品认证等系列活动，这些也是当前推进绿色消费行为的政策焦点之一。

2. 整体行为角度：强调消费行为的亲环境性

将绿色消费概念仅聚焦在消费对象的选择上往往会忽视消费者消费行为的复杂性和整体性。选择消费对象仅仅是消费行为的一个阶段，而不能包含这一行为的全部过程。即使本身是环境友好型的消费品，仍然有可能因为消费者储存不当、使用者处置不当而造成环境污染。这也是早期聚焦于消费对象的绿色消费概念常常为研究者所诟病的主要原因。

从消费者的行为过程来看，消费行为至少应包含3个阶段：①购买行为；②使用行为；③处置行为。因此，对绿色消费行为的定义应当至少满足相应的评价标准。而如何界定这一评价标准，成为关注消费行为亲环境性（绿色）的关键所在。目前，国际上较为主流的对绿色消费的定义大多是在这一框架下进行的。Peattie K.[14]、Mainiri T.[15]、Shrum L. M.[16]等学者指出，绿色消费是消费者认识到个人消费行为和环境问题之间的关联性后，在购买、使用和处置消费品时，既满足个人需求，也尽可能地减少对环境损害的消费行为。白光林、万晨阳[17]指出，绿色消费以保护消费者健康和节约资源为主旨，是符合人的健康和环境保护标准的各种消费行为的总称。国际上较为常见的定义方法是将绿色消费概括为“5R”原则：①节约资源，减少污染（Reduce）；②绿色生活，环保选购（Revaluate）；③重复使用，多次利用（Reuse）；④分类回收，循环再生（Recycle）；⑤保护自然，万物共生（Rescue）[18]。我国学者罗永泰[19]则将绿色消费的评价标准概括为“3E”和“3R”，即经济实惠（Economics）、生态效益（Ecological）、平等人道（Equitable），减少浪费（Reduce）、利用旧物（Reuse）、循环再生

（Recycle）。2016年，由国家发展改革委、中宣部等十部委共同发布的《关于促进绿色消费的指导意见》（发改环资〔2016〕353号）提出，绿色消费是指以节约资源和保护环境为特征的消费行为，包括崇尚勤俭节约，减少损失浪费，选择高效、环保的产品和服务[20]。

上述研究都从相对广义的角度对绿色消费行为进行了界定，认为绿色消费行为不仅包含产品的购买环节，还包括产品使用和废弃物处置过程中的环保行为。这些行为应最大程度地减少对环境的危害，实现更大的可持续性和对社会及环境的责任。

3. 消费模式角度：强调消费内容、消费结构和消费方式的绿色化

以消费者的消费行为为核心的分析框架，在一定程度上扩展了早期绿色消费研究的内涵，将对绿色消费的研究拓展到消费者行为的各个阶段。但是，这一研究体系仍未能在实质上解决在异化消费下形成的“虚假需求—生产过剩”的恶性循环，以及由此导致的生态危机和环境退化问题。应当充分意识到，在异化消费下，消费已不再是满足消费者真实需求的工具，而成为膨胀的、符号化的“虚假需求”的异己力量。消费不再是为了生活，而成了生活的目的。个人消费行为不仅是个人的选择，还是社会价值规范和意识形态控制下的社会行为。因此，解决这一问题需要从根本上挑战滋生出异化消费的社会价值基础，这就要求研究者将绿色消费的研究框架拓展到更基础、更广阔的领域。

人与消费资料相结合的方法和形式称为消费模式。消费模式是消费内容、消费结构和消费方式的总称，是人类消费行为、消费关系和消费规范的综合体现，既包含人们消费行为的具体对象、内容，也反映人们的价值取向。从消费模式的角度出发定义绿色消费的概念，可以进一步挖掘绿色消费的实质，即重构人类消费行为的“社会-生态”关系，力图解决生产与消费、需求与限制、物质与精神的对立格局。

从消费模式角度来看，绿色消费的概念框架包含3个层面的意义，即绿色消费内容、绿色消费结构和绿色消费方式。绿色消费内容回答了消费者应当消费哪些绿色产品和服务的问题，提出涉及消费者消费的产品和服务应当满足绿色的要求，即从原材料的获取、生产过程、流通过程、消费过程和最终的处置过程中能够最大限度地减少能源资源的使用，降低对生态环境的影响；绿色消费结构指消费者以生态文明的价值观念为基础，体现公平、和谐、可持续的目标导向，消解“虚假需求”“符号化消费”带来的浪费性满足，使生产方式真正服务于人的“真实需求”，超越“消费—生态”悖论，打破竭泽而渔式的经济发展方式；绿色消费方式指消费者在消费行为的所有阶段均应认识到个人行为对生态环境的影响，在满足个人需要的同时尊重自然、顺应自然，在一定的生态限度内进行理性消费，尽可能地减少购买、使用和处置过程中的环境影响，实现高效、循环利用。

6.2.3 对“消费—生态”悖论的现实超越

生态文明是对工业文明“唯发展主义”范式的批判，是尊重自然、与自然共存共荣的生态中心主义价值观与在其指导下形成的生产方式、经济基础和制度体系共同构成的社会文明形态。作为人类消费关系和行为规范的综合体现，合理、正确的消费模式能够在刺激社会生产、满足人们对物质文化生活需要、提高人们生活质量的同时实现经济的可持续发展，而扭曲、不合理的消费模式将不断造成资源浪费、环境污染、生态危机，甚至损害人们的精神与健康。因此，扭转不合理的消费模式是建设生态文明的必然要求。消费模式的绿色转型是贯穿生态文明建设经济层面和社会生活层面的重要构成。

生态文明所倡导的绿色消费与工业文明导向下的消费概念的根本区别在于伦理基础的差异。生态文明导向下的绿色消费是以生态中心主义为伦理基础的，以自然为中心构建其价值体系。生态中心主义认为，人类和非人类生物有机体都有其内在价值，人与生物圈内的各种生物没有地位差异，都是生物圈的一部分，生物圈内的各种生物应当享有均等的权利[21]。在工业文明及技术理性的功能在边界恶性膨胀下被不断强化的背景下，人类中心主义伦理将人与人的发展作为一切价值观和社会制度框架的中心，并延伸出了“唯发展主义”，这种资本逻辑实现了对人类消费需求的控制，从而臆造出“虚假消费”。而当这一伦理基础导致人类社会陷入生态危机的时候，尽管它又提出了包括代内公平、代际公平等在内的“自我修正”，但是仍未能超越自身局限。无论是代内公平还是代际公平，强调的都是人与人之间的公平。

对绿色消费持批判态度的研究者通常认为，绿色消费概念本身存在着问题。从字面意义上来说，绿色和消费是自相矛盾的两个概念：绿色指对自然资源的保护，而消费则通常蕴含着对自然资源的破坏[22]。如果在这一问题上不断纠缠，那么对绿色消费的研究和推进就失去了意义。而要消除这种矛盾，首先必须准确地把握消费概念的嬗变。前文已经分析了消费概念是如何由现实性、物质性的满足转向心理性、符号性的满足。从“真实消费”到“虚假消费”的变化意味着消费不再指向具体的、实物性的物质消耗，而成为抽象的符号。消费概念也由纯粹的经济学概念变为社会、文化概念。这时的消费也就成为与生态相背离、相对立的概念。而要超越“消费—生态”悖论，需要重新定义消费的内涵。生态经济学家赫尔曼 · E. 戴利提出，消费带来的效用满足和消费过程中环境资源的消耗服务应当用服务、通量、存量的概念进行区分：服务是自然界提供给人类社会的，对人类有益并能够产生效用、提高福利的功能；通量是自然界由于提供该种服务而造成的损失；存量则是自然界在提供服务、造成损失或增加通量后剩余的生产力[23]。David Pearce提出，消费应当区别于“对原材料和能源的消费以及环境对废物的消纳能力”。在消费过程中，生产和消费对资源、能源的利用效率和强度决定了能源消耗和环境消纳能力的退化速率。全部资源、能源的消耗和环境退化的速率是否上升取决于其利用效率和强度降低的速率是否比消费增长的速率更快[24]。这种在“弱可持续性”概念下衍生出的分析方法认为，以最小的物质、能量通量实现最优效用就能够在减少（或至少是不增加）生态环境退化压力的情况下满足人类各层次的需求，并实现不断的发展进步。

应当认识到，仅仅依靠消费效率的提高和鼓励消费者选择更多亲环境性、高生态效率的产品和服务是不足以实现消费的绿色转型的。消费效率的提高仅仅意味着单位资源、能源消耗强度的降低，而选择更多亲环境性、更高生态效率的产品并不意味着对资源没有消耗、对环境没有影响。进一步来说，当效率提高促使消费者购买更多的绿色消费品或服务时，消费量的增加将进一步抵消效率提高带来的收益。

同时，提高消费效率并不能够改变异化消费导致的多极主体之间的不平等问题。以物质消费产生的效用来测度可持续性的方法是片面的、单向的，其实质是人类中心主义的现实体现。首先，物质消费的增长并不意味着福利的增长。物质消费对福利的影响受到两种限度的制约：一是个体物质需求的限度；二是生态环境资源的限度。只有在这两种限度之内的物质消费才能够实现正效用。其次，物质需求的满足并非人类需求的全部，根据马斯洛需求层次理论，物质需求只是人类需求的基础，而更高层次的精神需求、自我实现的需求并不是物质需求得到满足就可以替代的。

以生态文明为基础的消费观超越了人类中心主义的局限，其倡导的公平、理性和生态、友善的核心在于尊重自然、顺应自然，强调人与社会、人与自然的和谐平等。生态中心主义伦理充分认识到，自然环境不仅是支撑人类物质需求的基础，更是“人类创造力和想象力的源泉和基础”，是人类精神世界的重要载体，生态环境安全更是人类实现自我潜力的前提。生态文明下的绿色消费模式既符合社会生产力的发展水平，又符合生态生产力和环境承载容量的限度；既能够满足人类物质、精神的消费需求，又能保障人与自然、人与社会和谐，是可持续的理性消费模式。

6.3 城市绿色消费模式及其影响机制

6.3.1 城市绿色消费模式

变革城市消费模式、转变居民生活方式是建设生态文明城市、实践可持续发展路径的必然要求。《21世纪议程》中明确指出：“消费问题是环境危机问题的核心。”因此，构建城市生态文明，解决当前城市生态环境危机，必须从改变城市消费模式入手。城市绿色消费模式是在消费内容、消费结构、消费方式三个层次上，以“尊重自然，顺应自然”为基本原则，以适度节制消费、避免或减少对环境的破坏为基本要求，实现公平、和谐、可持续的新型消费模式。绿色消费模式的关键在于解决生产与消费、需求与约束、物质与精神的对立格局。绿色消费是一个广泛的概念，从不同的角度出发可以延伸出不同的模式。当前，我国社会在衣、食、住、行各方面都存在着很多“非绿色”的消费模式，如追求过大的住房面积，过多和过剩的食品、衣物，以及污染和排放量过大的交通出行方式等。这些不良消费需求不符合我国当前人均资源拥有量十分低下的国情。因此，我们既要改善人民的生活，又要反对过奢侈的日子；既要促进合理消费，又要反对铺张浪费。

1. 可持续消费

可持续消费是基于可持续发展理论提出的侧重于强调实现代内和代际平衡的消费模式。联合国环境规划署在内罗毕发表的《可持续消费的政策因素》报告中提出了可持续消费的定义，即消费的服务和产品应确保使用最少的自然资源和有毒材料，以便不危及后代的需求。这一定义包含了2个层次的含义：①可持续性，可持续消费强调了人与自然的和谐平等，指出消费者在满足个人需求的同时，通过尽可能地减少消费对自然生态的不利影响来保持人与自然的平衡，强调当代人与后代人利益的公平性，即不仅要满足当代人的需求，也要保证后代人的利益；②发展性，可持续消费并不意味着遏制消费，而是在充分认识到消费对发展的促进作用的基础上保障人类的正常需求，提高生活质量，实现健康、有序、可持续的全面发展。

2. 低碳消费

随着全球气候变暖问题受到越来越多的关注，国际社会普遍认为，以化石能源为动力的人类生产和生活方式是导致全球气候变暖的根本原因，并呼吁通过采取减少碳排放、发展低碳经济等行动遏制气候变暖的趋势。低碳消费是指消费者在消费决策中把低碳作为重要的决策依据和考量因素，在实际消费活动中倾向于选择低碳的产品和服务。低碳消费是应对当前气候危机的具体手段和措施，其核心目的在于减少碳排放量，关注的是因温室气体的过多排放而引发的气候变化及进一步产生的一系列环境问题。

3. 生态消费

生态消费秉持了人与自然、社会和谐统一的消费伦理观，强调了消费全过程的“生态性”，即人类消费行为既符合物质生产发展水平，又符合生态系统的约束和限制要求。生态消费表现为4个方面：①消费产品本身是绿色的、环境友好的产品；②生产过程中使用的原材料和生产工艺是环境友好的；③生产过程中排放的废弃物尽可能实现减量化和循环利用，且最终排放的废弃物不会对环境造成损害；④消费品在使用过程中和使用后均不会对生态环境造成损害。生态消费强调人作为整个生态系统的一个组成部分，其消费行为应当放置于生态环境整体中进行考量，接受生态系统对消费行为的约束，使之能够与生态系统协调统一。

总体而言，绿色消费是在生态文明体制下较高层次的理性消费模式。尽管从不同的角度出发有不同的表现形式，但这些消费模式本身又是相互交叉、相辅相成的。绿色消费的核心是在适度消费的基础上强调消费的社会责任和生态责任（责任消费），以理性、科学消费为指导。其中，适度消费强调人类的消费需求要维持在理性的限度内，不超越生态环境的承载力，不超越当前生产力发展水平和经济能力，在生活消费上体现为在生态安全的基础上既能够持续改善生活水平，又能够把消费水平控制在人口、资源、环境等客观条件限制范围内；在生产上要求产业结构和消费结构合理，以较低的资源能源消耗获得较高产出，并能够保持与生态环境的协调统一。责任消费说明消费具有社会属性和生态属性，强调消费者在充分享受个人消费权利的同时，明晰自己为他人、社会以及生态环境承担的责任和义务。理性、科学消费的实质是消费者从真实需求出发进行消费，在尊重自然、他人、自我的基础上，意识独立，有辨别审视能力，审慎消费，不盲从、不挥霍、不侵犯他人权益，观照现实与未来、人类与自然、局部与全部、物质与精神，把消费放置于一个有机的系统中。

6.3.2 城市绿色消费的影响因素

城市消费具有典型的示范效应，在城市流动人口消费模式的实证研究中可以发现，进入城市的农村人口逐渐向原住城市居民的消费模式趋近[25]。城市绿色消费模式的发展和推行并非自然而然地发生，而是受到一系列微观和宏观变量的影响。从微观层面来看，影响消费者绿色消费行为的因素包含消费者的人口统计变量和个体心理变量；从宏观层面来看，消费者所处的外部情景、社会规范、社会文化的共同作用决定了其是否采取以及采取何种绿色消费行为。

1. 影响绿色消费行为的个体变量

（1）人口统计变量

城市消费者是一个庞大的群体，其个体变量的差异，如消费者的性别、年龄、受教育程度、收入、社会阶层等，在一定程度上影响了个体对绿色消费行为的选择。从消费者个体差异出发探索影响绿色消费行为的变量，主要目的在于识别哪些是绿色消费人群、哪些是非绿色消费人群，从而实现精准的绿色营销和市场推广。

阿里研究院发布的《中国绿色消费者报告》数据显示，29～35岁的已育女性是对绿色消费最为敏感的人群，而23～28岁的年轻人则成为快速增长的绿色消费群体。

与阿里研究院的统计数据类似，市场调研结果也显示年轻人和女性相比其他人群更倾向于绿色消费，如Mostafa对埃及绿色消费群体性别构成的研究表明，女性对环境事务，尤其是环境质量更加关心，尽管她们与男性相比对环境问题的认知并不深入[11]。但是，这些从人口统计差异上进行分析的研究并未显示出统计结果的一致性和稳定性。

家庭收入通常被认为与绿色消费行为存在正相关关系。绿色产品通常因其在原材料使用、生产工艺流程等方面为实现资源能源的减量化和对环境的影响尽可能低而在开发技术和生产成本上相较普通产品更高，从而使其价格存在着一定的环境溢价。因此，相较于低收入人群，收入和环境认知较高的群体更愿意为此支付这笔溢价。然而，与之相对应的研究结果表明，收入较高的家庭与收入较低的家庭相比，其消费产生的生态足迹也更高。Lenzen和Murray对澳大利亚家庭消费情况的调查表明，人均年消费25 000澳元的家庭与人均年消费10 000澳元的家庭相比，前者产生的生态足迹是后者的两倍之多[26]。

（2）个体心理变量

消费者的个体心理变量直接影响其行为取向。影响绿色消费行为的个体心理变量较多，主要有消费者的价值观、环保意识、环境知识和感知效力等。

价值观（values）：作为一个抽象概念，价值观反映的是个体对想要采取的行为方式或想要实现的最终状态的构想，反映了个体对自我概念的抽象准则，也是个体态度和行为参照的重要标准。消费者的价值观通常通过其对环境保护的态度来体现。Pepper等学者对消费价值观和其亲环境行为的研究表明，具有普世主义和社会-政治后物质主义的个体更具有亲环境行为[27]。消费者的价值观常常通过其态度这一中间变量传递。通常消费者对环境问题的态度被认为是其是否愿意为绿色产品支付溢价的重要动因。尽管很多研究表明，消费者的价值观和其亲环境行为之间存在相互关系，但是价值观需要借由中间变量来引导行为的发生，因而导致两者间的相关性受到诸多因素的影响。同时，价值观本身存在着复杂性和多样性，当价值观具体到某一特定的绿色消费行为时，二者的关系变得更加微妙和复杂。例如，对消费者循环利用旧物和废弃物减量化的意愿和行为的研究表明，消费者的亲环境价值观与这两种行为存在明显的相关性，但是却没有影响消费者的垃圾回收行为，后者更多受到消费者主观规范和社会规范的影响[28]。消费者的价值观并非孤立的，而是受到其所处的整体社会发展阶段及社会文化的影响，因此其对个体行为变化的影响受到多种不确定因素的制约，在研究过程中通常需要将消费者的价值观和其他个体心理变量综合起来分析。

环保意识（environmental consciousness）：指消费者对环境问题的关切程度，通常被认为是激励消费者克服经济理性选择、愿意支付相应的环境溢价、促进绿色消费的主要动因。当消费者关注环境问题，并关切这一问题对自身的影响时，其就会主动赋予消费行为的环境影响较大的评价权重，进而产生绿色消费行为偏好。Schlegelimilch[29]、赵爱武[30]等学者的实证研究表明，绿色消费群体的环保意识普遍比非绿色消费群体强。但是这种正相关性反过来是否成立，受到环保意识自身多维度性的干扰。对环保意识的概念定位、内涵和测量方法的差异，导致对环保意识与绿色消费行为直接关系的研究结论大相径庭[13]。环保意识需要与其他因素共同作用才能影响消费者的绿色消费行为。

环境知识（environmental knowledge）：指消费者对资源环境问题及该问题产生的原因、形成的机制以及最终导致的结果的系统知识，是绿色消费市场营销关注的重要内容。研究者发现，环境知识的增加将促进消费者环保价值观的形成，促使消费者更愿意承担解决环境问题、遏制环境和生态退化的责任。与消费者的价值观类似，环境知识并非直接作用于个体行为，知识与行为之间存在着更为复杂的关系。一项针对美国青少年的调查显示，尽管近30年来美国青少年群体接触到更多的与环境相关的知识，但是其对环境问题的关注并未显著提高，他们通常将环境问题归咎于政府、企业甚至是更加抽象的“消费者”的责任，而不是自己的责任[31]。

消费者感知效力（perceived consumer effectiveness）：指个体能够感知到自己的行为将产生真正有益的作用，它被认为对消费者的绿色消费行为有较强的解释力，是区分绿色消费者和非绿色消费者的重要心理变量。研究者认为，消费者对绿色消费行为的态度和对环境问题的响应是其对个人行为结果能够解决环境问题持有肯定信念的表现，而这种态度和信念就是消费者感知效力[32]。当消费者认为其采取的绿色消费行为能够真正起到对环境有益的作用时，就更倾向于采取行动。与之相对应的概念是消费者感知障碍（perceived consumer barriers），即消费者对其采取行动的不利因素和结果的预期。当消费者感知到如果其采取绿色消费行为，可能会带来时间、财力的损失，产生的效果也并不能达到理想的预期时，感知障碍就可能阻止消费者将意愿转化为实际行动。

影响消费者绿色消费行为的个体心理变量还包括其他因素，如消费者的主观规范，即消费者感知到来自他人对绿色消费行为的社会压力；消费者的责任归因，即消费者对环境问题是自身原因还是外部原因的判断；消费者的身份认知，即消费者是否认为自己是绿色消费者、是否具有消费者创新性等。

2. 影响绿色消费行为的社会因素

消费者的个体行为并非自发孤立的，而是常常受到所处环境的整体社会文化、社会规范，以及在特定情境下的群体压力、印象动机管理等因素的影响。Kilbourne和Polonsky提出，在西方工业社会中强调增强消费者的环境知识、推进消费者的亲环境态度、促进亲环境的价值观培育等并不一定导致消费者行为的改变，其主要原因在于整个社会文化仍是消费主义导向的[33]。对绿色消费行为的社会因素进行分析是建立推动绿色消费发展的市场营销策略、公众意识培育和制度建设的基础。影响消费者绿色消费行为的社会因素通常可以分为2类：①整体的社会文化、社会规范、规章制度、群体价值观等宏观因素；②在微观层次上消费者采取相应行为所处的特定情景。

（1）影响绿色消费行为的宏观社会环境

社会文化：文化是一个相对宽泛的概念，通常认为社会文化包含了社会习俗、道德规范、知识、伦理、信仰、艺术等多个方面，是社会文明的内在本质。对产生特定消费行为的文化进行研究，必须将其具体到某一特定概念。与消费行为相关的文化概念通常包含2个层次：①整体社会；②社会中具有一致或类似身份认同的群体。从第一个更宽泛的概念出发，文化可以定义为“一个相互联系的人类群体中成员习得、分享的共同所有的信念、行为和价值观”[34]。文化既有主观性，又有客观性。主观文化通过一定的符号系统向社会成员传递相应的认识论。例如，社会群体中主流的人类-环境关系处理方式及其外在表现影响了群体成员的消费行为和认知。客观文化是指社会群体中的人造品和体制机制等。英国人类学家Mary Douglas等[35]认为，个体的行为取向是在关于“适当的”社会运行的文化对话（cultural dialogue）中形成的。社会组织方式是文化对话发生的载体。Douglas将社会组织形态分为群体性社会（group society）和网格式社会（grip society）两大类。在群体性社会中，群体意识较强，压抑了个人意识的表现，整个社会围绕着群体意识运行，个体行为规范、行为认知都以群体规范为标准，因此行为的一致性更强。而在网格式社会中，群体对个体的压抑较少，个体意识能够得到充分表现，从而使行为的差异化和多样化更加突出。就绿色消费而言，处于群体性社会中的个体消费行为选择更容易受到群体意识的左右，即当大多数人做出一定的选择时，个体倾向于做出一致的行为；处于网格式社会的个体则将更多的权重放在环保认知、经济成本核算等个体因素上。

社会规范：作为影响绿色消费的重要社会因素，社会规范包括社会群体成员间的惯例（common practice）和描述性规范诉求（descriptive norms），以及社会群体成员认同的道义上的正确行为或是强制性的社会规范。这些社会规范都对不具有特殊的伦理取向的绿色消费行为产生较强的影响。其中，描述性规范诉求是研究者关注的重点领域。描述性规范诉求是指社会群体中占多数的行为模式对个体行为选择施加的压力和导向作用。消费者更倾向于接受具有较强的描述性社会规范的行为，如垃圾分类回收、重复使用毛巾等，但是具有更强的价值观导向性行为，如采取减量消费措施等，则被认为是备选方案，不一定需要遵守[28]。

政策设计：指通过改变消费者的消费认知和消费态度等因素来影响消费者的最终行为，较为典型的方法包括经济刺激、制定标准等，如政府推出家电以旧换新政策，通过财政补贴等方式推广高效低能耗产品，或者对影响环境的产品如排放不达标的车辆采取罚款等惩罚措施。这类政策设计包含2种类型：①前置政策（antecedent strategy），即在行为发生之前通过引导影响行为决策，如目标设定、诱发承诺、提供信息等；②后继战略（consequent strategies），即在行为发生之后对行为结果进行正面或负面评价并采取相应措施，包括奖励、惩罚、反馈等[36]。值得注意的是，政策设计是否合理决定了该政策是否能够在更长时间内影响消费者的认知、态度和行为意向，从而达到政策设计的初衷。例如，一些经济刺激政策有可能导致绿色消费行为从道德考量转化到经济领域。一旦消费者将外部的经济刺激理解为个人对相关事务不承担道德义务，外部经济刺激将导致道德动机影响力的降低，一旦这种外部经济刺激消失，消费者行为又将恢复到基线状态[37]。

（2）影响绿色消费行为的外部情境因素

信息刺激：包含多种模式，如特定的绿色消费知识（如《绿色消费者指南》提供的特定绿色产品信息），与一定社会规范相结合提供相应情境下最优的实践信息（如通过大众媒体宣传绿色出行的范例），提供给消费者其自身绿色消费行为的信息反馈（如在居民购买节能产品后向居民反馈节电效果等）。与经济刺激等直接影响消费者行为的外部因素相比，信息刺激的效果较为间接。但是通过与社会规范等的结合，信息刺激能够对消费者的行为产生更为长久的影响，如许多媒体宣传通常通过提供描述性规范诉求的信息来说服消费者改变行为。

产品因素：产品的种类、自身属性等因素会对消费者是否采取绿色购买行为产生直接影响；同时，绿色产品的质量、公信力和可得性等因素对消费者识别和选择绿色消费品也能起到重要的作用。由于绿色产品的“绿色”属性常常是无形的，消费者无法从直观上对其进行甄别，因此提供可信、有效的绿色产品信息将促进消费者选购绿色产品。绿色产品的质量和可获取性也是影响消费者行为的重要制约因素。当绿色消费品的质量明显优于一般消费品时，消费者更易于接受和选择绿色消费品，并为之支付溢价。而绿色产品市场的扩大、绿色消费品的增加将极大地影响消费者的绿色消费需求。近年来，随着互联网的发展，网络零售平台成为绿色消费品的重要销售平台，为绿色消费市场的扩大和绿色消费主体的培育提供了“土壤”。

6.4 推动城市绿色消费发展的实践路径

6.4.1 城市绿色消费体系发展实践

自20世纪末我国首次提出绿色消费的概念以来，绿色消费行为在公众中逐步得到普及和深化。尽管我国城市绿色消费起步较晚，但是在各方主体的推动下得到了快速发展。城市消费涉及城市生活的方方面面，城市绿色消费实践是政府、企业、个人多个主体综合培育、多维发展的系统工程。政府是城市绿色消费发展的顶层设计者和引导者，通过制定与之相关的法律法规和标准体系，推行实施相关示范工程，充分发挥其教育、引导、示范、激励和监管作用，建立起促进绿色消费发展的长效机制。企业是城市绿色消费品的提供者，是城市绿色消费体系中将消费者利益、社会利益、环境利益与自身利益有机结合为一体的关键环节。企业需要在其生产体系、经营体系以及营销体系中全面贯彻实施绿色战略，才能有效地推动城市绿色消费体系的发展。消费者则是城市绿色消费行为的最终实施者。秉持绿色消费理念、践行绿色消费行为的群体是培育和扩大绿色消费市场、推动城市生态文明发展的核心主体。

1. 政府主体

自20世纪90年代以来，在政府主导的绿色消费行动的引领下，我国公众的绿色消费取得了快速发展。我国在“十五”计划纲要中首次明确提出了“提高全民环保意识，推进绿色消费方式”的意见。1999年，国家经贸委、国家环保总局、卫生部、铁道部、交通部、国家工商总局、国家质检总局等部委联合倡议并实施了“三绿工程”，即“提倡绿色消费、培育绿色市场、开辟绿色通道”的系统工程。这项工程为我国绿色食品和绿色消费概念在公众中的推广深化奠定了重要基础。为积极引导绿色消费的发展，我国政府相继颁布了一系列政策法规，推进城市绿色消费的发展。这些政策法规包括制定和推广环境标志、推出绿色信贷政策、出台绿色消费补贴和资助、严格限制环境污染类产品使用等多个方面。目前，我国正在逐步建立并不断完善环境法律法规、资源管理法律、资源管理行政法规、环境标准，已初步形成了包括环境产品认证制度、政府绿色采购制度等多层次的法律政策体系框架[38]。

（1）环境产品认证制度

我国的环境标志制度始于绿色食品认证。1989年，农业部开始了绿色食品认证工作。1993年10月，我国正式实行和推广环境标志制度。1998年，我国开始实施自愿性的保证标识项目，即节能产品认证。目前，我国已经颁布了一系列绿色产品认证机制和认证标准，包括QS（食品质量标准）认证、HACCP（危害分析的临界控制点）认证、GMP（良好生产规范）认证、绿色食品认证、有机食品认证、无公害产品认证、能效认证等[39]。然而，我国目前还没有开展基于全生命周期评价的环境认证制度，即Ⅲ型环境标志。相比西方发达国家，我国绿色产品认证标准仍然较低。总体而言，我国在环境产品认证方面，如产品界定、产品标准制定等，仍需借鉴和学习国际上已发展完善的认证体系，加强绿色产品认证制度的管理、执行和监管措施。

（2）政府绿色采购制度

2002年，我国颁布了《中华人民共和国政府采购法》（以下简称《政府采购法》），首次明确规定政府采购应优先采购环保产品，促进经济的可持续发展。2004年年底，我国政府正式出台了《节能产品政府采购实施意见》（财库〔2004〕185号），并公布了包括八大类产品的“节能清单”。2006年10月，财政部和国家环保总局联合发文颁布了《环境标志产品政府采购清单》（财库〔2006〕90号），要求各级政府、事业单位等机构在使用财政资金进行采购时要优先采购带有环境标志的产品[40]。政府绿色采购是指在政府采购中着意选择那些符合国家绿色认证标准的产品和服务。作为国家控制直接支出的基本手段，政府绿色采购制度也影响了消费者的消费取向，进而影响到产品的市场份额。政府绿色采购的积极意义在于扶持符合国家环境保护、资源循环利用、有益健康的绿色产品服务，促进产品与产业结构向可持续发展方向改革。它向生产企业发出了信号，引导企业生产“低污染、可回收、省资源”的产品，促进企业实现绿色生产技术的进步与创新。

（3）阶梯电价、阶梯水价制度

能源和水资源消费是城市居民消费的重要组成部分，而不恰当的能源、资源定价方式将导致对能源、资源的浪费型消费。我国的电价、水价长期以来存在大量补贴，考虑到资源使用的所有外部成本，我国资源、能源价格长期处在较低区间，成本价格倒置。阶梯电价、阶梯水价制度将居民生活用电量、用水量分为若干档，对基本需求部分实行较低价格，对超过基本需求的部分发挥市场调节作用实行较高价格，一方面保障了居民的基本生活需要，另一方面兼顾了公平和效率，统筹解决了价格提高和稳定民生的矛盾，有效调节了资源、能源消费需求和用水、用电价格。阶梯电价和阶梯水价充分体现了3个方面的原则：①保障了基本的生活需求，通过按使用量分级累进加价的方式区分居民生活用水、用电需求中的基本和非基本部分，将资源稀缺性充分反映到市场供求关系中，克服了单一计量价格“一刀切”的问题；②体现了促进资源、能源节约利用的效率原则，通过价格信号引导消费者按自身需求和意愿来选择消费量，从而形成政府调控市场、价格引导资源优化配置的市场格局，在一定程度上抑制了资源和能源低效利用与浪费的现象发生；③体现了发展的均衡性原则，合理的阶梯电价和阶梯水价克服了单一方向利益考量的不足，统筹兼顾了居民基本生活需求、低收入群体的经济承受力、节约用水实效性等多方面的因素，通过阶梯价格之间的交叉补偿实现了居民生活总体用水、用电的保本微利。

（4）“限塑令”

塑料制品，特别是塑料购物袋是日常生活中的常见易耗品。在为消费者提供便利的同时，塑料购物袋的大量使用及回收处理不到位等问题也造成了严重的能源、资源浪费和环境污染。《国家地理》杂志发起的“拒绝塑料星球”（Planet or Plastic）活动受到了广泛关注，塑料制品导致的污染正严重威胁着自然生态乃至人类本身的健康。我国早在2007年就由国务院办公厅发布了《关于限制生产销售使用塑料购物袋的通知》（国办发〔2007〕72号）（以下简称“限塑令”），要求从2008年6月起禁止生产、销售、使用厚度小于0.025 mm的塑料购物袋，同时规定自2008年6月1日起，在所有超市、商场、集贸市场等商品零售场所实行塑料购物袋有偿使用制度。“限塑令”是政府采取的一种行政手段，通过限制末端零售商销售塑料制品来敦促企业生产可循环使用且容易回收降解的塑料购物袋，从而引导消费者合理使用塑料制品。

2. 企业主体

企业是绿色消费发展的关键主体，需要将自身利益、消费者利益、社会利益和环境利益统一起来，从产品和服务的设计、开发、制造、营销等各个环节着手，对其有形和无形资源进行优化配置。只有实现了生产经营的绿色转型，才能真正实现消费品的绿色化，满足绿色消费需求，进而推动和培养绿色消费模式。企业进行绿色营销是唤醒公众绿色意识、引导公众绿色消费的重要内容，也是企业实现可持续发展、提升形象、提高效益的关键领域。

（1）绿色债券

与国外一些国家相比，我国绿色债券市场的发展起步较晚，但是近年来各级政府发布了一系列促进绿色债券市场发展的政策，激励着各类市场主体积极进入绿色金融市场，推动了我国绿色金融市场的快速发展。绿色债券包括绿色金融债券、绿色企业债券、绿色公司债券、绿色债务融资工具、绿色资产支持证券等一系列金融产品，其核心目标是利用各类金融工具和杠杆促进产业结构实现优化升级和绿色转型发展。2015年，国家发展改革委和中国人民银行分别颁布了《绿色债券发行指引》（发改办财金〔2015〕3504号）和《绿色债券支持项目名录》，标志着我国绿色债券市场正式启动。截至2017年年底，我国已经形成了全球发行数量最多的绿色债券市场，2017年我国共发行贴标绿色债券2 486亿元人民币[41]。这种“自上而下”的推行方式，充分利用政策红利激励投资者在资产配置中配置绿色资产和绿色债券。尽管与国外绿色投资者认可绿色资产和绿色债券的环境效益并充分接受其溢价空间的程度仍有差距，但是我国绿色投资机构群体正呈现不断扩大和多元化的趋势。2018年第一季度的绿色债券发行市场呈现出企业债、公司债井喷的状态，这意味着越来越多的企业充分利用绿色债券这一融资工具加快自身的绿色转型发展。我国绿色债券市场的推进以及伴随的一系列政策——企业环境信息披露机制、绿色债券评级制度、绿色项目评估认证制度等，将环境效益和投资风险、财务回报有机地结合起来，构建起绿色债券市场的完整体系和治理机制。

（2）绿色建筑

建筑是城市的基本构成单元，是城市发展的核心载体，同时粗放、低效的城市建筑也将导致大量的能源、资源消耗及环境污染。目前，我国的城市建设正处在高速推进期，因而在时间上高度浓缩、在空间上快速扩张、在规模十分巨大。然而，在高速发展的城市建设中也存在大量粗放、低效的发展模式，特别是重数量、轻质量，重外观、轻品质，重建设、轻维护，土地利用效率低，建筑使用寿命远低于设计寿命，建筑用材消耗过高，建筑垃圾回收再生利用率过低，资源利用总体水平偏低等各种问题突出。高消耗、高污染、高投入、低效益的建设模式严重阻碍了我国城市综合质量的提高和建筑业的可持续发展。大力发展绿色建筑是推动我国节能减排、保护环境、促进城市建设模式和建筑业发展方式转变的重要举措。我国引入绿色建筑的概念始于20世纪90年代，并于2001年开始探索发展绿色建筑。2006年，我国发布了第一部符合国情的《绿色建筑评价标准》（GB/T 50378—2006）。2013年，国家发展改革委、住房和城乡建设部推出了《绿色建筑行动方案》。这些标准和政策的推出鼓励并激发了绿色建筑的开发建设和消费的积极性。自2008年我国实行绿色建筑评价标识制度以来，截至2018年年底，全国已经评出1.3万项绿色建筑标识项目，建筑面积超过14亿m^2。

3. 个人主体

（1）“光盘行动”

随着生活水平的快速提高，我国居民的食品消费由解决温饱问题逐步向享受型消费转型。然而，享受型食品消费也造成了大量的餐饮浪费。调查显示，我国消费者每年仅餐饮消费中浪费的食物蛋白和脂肪就分别达到800万t和300万t，约是2亿人一年的口粮。2012年的世界粮食日，国家粮食局首次向全国粮食系统的干部职工发起参与“24小时饥饿体验活动”的倡议，提醒国人树立“丰年不忘灾年，增长不忘节约，消费不能浪费”的消费道德观念。2013年1月，来自不同行业的群众组成了IN33团体，发出了“从我做起，今天不剩饭”的号召，并提议将1月10日设置为“光盘节”。这一口号和倡议得到了公众的大力支持和欢迎，并在全国各地开展起“光盘行动”。“光盘行动”倡导居民在进行餐饮消费时应采取厉行节约、反对铺张浪费的绿色餐饮消费模式。

（2）绿色社区

绿色社区是城市居民参与城市绿色发展机制的基础，绿色社区的创建能够有效帮助建立并完善群众参与城市绿色发展的制度，使城市居民清楚地认识并行使自己的环保权利和义务，通过在社区管理层面引入绿色发展、环保发展的理念，建立起社区层面的公众参与机制。绿色社区概念最早由NGO组织“地球村”引进中国，倡导社区居民选择“绿色时尚的社区生活方式”。绿色社区是绿色建筑、社区绿化、垃圾分类回收、节能节水等一系列绿色消费模式的综合体，是硬件和软件相结合的统一体。在硬件方面，它强调社区在设计建设方面应考虑环保要求，并且配备相应的环保设施，如污水处理再利用、生物垃圾处理、垃圾分类回收处理等设施；在软件方面，它强调社区管理者和社区居民在日常生活中践行绿色消费行为，实施垃圾分类，节约用水、用电，选择绿色交通出行等绿色生活方式。绿色社区以“人与自然和谐共生”，从社区设计、社区管理和社区消费各个领域贯彻实施绿色发展理念，进而实现城市经济、社会、环境的可持续发展。

6.4.2 我国目前绿色消费发展的障碍

绿色消费在我国的发展历程并不长，但随着生态文明理念的不断深入，对健康、品质生活追求的高涨，绿色消费市场的不断扩张，以及网络销售平台的推波助澜，绿色消费得到了跨越式发展。然而，我国目前仍存在众多障碍，影响着绿色消费健康、有序、蓬勃的发展。

1. 制度建设不完善

尽管我国在《中国21世纪议程》等文献中已经提及绿色消费的概念，也出台了一些促进绿色消费发展的政策，但是总体性、系统化的制度建设还未形成。在相应的法律法规，如《中华人民共和国消费者权益保护法》（以下简称《消费者权益保护法》）、《政府采购法》中，没有明确的推进绿色消费、绿色采购发展的相关要求。而对绿色消费发展最具调节作用的税收体系，也没有形成系统性的推进绿色消费发展的税制改革。缺乏绿色消费发展的顶层设计，使我国目前的绿色消费支持政策体系呈现碎片化，缺少系统性、连续性。各个部门出于自身权责各自出台相应政策，没有形成有机衔接，使政策推行的效果大打折扣。同时，我国目前推出的支持绿色消费发展的政策主要以经济刺激类为主，包括财政部2003年推出的“减征低污染排放小汽车消费税政策”，2010年开始推行的“对私人购买新能源汽车补贴试点工作”，以及“对高效节能空调进行财政补贴”等政策。这类政策有可能导致消费者将行为改变的动机归因于经济刺激而非环保意识，从而使政策推行的效果大打折扣。在政策结束后，消费者的行为就可能恢复原样。

2. 市场信息不对称

绿色消费的市场信息不对称是指消费者与绿色产品之间的信息传导存在断层，产品生产、销售企业和绿色消费者之间存在信息差异。公众对绿色消费产品的相关信息充分了解，是推进消费者加强自觉行为控制、促进其绿色消费行为产生的重要影响因素。绿色产品的“绿色”属性是无形的，不能直接将产品的“绿色信息”传递给消费者，而需要中间传导机制。当这种中间传导机制不能很好地发挥作用时，就有可能导致绿色产品缺乏公信力和绿色消费市场不振，进而可能导致绿色消费者即便有较强的绿色消费意识但仍有可能不执行绿色消费行为。造成绿色消费产品公信力缺乏有多个方面的原因：一是绿色产品的市场监管不足，市场秩序有待强化；二是缺少市场宣传，绿色产品信息未能准确清晰地传递给消费者；三是缺乏绿色产品认证体系，使消费者没有直观、可信的判断标准。绿色营销不足、针对性较差等问题也可能导致消费者不知道绿色产品的购买渠道，从而使绿色产品无人问津。

3. 公众意识淡薄、知识匮乏

近年来，我国绿色消费群体呈现出爆发式增长的趋势，但是占总体消费群体的比例仍然较少，公众的绿色消费意识较淡薄，与绿色消费相关的知识也十分匮乏。绿色消费意识是激发绿色消费行为的重要前提，而绿色消费知识对公众参与绿色消费行为有正向的激励作用。公众的绿色消费意识淡薄、知识匮乏表现在多个方面：一是对环保问题的责任归因不足，认为环境保护与个人消费行为关系不大，不愿意承担相应的个人责任；二是缺少绿色产品知识就无法有效辨别绿色消费产品；三是对绿色消费的认知存在误区，认为消费绿色产品就是绿色消费，错误地将绿色消费简单地理解为消费天然、有机的商品。绿色消费从人与自然的和谐关系出发，强调的是人类消费行为对自然生态环境的无害性，尊重自然、顺应自然。而消费绿色产品是从人类自身诉求出发，以安全健康为根本目的进行的消费，与绿色消费有着根本的差别。

4. 绿色产品产业链尚不完善，供给相对不足

与国际绿色产品企业的发展状况相比，我国生产企业对绿色产品、绿色生产的理解在广度和深度上还有较大差异。目前，我国推进绿色产品生产的企业主要集中在食品、电器等少数几个行业。同时，很多企业对“绿色”的理解还停留在产品阶段，认为绿色产品就是在产品消费过程中的“绿色”——无害、有机、节能、高效等，而忽视了产品在整个生命周期，即从原材料的获取、生产、流通到最后的所有环节的“绿色”。同时，由于绿色产品在技术研发、资源获取等方面的要求增加了企业的成本投入，导致绿色消费品往往存在溢价。当消费者不愿意支付这部分溢价时，企业生产绿色消费品的动力就会大大降低。除此之外，绿色产品产业链不完善，绿色产品在技术研发、人才培养、产业培育等方面还存在较大差距等问题，均是阻碍我国绿色消费发展的重要因素。

6.4.3 推动绿色消费发展的实践路径

1. 完善绿色消费相关体制机制建设，加大政策创新，推进多样化、系统化的绿色消费政策引导机制

完善绿色消费相关制度建设、构建绿色消费发展机制的顶层设计，是推进绿色消费健康、有序、蓬勃发展的重要前提。首先，应完善相关的法律法规，建立切实有效的落实机制。在《消费者权益保护法》《政府采购法》《中华人民共和国环境保护法》（以下简称《环境保护法》）等相关法律条款中，应明确提出推进绿色消费发展的内容及有效的落实机制，同时对其他有助于推动绿色消费发展的法律法规进行修订完善，鼓励绿色的消费行为和生活方式，促进并落实政府绿色采购，明确环境目标和采购标准。其次，应制定和完善绿色消费产品标准，开展基于产品全生命周期的评价体系，建立健全绿色产品认证体系，提高我国绿色产品认证体系的公信力与独立性，强化产品质量监控体系，建立开放式的绿色产品信息平台，及时收集和发布绿色产品信息，确保制造厂商和消费者能够广泛、便捷地获取绿色产品相关信息。最后，应规范并扩大与绿色消费相关的扶持政策，推进绿色金融、绿色税收体制改革，创新政策引导模式，加强前置政策和后继政策引导，鼓励绿色消费市场的发展。

2. 扩大绿色消费主体，培育绿色消费观念，积极引导居民践行绿色的生活方式和消费方式

首先，要大力普及绿色消费知识，借助新兴媒体等传播媒介，提高消费者的参与度，开展大规模的绿色消费宣传活动，向广大居民普及绿色消费的内涵及意义，加强绿色消费宣传引导，建立开放式的绿色产品信息平台，向消费者提供绿色产品的辨识和使用咨询，增加消费者的绿色消费知识，提高绿色消费的能力和水平。其次，要加强公民的生态文明教育，促进公众树立健康、正确的价值观念，积极引导居民践行绿色的生活方式和消费方式，培育绿色的消费习惯。最后，要创建绿色消费的有利条件，消除消费者的感知障碍，加强与绿色消费相关的基础设施建设，建立便利的废弃物分类回收利用体系，增加回收网点，拓宽回收渠道，建设完善、高效、绿色的公交出行系统。

3. 完善绿色产业链条，实施创新驱动战略，推进绿色科技研发，规范企业监管

企业作为市场的重要组成部分，在构建绿色市场、开发绿色产品、实现绿色营销、组织绿色物流等方面发挥了举足轻重的作用。首先，应实施创新驱动战略，深化产业转型，促进产业结构优化升级，建立完善的绿色产业链条，大力推动企业增加绿色产品的服务和供给，推动绿色消费市场的发展壮大。其次，应鼓励企业听取消费者的产品诉求，加强绿色产品技术研发，提高绿色产品质量，降低绿色产品成本。再次，应强化企业的社会责任，加强对企业的监管，坚持执行绿色标准，推动企业实现绿色化、生态化转型。最后，推进并规范绿色市场营销，推动绿色消费产品信息客观、公正、公开地披露，根据消费者的绿色消费行为特点，提高绿色营销的针对性，转变传统营销模式，注重品牌建设，推广宣传绿色产品。

参考文献

[1] 曾建平，丁玲．生态文明视野中的消费与自然［J］．中国地质大学学报（社会科学版），2013，13（4）：53-59.

[2] 赵宇，张京祥．中国城市消费型转型研究［J］．现代城市研究，2010（4）：19-24.

[3] 包庆德．消费模式转型：生态文明建设的重要路径［J］．中国社会科学院研究生院学报，2011，3（2）：28-33.

[4] 马克思，恩格斯．马克思恩格斯全集：第二十三卷［M］．中共中央马克思恩格斯列宁斯大林著作编译局，译．北京：人民出版社，1972.

[5] 罗斯托．经济增长的阶段：非共产主党宣言［M］．郭熙保，王松茂，译．北京：中国社会科学出版社，2001.

[6] 仰海峰．西方马克思主义的逻辑［M］．北京：北京大学出版社，2010.

[7] 罗小青，张双耀．马尔库塞对消费异化的伦理批判及理论建构［J］．中南大学学报（社会

科学版），2007，13（2）：142-146.
[8][加]本·阿格尔.西方马克思主义概论[M].慎之，等，译.北京：中国人民大学出版社，1991：486.
[9]高倩，王远，贺晟晨，等.绿色消费研究进展及政策分析[J].生态经济，2008（10）：57-59，63.
[10]中国消费者协会.中国消费者协会"绿色消费"年主题宣传提纲[M].北京：中国工商出版社，2001.
[11] Mostafa M M. Gender Difference in Egyptian Consumers' Green Purchase Behavior：The Effects of Environmental Knowledge，Concern and Attitude [J]. International Journal of Consumer Studies，2007，31（3）：220-229.
[12]许进杰.生态消费：21世纪人类消费发展模式的新定位[J].北方论丛，2007（6）：127-131.
[13] Lin Y，Chang C A. Double Standard：The Role of Environmental Consciousness in Green Product Usage [J]. Journal of Marketing，2012，76（5）：125-134.
[14] Peattie K. Golden Goose or Wild Goose? The Hunt for the Green Consumer [J]. Business strategy and the Environment，2001，10（4）：187.
[15] Mainieri T，Barnett E H，Valdero T R，et al. Green Buying：The Influence of Environmental Concern on Consumer Behavior [J]. Journal of Social Psychology，1997，137（2）：189-204.
[16] Shrum L M，McCarty J A，Lowrey T M. Buyer Characteristics of the Green Consumer and Their Implications for Advert [J].Journal of Advertising，1995，24（2）：71-82.
[17]白光林，万晨阳.城市居民绿色消费现状及影响因素调查[J].消费经济，2012，28（2）：92-94.
[18] Meyer T J，Miller M I，Metzger R I，et al. Development and Validation of the Penn State Worry Questionnaire [J]. Behavior Research and Therapy，1990（28）：487-495.
[19]罗永泰.绿色需求及绿色消费驱动的隐性营销策略[J].现代财经，2004，24（4）：50-53.
[20]关于促进绿色消费的指导意见[EB/OL].[2016-09-02]. http：//www.sdpc.gov.cn/zcfb/zcfbtz/201603/t20160301_791588.html.
[21]潘家华.中国的环境治理与生态建设[M].北京：中国社会科学出版社，2015.
[22] Peattie K. Green Consumption：Behavior and Norms [J].Annual Review of Environment and Resources，2010（35）：195-225.
[23]赫尔曼·E.戴利，乔舒亚·法利.生态经济学：原理和应用（第二版）[M].金志农，陈美球、蔡海生，译.北京：中国人民大学出版社，2014.

[24] Pearce D. Sustainable Consumption Through Economic Instruments [J]. Symposium on Sustainable Consumption，1994 (2)：19-20.
[25] 万勇. 中国城市化与居民消费需求关联研究综述 [J]. 城市问题，2013 (9)：27-31.
[26] Lenzen M，Murray S. The Ecological Footprint：Issues and Trends [D].Sydney：University of Sydney，2003.
[27] Pepper M，Jackson T，Uzzell D. An Examination of the Values that Motivate Socially Conscious and Frugal Consumer Behaviours [J].International Journal of Consumer Studies，2009 (33)：126-136.
[28] Barr S. Factors Influencing Environmental Attitudes and Behaviors：A UK Case Study of Household Waste Management [J].Environmental Behavior，2007 (39)：435-473.
[29] Schlegelmilch B B，Bohlen G M，Diamantopoulos A. The Link Between Green Purchasing Decisions and Measures of Environmental Consciousness [J]. European Journal of Marketing，1996，30 (5)：35-55.
[30] 赵爱武，杜建国，关洪军. 绿色购买行为演化路径与影响机理分析 [J]. 中国管理科学，2005，23 (11)：163-170.
[31] Wray-Lake I，Flanagan C A，Osgood D W. Examining Trends in Adolescent Environmental Attitudes，Beliefs and Behaviors Across Three Decades [J]. Environmental Behavior，2010 (42)：61-85.
[32] Roberts J A. Green Consumers in the 1990s：Profile and Implications for Advertising [J]. Journal of Business Research，1996，36 (3)：217-231.
[33] Kilbourne W E，Polonsky M J. Environmental Attitudes and Their Relation to the Dominant Social Paradigm Among University Students in New Ara [J]. Australasian Marketing Journal，2005，13 (2)：37-48.
[34] Bennett M J. Intercultural Communication：A Current Perspective [M] //M J Bennett. Basic Concepts of Intercultural Communication：Selected Reading. Boston：0Intercultural Press，1998.
[35] Douglas M，Baron I. The World of Goods—Towards an Anthropology of Consumption [M]. London and New York：Routledge，1979.
[36] Abrahamse W，Steg L，Velk C，et al. A Review of Intervention Studies Aimed at Household Energy Conservation [J]. Journal of Environmental Psychology，2005，25 (3)：273-291.
[37] Nyborg K，Howarth R B，Brekke K A. Green Consumers and Public Policy：On Socially Contingent Moral Motivation [J]. Resource and Energy Economics，2006，28 (4)：351-366.

[38] 高倩，王远，贺晟晨，等 . 绿色消费研究进展及政策分析 [J]. 生态经济，2008 (10)：57-59，63.

[39] 绿色消费：众人拾柴火焰高 [N]. 人民政协报，2014-12-08 (4).

[40] 井绍平，陶宇红，田泽永 . 消费者品牌转换驱动因素研究：基于绿色营销视角 [J]. 商业经济与管理，2008 (4)：50-54.

[41] CBI：中国绿色债券市场 2017 [EB/OL]. [2018-02-28]. https://cn.climatebonds.net/blog/2018/03/% E6% B0% 94% E5% 80% 99% E5% 80% BA% E5% 88% B8% E5% 80% A1% E8% AE% AE% E7% BB% 84% E7% BB% 87% E4% B8% 8E% E4% B8% AD% E5% A4% AE% E7% BB% 93% E7% AE% 97% E5% 85% AC% E5% 8F% B8% E8% 81% 94% E5% 90% 88% E5% 8F% 91% E5% B8% 83% E4% B8% AD% E5% 9B% BD% E7% BB% BF% E8% 89% B2% E5% 80% BA% E5% 88% B8% E5% B8% 82% E5% 9C% BA% E6% 8A% A5% E5% 91% 8A2017.

第7章

生态文明城市的交通基础设施建设

XINSHIDAI SHENGTAI WENMING CONGSHU

交通运输是兴国之器、强国之基，是推动城市向生态文明转型的重要支撑。我国秉持交通运输与经济社会协调发展、与自然生态和谐共生的理念，将建设人民满意的交通运输作为根本目标。新中国成立70多年来，我国的交通运输与世界一流水平的差距快速缩小，基础设施网络规模稳居世界前列，运输服务保障能力名列世界前茅，科技创新达到世界先进水平，行业现代治理能力大幅跃升，一个走向现代化的综合交通运输体系正展现在世界面前，为推动经济社会和环境的可持续发展作出了历史性的贡献。

为深入贯彻习近平生态文明思想，落实《中共中央　国务院关于全面加强生态环境保护　坚决打好污染防治攻坚战的意见》的重大决策部署，未来我国将围绕交通强国建设目标，全面谋划、统筹部署交通基础设施建设各项举措，加强生态环境保护，打好污染防治攻坚战。按照2020年和2035年两阶段发展目标要求，我国需推动交通基础设施建设转型升级、提质增效，更好地服务于交通强国和美丽中国建设的总体要求；同时，要将提升交通基础设施的绿色水平、破除基础设施建设中的高碳锁定效应、加强交通科技创新能力作为实现城市向生态文明转型的重要内容。

7.1 城市交通基础设施的发展历程

经过多年的努力，我国交通基础设施建设取得了巨大进步（表7-1）。截至2018年，我国高速铁路（以下简称高铁）里程达到2.9万km、高速公路里程达到14.3万km、生产性码头泊位数量达到23 919个，均位居世界第一；民用航空运输机场共235个、油气管道里程达到13.6万km，均位居世界前列；邮路和快递服务网络总长度（单程）达到3 945万km，是世界上规模最大的网络之一。当前，我国综合立体交通网络的基础设施已初步形成，运输服务保障能力大幅提升，有力支撑了经济社会的持续快速发展，增强了人民群众的获得感、幸福感、安全感。

表7-1　我国综合交通基础设施网络发展情况

类别	1949年	1978年	2013年	2018年
铁路营业里程/万km	2.2	5.2	6.66	13.1
高铁里程/万km	—	—	1.1	2.9
公路里程/万km	8.1	89	435.6	485
高速公路里程/万km	—	—	10.4	14.3
内河航道里程/万km	7.4	13.6	12.6	12.7
生产用码头泊位/个	161	—	31 760	23 919
万吨级及以上泊位/个	—	133	2 001	2 444
民用航空运输机场/个	36	78	193	235
不重复航线里程/万km	1.1	14.9	410.6	838
定期航线条数/条	12（1950年）	162	2 876	4 945
油气管道里程/万km	—	0.9	9.9	13.6
邮路和快递服务网络总长度（单程）/万km	70.6	486	2 861	3 945
邮政行业营业网点/万处	2.6	4.9	12.5	27.5

7.1.1　改变落后闭塞的交通面貌

新中国成立之初，我国铁路总里程仅为2.18万km、公路里程为8.08万km、内河航道为7.36万km，民航只有9条国内航线，交通运输整体滞后。从1953年我国政府发布国民经济的第一个五年计划开始至1977年，我国的交通运输业以恢复国民经济、改善人民生活为重点，建设完成了成渝铁路、成昆铁路、川藏公路、青藏公路、武汉长江大桥、首都国际机场等重大项目，新建了天津塘沽港、大连新港、湛江港等港口，整治开发了以长江上游川江航道为重点的内河航道，交通基础设施建设取得阶段性成效。

7.1.2 探索交通可持续发展道路

1978年改革开放以来，我国开始了经济社会发展的历史新时期。为适应快速的经济发展和居民生活的需求，我国把交通运输放在优先发展的位置。为促进交通运输与经济、社会和环境的协调发展，制定了一系列政策和法规制度。1979年，我国颁布第一部环境保护法。1982年，我国首次将环境保护作为独立篇章纳入国民经济和社会发展计划。1983年，我国将环境保护确定为基本国策。1992年的联合国环境与发展会议召开以后，我国政府于1994年发布了《中国21世纪议程》，成为世界上第一个制定并实施本国可持续发展战略的国家。1996年，《国民经济和社会发展"九五"计划和2010年远景目标纲要》提出，"必须把社会全面发展放在重要战略地位，实现经济与社会相互协调和可持续发展。"[1]这一阶段，交通基础设施建设加速推进，新中国第一条高速公路沪嘉高速公路于1988年正式通车；在放开交通运输市场、建立社会化融资机制方面进行了开创性探索，实行铁路"投入产出、以路建路"承包责任制、提高养路费征收额并同步开征车辆购置附加费、以"贷款修路、收费还贷"的方式扶持公路发展这3项政策；开征港口建设费，实行"以港养港，以收抵支"制度，港口率先对外开放，海运业最早实现"走出去"；民航实行以航空公司与机场分设为特征的体制改革；邮政业实现邮电分营和邮政政企分开。此时，我国的交通运输业步入发展快车道，在很大程度上满足了社会经济发展和人们物质生活不断升级对交通运输发展的需求。

7.1.3 推进交通运输业科学发展

2000年，联合国千年首脑会议通过了《联合国千年宣言》，成为21世纪联合国千年发展目标制定和实践的依据。围绕落实千年发展目标，我国提出以人为本、全面协调可持续的科学发展观。交通运输业也树立了"以人为本、好中求快、全面协调、可持续发展"的理念，实施铁路主辅分离、辅业改制，发布了中国铁路第一个中长期发展规划，举办了中国历史上首次就政府决策事项举行的听证会——铁路旅客票价实行政府指导价听证会。1997—2007年，我国铁路先后进行了6次大提速。

2008年，我国第一条拥有完全自主知识产权的京津城际铁路通车运营。2003年，我国提出“修好农村路，服务城镇化，让农民兄弟走上油路和水泥路”的发展目标，引发了农村公路建设的新趋势。此外，我国还制定了沿海港口布局等规划，在港口实行政企分开，一批大型专业化码头和深水航道工程相继建成并投入使用；实现了航空公司与民航管理机构脱钩，标志着民航体制改革迈出重大步伐，2008年海峡两岸开通了周末包机直航；修订了《中华人民共和国邮政法》，明确了民营快递的法律地位，市场主体活力得到极大释放。这一阶段，我国交通基础设施建设逐步由“重建设”向“建设与养护并重”转变，推广“六个坚持、六个树立”[1]的勘察设计新理念，实施了GBM工程[2]、公路安全保障、干线公路灾害防治、危桥改造等专项工程，极大地提升了路网安全性和服务水平。

7.1.4 进入可持续交通发展新时代

2012年以来，我国政府统筹推进社会主义经济建设、政治建设、文化建设、社会建设和生态文明建设，颁布了《中共中央　国务院关于加快推进生态文明建设的意见》（中发〔2015〕12号）和《生态文明体制改革总体方案》，提出了生态文明建设和生态文明体制改革的总体要求、目标愿景、重点任务和制度体系，明确了路线图和时间表。2015年9月，联合国发展峰会通过了2030年可持续发展议程，我国制定了《中国落实2030年可持续发展议程国别方案》，从战略对接、制度保障、社会动员、资源投入、风险防控、国际合作、监督评估等方面全面开展了2030年可持续发展议程的落实工作。2019年中共中央、国务院印发的《交通强国建设纲要》提出了构建安全、便捷、高效、绿色、经济的现代化综合交通体系。在迈向2030年可持续发展的新征程中，我国政府把以人民为中心和民生优先的理念贯彻到建设、管

[1] “六个坚持、六个树立”指坚持以人为本，树立安全至上的理念；坚持人与自然相和谐，树立尊重自然、保护环境的理念；坚持可持续发展，树立节约资源的理念；坚持质量第一，树立让公众满意的理念；坚持合理选用技术指标，树立设计创作的理念；坚持系统论的思想，树立全寿命周期成本的理念。

[2] GBM工程即具有中国特色的公路标准化、美化建设工程。

理、养护、运营的全过程，从规模速度增长逐步转向质量效率提高，在更高层次上满足经济社会发展的需要和人民群众的出行需求。具体来看，我国制定了综合交通运输规划，高铁、公路、港口、机场、邮政等基础设施建设快速推进；“四纵四横”[1]的高铁网建成运营，高速公路四通八达，“四好农村路”[2]建设方便了农村地区的居民出行，2013年西藏墨脱公路建成通车后，全国实现了县县通公路；大型港口建设加速推进，内河航道通航条件明显改善，航线网络和机场规模不断拓展，形成了连接城乡、覆盖全国、连通世界的现代邮政网络；货物流转更加高效，出行体验效果更佳，邮寄、快递带给人们的满足感不断增强。这一阶段，我国可持续交通发展逐步迈入全领域、全方位、全民共治共享的新时代。

7.2 城市交通基础设施的生态文明建设

习近平生态文明思想的主要内容之一就是要大力践行绿水青山就是金山银山的发展理念，坚持走文明发展之路。近年来，随着交通基础设施生态文明建设的相关政策和法规日益完善，建设过程中的节能降碳效果日益凸显、环境友好程度逐步改善，绿色交通基础设施建设正在不断走深、走实。

7.2.1 完善绿色交通制度及治理体系

我国政府将生态文明建设放在突出地位，提出树立尊重自然、顺应自然、保护自然的生态文明理念。为推动交通运输业的绿色发展，我国相继发布了《关于城市优先发展公共交通的指导意见》（国发〔2012〕64号）、《大气污染防治行动计划》（国发〔2013〕37号）、《关于加快新能源汽车推广应用的指导意见》（国办发〔2014〕35号）等制度文件，制定了《绿色交通标准体系（2016

[1] “四纵”指京沪高铁、京港客运专线、京哈客运专线、杭福深客运专线（东南沿海客运专线），“四横”指沪汉蓉高铁、徐兰客运专线、沪昆高铁、青太客运专线。

[2] “四好农村路”指把农村公路建好、管好、护好、运营好。

年）》（交办科技〔2016〕191号），其中包括节能降碳、生态保护、污染防治、资源循环利用等221项标准，开展了绿色交通主题宣传活动，出台了《绿色出行行动计划（2019—2022年）》（交运发〔2019〕70号）。未来，立足于国家治理体系和治理能力现代化，我国还应进一步完善顶层设计，释放技术与市场创新活力，提升交通基础设施建设效率。

1. 实施可持续交通财税政策

我国于2011年和2012年分别设立了公路水路交通运输和民航节能减排专项资金，累计投入中央财政资金63.4亿元，通过中央和地方专项资金的共同引导，带动了行业数百亿元的资金投入，推动形成了以企业为主体的节能减排长效机制。此外，我国还设立了内河船型标准化引导资金，累计投入中央财政资金40多亿元，有效促

专栏7-1　交通投融资体制改革

交通投融资体制改革创新为交通运输业的快速发展提供了有力的资金保障。1984年，国务院批准的三项政策奠定了我国公路建设快速发展的基础，即：征收车辆购置附加费（现改为车辆购置税）作为公路建设专项资金；提高养路费征收标准，增加的收入用于公路新建和改建；允许利用贷款或集资修建高等级公路、大型桥隧，并收取通行费还贷。公路投资三项政策打破了公路建设完全依靠政府投入的单一投资体制，使我国公路建设有了稳定的资金来源和加快发展的政策环境。1985年，我国政府决定开征港口建设费，港口建设有了稳定的资金渠道；1988年，我国开征公路客货运附加费，用于公路运输场站建设。同时，我国还积极引进外资参与交通基础设施建设，逐步形成了“中央投资、地方筹资、社会融资、利用外资”的多元化交通投融资格局。2018年，我国公路、水路交通固定资产建设投资分别达到21 335亿元、1 191亿元，比1978年的5.76亿元、5亿元分别增长了3 700多倍、230多倍。

进了内河船舶运力结构调整和水运节能减排；出台了绿色税收制度，对购置的新能源汽车免征车辆购置税，对使用的新能源车船免征车船税，对使用的节能车船减半征收车船税；发布了《绿色信贷统计制度》，明确了绿色信贷支持的12类项目。2018年，我国绿色债券发行规模达到2 655.7亿元，其中约19%的募集资金投向清洁交通领域；截至2018年年末，我国绿色贷款余额8.2万亿元，其中46.5%投向绿色交通项目。全国7个省市的碳排放权交易试点已经基本覆盖铁路、港口、机场、地铁等固定排放源及公交等移动排放源。

2. 推动现代信息技术融入交通治理

为实现运输生产调度指挥的信息化，我国的铁路、公路、水路、民航客运已普及联网售票，并覆盖了全国大多数区域。高速公路电子不停车收费（ETC）等新技术应用成效显著，截至2019年8月，全国ETC用户突破1亿人，全路网监测体系基本建立，已覆盖全国31个省（区、市），全路网、全时、全天候监测以及信息发布的能力不断增强，网络预约出租汽车、互联网租赁自行车、汽车分时租赁等新业态快速发展。船舶交通管理系统（VTS）、港口电子数据交换系统（EDI）、船舶自动识别系统（AIS）等在航运管理中得到广泛应用。高铁、民航推广应用人脸识别系统，32家年旅客吞吐量达到千万级机场的国内航班全面实现"无纸化"

专栏7-2　上海洋山港自动化码头

上海港2018年全年货物吞吐量达73 048万t、集装箱吞吐量达4 201万标准箱（TEU），居世界第一。上海洋山港四期自动化码头总用地面积为223万m^2，共建设7个集装箱泊位，集装箱码头岸线总长2 350 m，是最大的单体自动化智能码头和综合自动化程度最高的码头之一，首次采用我国自主研发的自动化作业系统衔接上海港的各大数据信息平台，实现了码头主要业务环节生产调度的自动化，使码头作业效率显著提升，增强了港口的核心竞争力。

乘机。智能投递设施遍布全国主要城市，自动化分拣覆盖主要快递企业骨干分拨中心。全球卫星导航系统（GNSS）等现代导航信息技术也在物流配送和民航运输中得到广泛应用。我国的北斗导航系统成为第三个面向国际航海应用的全球卫星导航系统。此外，我国还出台了《智能网联汽车道路测试管理规范（试行）》和《自动驾驶封闭测试场地建设技术指南（试行）》，推动无人机在快递等领域的示范应用。

7.2.2 提高交通运输综合效能

我国政府坚持实施能源消费总量和强度的“双控”制度，截至2018年，营运车辆、营运船舶和民航单位运输周转量二氧化碳排放量分别比2005年下降23.5%、26.9%和15.6%。我国还开展了绿色交通省、绿色交通城市、绿色公路、绿色港口示范工程，2016—2019年完成的62个示范工程的年节能量约为63万tce（标准煤），替代燃料量约为213万toe（标准油）；同时，开展了“车、船、路、港千家企业低碳交通运输专项行动”，分别于2016年、2019年发布了两批《交通运输行业重点节能低碳技术推广目录》。

7.2.3 加强资源集约节约利用

我国政府通过采取一系列措施加强交通领域的资源集约节约利用：一是构建空间规划体系，结合空间规划“三区三线”[1]划定，统筹铁路、公路、水运、民航、邮政等各领域融合发展，推动铁路、公路、水路、空域等通道资源的集约利用，提高资源利用效率；二是严格港口岸线使用审批管理与监督，提高岸线使用效率，探索建立岸线资源有偿使用制度；三是推行绿色公路建设理念，因地制宜地采用低路基、以桥代路、以隧代路等方案，加强公路、铁路沿线土地资源保护和综合利用，减少对周边环境的影响；四是推动废旧路面、沥青、废旧轮胎、建筑废料等材料再

[1] “三区”指城镇空间、农业空间、生态空间，“三线”指生态保护红线、永久基本农田保护红线、城镇开发边界。

生综合利用；五是推进疏浚土综合利用，累计利用长江口深水航道疏浚土为上海市造陆近16万亩[1]，部分沿海主要港口已实现疏浚土的100%利用；六是不断强化空域资源高效利用，自2010年以来，空域和航线航路优化项目累计节油62.4万t，减少二氧化碳排放196.6万t；七是高度关注和推进快递包装的绿色化、减量化、可循环，大力推进用可循环中转袋全面替代一次性塑料编织袋，电子面单使用率达95%；八是继续控制私家车数，我国人均国土面积不及美国的1/4，人均耕地面积不及美国的1/8，若像美国一样达到每四个人有三辆车，那么我国的小汽车总量将远大于目前世界的小汽车总量，为修建公路和停车场需要的土地面积将等于我国目前水稻田的总面积，每天消耗的汽油总量将是世界已有总产量的1.3倍，这对于环境承载力而言是不可想象的压力。

7.2.4 强化大气与水污染防治

在大气污染防治方面，2018年我国铁路二氧化硫排放量比2013年降低了72%。这主要源于以下措施的开展：一是在沿海和长江干线、西江干线等水域设立了船舶大气污染物排放控制区，积极推动船舶使用清洁能源和加装尾气污染治理装备，推动建立了船用低硫燃油供应保障和联合监管机制。2018年，大气污染物排放控制区内船舶硫氧化物的排放量较2015年下降了16万t，颗粒物下降了1.7万t，港口周边地区的空气质量持续向好。同时，按照国际公约的要求，对进入我国水域的国际航行船舶筹备实施船用燃油硫含量限制措施。二是重点抓住柴油货车污染治理，并统一油、路、车治理，将公路运输对大气的污染降到最低；加快老旧和高能耗、高排放营运车辆及施工机械的治理和淘汰更新，在京津冀及周边地区、汾渭平原深入推进国家第三阶段机动车污染物排放标准（相当于欧洲Ⅲ号）及以下排放标准营运柴油货车的淘汰工作，探索机动车排放检测与强制维护制度（I/M制度）。三是在全国煤炭运输港口、重点矿石运输港口开展粉尘污染控制措施，推进港口油气回收系统建设。四是不断提升机场运行电动化水平，控制机场区域的大气污染排放。

[1] 1亩 = 1/15 hm^2。

在水污染防治方面，2018年铁路化学需氧量排放量比2013年下降了11%。这主要源于以下措施的开展：一是推进高速公路服务区污水处理和利用，年处理能力超过2亿t；二是切实执行《船舶水污染物排放控制标准》（GB 3552—2018），全面实现船舶水污染物按规定处置，并按计划推进现有船舶环保设备改造，在长江400总吨位及以上运输船舶安装生活污水收集处理设施，推动港口船舶含油污水、化学品洗舱水、生活污水和垃圾等接收处理设施建设，并做好与市政公共处理设施的衔接；三是在全国沿海积极实施“碧海行动”计划，打捞存在环境污染风险和影响海上交通运输安全的沉船、沉物，清除潜在的污染源和碍航物；四是加强机场垃圾、污水等污染物的集中、分类处理和循环利用。

7.2.5 加大生态保护与修复力度

一是严守生态保护红线，严格落实生态保护和水土保持措施。在交通基础设施建设中全面推进“避让—保护—修复”发展模式，推进生态选线选址，强化生态环保设计，避让耕地、林地、湿地等具有重要生态功能的国土空间；组织实施公路港口生态修复，总面积超过5 000万m^2。二是积极开展交通基础设施绿化建设，建设绿色交通廊道，推广公路边坡植被防护，在铁路、公路、航道沿江沿线大力开展绿化、美化行动，提升生态功能和景观品质。三是在港口码头建设和航道整治过程中，利用生态护坡、透水结构、声驱法等方式减少对水生态和水生生物的影响，初步探索形成富有长江特色的绿色航道建设新模式。四是在铁路、公路建设工程中注重动物通道建设，如青藏铁路建设的动物通道有效保障了藏羚羊的顺利迁徙以及其他高原动物的自由活动，长江建设的过鱼通道促进了长江鱼类洄游，逐步恢复了长江流域的生物多样性。

7.3 城市交通的高质量发展成果惠及全体人民

为建立统一、高效的综合交通基础设施，我国在2008年和2013年进行了两次改革，形成了由交通运输部管理国家铁路局、中国民用航空局、国家邮政局的大部门

专栏7-3　青藏铁路建设中的生态环境保护

青藏铁路地处高寒、高海拔、多年冻土地区，生态环境敏感而脆弱，其格尔木—拉萨段（格拉段）全长1 142 km，工程建设面临冻土消融、高寒缺氧、生态脆弱三大世界性工程难题。针对格拉段穿越连续多年冻土区546.4 km的问题，基于大量观测数据和科技成果，科技人员设计采用以桥代路、片石通风路基、通风管路基、碎石和片石护坡、热棒、保温板、综合防排水体系等措施保障铁路修建。青藏铁路穿越可可西里、三江源、色林错等多个国家级自然保护区，为保护藏羚羊等野生动物的生存环境，铁路全线建立了33处野生动物专用通道；为保护沿线生态环境，采取了沙害治理、植草绿化、草皮移植等一系列生态保护措施。青藏铁路建成运营后，多年冻土保持稳定，铁路两侧生态得到持续恢复，局部区域已接近甚至优于周边自然状态。IPCC第四次和第五次评估报告均认为，青藏铁路为其他国家和地区建设适应气候变化的绿色铁路提供了成功案例。

体制[2]，大力提升综合交通基础设施供给能力，加强了集疏运体系建设，提升了运输服务保障能力，通过“零距离换乘”让出行更加便捷，通过“无缝隙衔接”让货物运输更加高效。

7.3.1　实现综合交通基础设施联网成片

为实现全国交通基础设施联网成片，我国计划打通发达地区、中等发达地区以及欠发达地区之间的联系通道，在东部地区综合交通网骨架已经形成的基础上，完善中部地区干线网络，扩大西部地区综合交通运输网覆盖面，形成连通东中部运输通道与东北地区的综合交通运输网络主骨架。

随着北京大兴、上海虹桥、长沙南站、广州南站等一批综合客运枢纽的建成，我国高铁、城市客运、轨道交通、民航等交通方式的无缝对接基本建成。全国交通的无缝对接使京沪、京广、沿海、沿江等综合运输大通道及长三角、珠三角、环渤海等港口群和长江沿线港口形成的经济带、城市群成为我国最具经济影响力、人口流动最大的区域；沪宁、沪杭高速通道与沿线集聚了长三角2/3的城市和约80％的经济总量；武广高铁推动了粤港澳地区的资本向内陆腹地转移；粮食物流骨干通道全部打通，原粮散粮运输、成品粮集装化运输比重大幅提高，粮食物流效率稳步提升。我国各区域间的人员交流、物资流通日益便捷，交通运输在途时间的节约效益显著。

专栏7-4　港珠澳大桥

港珠澳大桥跨越伶仃洋，东接香港特别行政区，西接广东省珠海市和澳门特别行政区，总长约55 km，是粤港澳三地合作共建的超大型跨海交通工程。港珠澳大桥于2018年10月23日开通运营，极大地促进了三地的交通连接，对推进粤港澳大湾区建设具有重大意义。

7.3.2　推广生态文明运输装备

我国政府大力发展新能源和可再生能源。截至2018年，全国铁路电气化比例达到70％。近5年来，我国新能源汽车销售量保持了年均134％的增长速度，新能源公交车已超过34万辆，全国810个高速公路服务区内已建成充电桩6 400多个。船运方面，截至2018年，全国港口共建成岸电设施3 700多套，覆盖泊位5 200余个；沿江沿海主要港口集装箱码头全面完成“油改电”，港口作业机械、车辆和港作拖轮等优先使用清洁能源。航空方面，推动机场地面车辆“油改电”，大力推广飞机APU（辅助动力装置）替代设施使用，全国机场新能源车辆设备占比约4.5%，在年旅客吞吐量500万人次以上机场中有95%以上的单位已完成APU替代设备的安装并投入使用，设备使用率超过80%；支持机场加快开展光伏发电等项目建设和应用，2018年全国机场光伏发电量超过2 000万kW·h。路运方面，邮政快递车辆中新能源和清洁能源车辆的保有量及在重点区域的使用比例均稳步提升。

7.3.3　提升综合服务保障能力

我国各区域间的人员流动、物资流通日益便捷，旅客在途时间的节约效益显著，春运及国庆等重大节假日大规模客流的服务保障能力显著提升。2018年，全社会完成客运量179亿人次，同比1949年增长了130倍，形成了以道路、铁路为基础，高铁、民航为主要发展方向的出行体系。客运结构持续优化，中长距离客流逐步从公路转向高铁和民航。2018年，公路客运量占比达到76.2%，比2013年的87.3%降低了11.1个百分点；全国800 km及以上道路客运线路有4 480条，与2013年相比减少了近30%；铁路、民航客运量占比分别达到18.8%、3.4%，比2013年分别提高了8.9个百分点、1.7个百分点。

7.3.4　推动运输组织持续优化

一是多式联运快速推广，公铁联运、铁水联运、江海联运、水水中转、滚装联运等高效运输组织模式不断创新。2018年，全社会完成货运量515亿t、货物周转量204 686亿t·km，比1949年分别提高了274倍、793倍。二是开展了209个公路甩挂运输试点项目，开通甩挂运输线路780条。三是运输结构调整取得阶段性成效。2018年，全国铁路货物发送量达40.3亿t，比2017年增长了9.2%，沿海港口大宗货物公路运输量减少约1亿t。全国港口完成货物吞吐量和集装箱吞吐量均居世界第一，2018年船舶进出港达到2 580余万艘次，规模以上港口完成集装箱铁水联运量450万TEU，年均增长率达27.4%。

专栏7-5 北京大兴国际机场

北京大兴国际机场占地面积140万m^2，规划建设7条跑道，满足年旅客吞吐量1亿人次的需求。一期工程按2025年旅客吞吐量7 200万人次、货邮吞吐量200万t、飞机起降62万架次的目标设计，建设4条跑道、70万m^2航站楼及相应的货运、空管、航油、市政配套、综合交通枢纽等设施。航站楼采用五指形设计，旅客候机区域位于正中心，从出发层到最远端的登机口只有600 m，只需要步行8分钟。大兴机场可再生能源占比达16%，场内运行的新能源车辆设备占比超过60%。全场绿色建筑达100%，70%以上的建筑达到我国最高等级的绿色建筑三星级标准，90%以上达到二星级标准。其中，大兴机场航站楼已获得我国最高等级的绿色建筑三星级设计认证和节能建筑三A级设计认证，是我国第一个获得节能技术三A级设计认证的建筑。此外，大兴机场还对全场水资源收集、处理、回用等进行了统一规划，年径流总量控制率达到85%，多项新技术、新工艺、新工法达到世界一流水平，展现出中国创新力量。

专栏7-6 多式联运示范工程

开展多式联运示范工程是推进运输结构调整、加快综合交通运输体系建设、促进物流业降本增效的有效抓手和重要依托。自2015年起，我国在全国范围内组织开展了3批多式联运示范工程，吸引了数千家货运企业的参与。截至2018年，前3批共70个多式联运示范工程项目已开通线路达354条，覆盖了全国28个省份，完成多式联运运量约427万TEU，与公路运输相比，降低物流成本约154亿元，减少使用约171万tce，减少碳排放量约444万t。多式联运示范工程的开展，探索建立了多式联运企业合作联盟内部统一的多式联运规则体系，促进了成员企业间物流网络和资源的共建共享，共同组织了先进技术装备的研发推广，有效降低了社会物流成本，提升了综合运输效率。

7.3.5 强化交通运输科技创新

我国的高速铁路、高寒铁路、高原铁路、重载铁路技术已迈入世界先进行列，在高海拔、高寒、沙漠戈壁等特殊自然条件下青藏公路、青藏铁路先后建成通车，克服了区域性铁路、公路建设的世界级技术难题。我国建成了港珠澳大桥等一批世界级特大桥隧，实施了洋山港自动化码头、长江口深水航道治理、长江南京市以下12.5 m深水航道等重大工程，在巨型河口航道整治技术、长河段航道系统治理技术方面保持领先，引领了全球港口智能化发展。我国研发了高速列车、大功率机车、隧道掘进机和盾构机等具有自主知识产权的高性能交通装备，初步实现了新能源道路运输装备的产业化，大型专业化码头装卸设备制造等技术也得到大幅提升。国产支线客机、通用飞机、直升机交付使用，C919大型客机总装下线，成功试飞。快递分拣技术处于领先水平，邮政快递企业寄递范围覆盖200多个国家和地区。

专栏7-7 中国高铁

我国以“四纵四横”快速客运网为主骨架，加快推进高铁建设，建成了京津、沪宁、京沪、京广、哈大等一批设计时速350 km、具有世界先进水平的高铁。截至2018年，全国高铁运营里程超过2.9万km，占全球高铁运营里程的2/3以上。我国拥有世界先进的高铁集成技术、施工技术、装备制造技术和运营管理技术。高速列车保有量达1 300多列，覆盖时速在200～380 km各个速度等级，累计运营里程约为16亿km。总体来看，铁路配套产业完整，上下游产业链发达。

推动生态文明建设、实现可持续发展是我国乃至全人类的共同追求。我国始终坚持把实施可持续发展战略作为治国理政的基本方略，在习近平生态文明思想的指引下，探索走出了一条具有中国特色的生态文明交通基础设施建设之路。面向未来，我国将加快推进交通强国建设，秉持绿水青山就是金山银山的理念，继续坚持走可持续发展之路，全面落实联合国2030年可持续发展议程，为建设清洁美丽世界、构建人类命运共同体作出更多、更大的贡献。

参考文献

[1] 石文斌. 当代中国社会主义生态价值目标确立的依据及实现路径[J]. 湖湘论坛，2012(4)：24-28.

[2] 中华人民共和国国务院新闻办公室. 中国交通运输发展[N]. 人民日报，2016-12-30(6).

第8章

生态文明城市的生态安全保障

XINSHIDAI SHENGTAI WENMING CONGSHU

生态系统是人类赖以生存的基础，人类从生态系统中获得产品和服务。从早期的适应自然到征服和改造自然的过程中，人类创造并享受着巨大的财富和越来越舒适的生活，但近百年来，违背人与自然和谐发展的工业化进程挑战着有限的环境容量和自然资源等生态系统服务功能，使人类面临由环境污染和生态破坏带来的生存危机。

1989年，国际应用系统分析研究所从保障人类安康状态的角度出发，认为所谓生态安全（ecological security）是指在人的生活、健康、安乐、基本权利、生活保障来源、必要资源、社会秩序和人类适应环境变化的能力等方面不受威胁的状态。Katrina S. Rogers则从人类和自然两个角度阐述了生态安全的含义，他认为生态安全是指一个社会的物理环境能够在满足居住者需要的同时，又不削弱其自然储量的状态。目前，对生态安全的研究主要集中在国家和区域尺度上，且多集中于单一或横向比较（各地区之间生态安全现状的比较），对城市生态安全的研究较少，而城市生态安全却是一个国家或区域生态安全的基础和核心[1]。

城市发展与自然环境的关系是十分密切的，不仅受到所处地形、气候、水文等环境因素的制约，而且城市自身也在不断改变，并形成了有自身特点的自然环境。城市生态安全是确保城市居民生存安全的环境容量具备最低值、战略性自然资源存量具备最低人均占有量、重大生态灾害能够得到抑制等一系列要素的总称。由水、土壤、大气、森林、草地、海洋、生物组成的自然生态系统是人类赖以生存、发展的物质基础。当一个国家或地区的自然环境和生态系统能够支持其经济社会的可持续发展时，其生态就处于安全状态；如果当地的发展超出自然承载力，则会给自然和社会带来极大的生态风险。

按照全国科学技术名词审定委员会审定的定义，城市生态安全（urban ecological security）是城市人与环境关系可持续程度的表征，是测度人与其生产、生活环境及其赖以生存的生命支持系统的耦合关系、代谢过程和服务功能的完好程度及风险大小的系统状态指标。

城市是由生态系统、经济系统和社会系统复合而成的多层次、多因素、多功能的综合系统。作为人类聚集的结果，人的行为和观念主导着城市的演化，并将城市的经济系统、社会系统及自然生态系统联系在一起。传统的工业发展模式在为人类创造出丰富的物质财富的同时，对资源的不合理开采和浪费造成了资源枯竭，对树林的砍伐及对河流、大气的污染都带来了严峻的生态环境问题。

城市化的不断提高加剧了城市生态环境的恶化，使自然生态系统在遭到破坏的同时弱化了生态系统的服务功能，进而使人类的生存受到严重威胁，交通拥挤、住房短缺、生活环境污染等诸多生态问题陆续显现，严重威胁到城市居民的生活质量和健康，也制约着城市社会、经济的发展。

城市的生态环境质量状况是城市经济和社会可持续发展能力与水平的主要标志。广义来讲，城市生态安全是通过自然生态系统、经济生态系统和社会生态系统稳定的相互作用来实现人与自然、社会与自然、经济与自然的协调、可持续发展，并达到自然和谐、社会稳定及经济良性发展的状态。城市作为一个复杂的人为结构，其经济和社会发展与自然生态保护之间总是存在各种矛盾。

8.1 我国城市的生态安全现状

党的十九届四中全会公报指出，“加快建立健全国土空间规划和用途统筹协调管控制度，统筹划定落实生态保护红线、永久基本农田、城镇开发边界等空间管控边界及各类海域保护线，完善主体功能区制度。”[2]我国各级政府和民间力量一直致力于改善城市生态环境，并取得了积极成效。但随着城市化进程的加快和人口的增加，人类赖以生存和发展的资源环境不断发生变化。影响城市生态安全的主要因素有大气、水、土壤和生物多样性。随着市民生活质量及生态环境意识的逐步提高，城市生态环境问题已成为市民关注的热点。2020年1月爆发的新冠肺炎疫情肆虐全球，这对新时期的城市生态安全提出了新的要求和挑战，将“健康”的含义纳入城市生态安全将是未来的重要内容。

8.1.1 水和大气污染有所改善，城市环境承载力有待提升

根据生态环境部发布的《2018年全国生态环境质量简况》，2018年我国生态

环境质量持续改善。338个地级及以上城市的平均优良天数比例为79.3%，同比上升1.3个百分点；$PM_{2.5}$浓度为39 μg/m³，同比下降9.3%。京津冀及周边地区、长三角、汾渭平原$PM_{2.5}$浓度同比分别下降11.8%、10.2%、10.8%。全国地表水Ⅰ～Ⅲ类水质断面比例为71.0%，同比上升3.1个百分点；劣Ⅴ类断面比例为6.7%，同比下降1.6个百分点。近岸海域水质总体稳中向好。化学需氧量、氨氮、二氧化硫、氮氧化物排放量同比分别下降3.1%、2.7%、6.7%、4.9%，单位国内生产总值能耗、二氧化碳排放同比分别下降3.1%、4.0%。生态环境保护年度目标任务圆满完成，达到“十三五”规划序时进度要求[3]。

长期以来，我国水资源污染严重，但近年来情况有明显改善。在我国城市化进程中，城市工业与居民生活污水排放量的增加导致城市河道水质普遍恶化，其中部分河道与湖泊水体的污染已达到危害居民健康的程度。2019年1—6月，在1 940个国家地表水评价断面中，水质优良（Ⅰ～Ⅲ类）断面比例为74.5%，同比上升4.4个百分点；劣Ⅴ类断面比例为4.3%，同比下降2.6个百分点。主要污染指标为化学需氧量、总磷和氨氮。2019年上半年，全国地级及以上城市中，来宾、雅安、云浮等30个城市的国家地表水考核断面水环境质量相对较好，吕梁、营口、辽源等30个城市的国家地表水考核断面水环境质量相对较差。此外，京津冀地区人均水资源量仅为全国平均水平的1/9。水资源开发利用强度均超过100%，远超国际通用的水资源开发利用安全界限。长江经济带存在着中下游自然岸线开发强度大、滨岸带生态风险较大的问题。

进入20世纪90年代，我国大气污染也日益突出，但近年来有所改善。《2018中国生态环境状况公报》中对全国338个地级及以上城市的监测结果显示，121个城市的环境空气质量达标，占全部城市数的35.8%，比2017年上升6.5个百分点，217个城市的环境空气质量超标，占64.2%；平均优良天数比例为79.3%，比2017年上升1.3个百分点，平均超标天数比例为20.7%，其中，7个城市的优良天数比例为100%，186个城市的优良天数比例为80%～100%，120个城市的优良天数比例为50%～80%，25个城市的优良天数比例低于50%；发生重度污染的天数为1 899天，比2017年减少412天，发生严重污染的天数为822天，比2017年增加20天[4]。

2021年，我国的汽车保有量成为世界第一，但与此同时，我国机动车造成的污染也十分严重，对空气污染贡献率也比较高。近年来，汽车尾气污染愈演愈烈，特别是汽车发展较快的大城市，尾气污染已经上升为大气污染的主要因素，部分大、中城市还出现了煤烟与机动车尾气的混合型污染。

2012年2月，新修订的《环境空气质量标准》（GB 3095—2012）发布，增加了$PM_{2.5}$和臭氧8小时浓度限值监测指标，计划分4个阶段执行：2012年，在京津冀、长三角、珠三角等重点区域以及直辖市和省会城市执行；2013年，在113个环境保护重点城市和环保模范城市执行；2015年，在所有地级以上城市执行；2016年1月1日，在全国实施新标准。目前，第一阶段实施的74个城市中，北京、上海、广州、南京等33个城市已经开展了$PM_{2.5}$指标研究性监测，并发布了监测信息，其他城市也正在积极做好准备。

水、大气、固体废物等污染不仅使城市的环境承载力下降，还威胁着居民的生命财产安全，导致生活质量下降、环境诱发型疾病上升，甚至产生了局部环境难民，影响社会稳定，制约着我国城市实现人口与社会、经济、资源、环境的协调和可持续发展。

8.1.2 极端气候事件频发，城市应对气候变化的能力有待提高

城市化带来了人类活动方式的改变，对气候变化问题产生了广泛而深远的影响。工业化与城市化的发展、经济和人口的集中、化石能源消费的增加、城市蔓延式扩张的形成等使大气中的温室气体浓度不断攀升，导致城市中心气温比郊区高，热岛效应、温室效应等气候变化的影响导致我国城市极端气候事件和自然灾害频发。

自1986年起，我国已连续经历了20多个“暖冬”，全国气温更是在近100年以来呈现一个上升的趋势。降水方面，我国西部和华南地区呈递增趋势，而华北和东北地区则呈减少趋势。其中，华北大部地区每10年减少20～40 mm，华南与西南地区每10年增加20～60 mm。华北、内蒙古中东部和东北的一部分地区的干

旱趋势非常明显。2006年夏季，重庆和四川均遭遇了50年一遇的特大伏旱[1]。除了温度和降水，我国强台风的发生频率逐渐增加，从20世纪70年代初的不到20%增至21世纪初的35%左右[2]，沙尘暴也呈现严峻形势，2000—2011年出现了350多次沙尘暴。此外，海水温度的升高会使全球寒冷时期（冰期）在南北极以冰圈形式储存下来的水融化，从而造成海平面上升。近年来，我国的沿海海平面每年上升的速度大约为2.6 mm[3]。台风、海平面异常偏高和天文大潮的共同作用造成了严重的风暴潮灾害，致使沿海城市数百万人受灾，经济损失超过50亿元。

根据IPCC第五次评估报告对气候系统未来情景的预测，自20世纪中叶以来，极端事件的强度和频率发生了明显变化：极端暖事件增多，极端冷事件减少；高温热浪发生频率更高、时间更长；陆地上的强降水事件增加。随着全球平均温度的上升，极端暖事件将进一步增多，全球降水将呈现“干的地方越干、湿的地方越湿”的趋势。未来海平面的上升速度将超过1971—2010年每年2 mm。到21世纪末，全球平均海平面将上升0.26～0.82 m，其中的30%～55%来源于海水受热后的体积膨胀，15%～35%来源于冰川融化。在高排放情景下，人类将无法实现“比工业化前温升不超过2℃”的预期目标。此外，气候变化对城市各产业的发展均有影响，生物多样性也易遭到破坏，因而会给人类健康、日常生活、人居环境等带来很多负面影响。

与全球一致，我国的气候与环境在快速城市化和工业化的过程中也产生了重大变化，如果不采取严格的措施，这种变化会愈演愈烈，为未来的经济增长和生活质量带来影响。然而，当前我国城市应对气候变化的能力总体较弱，尤其是在一些中小城市，相关基础设施建设和规划的薄弱，使其抵御气候风险的能力更差，城市生

---

[1] 2006年6月1日至8月21日，重庆、四川的平均降水量为345.9 mm，是1951年以来历史同期最小值。

[2] 2006年8月10日，超强台风“桑美”（SAOMAI）在浙江苍南沿海登陆，登陆时中心附近最大风力达17级（60 m/s），为百年一遇，是新中国成立以来登陆我国大陆最强的台风，比2005年“卡特里娜”飓风登陆美国时的中心最大风力还强。

[3] 1891—1990年，我国沿海海平面的上升速率是每年1.4 mm，但是近年来，我国沿海海平面每年上升的速率大约为2.6 mm，增加了约85%。自1540年以来，冰川一直在退化。

态安全的威胁也将随之加大。

8.1.3 物种保护和利用不够，生态城市建设步伐需加快

生物安全是生态安全的重点内容，旨在维护生物与环境形成的生态复合体以及交互过程的平衡状态，保证生态系统的多样性和稳定性。

尽管我国生物物种丰富，但现今已有1 431种动植物处于濒危或接近濒危的状态。其中，《国家重点保护野生植物名录》公布的珍稀濒危野生植物有354种，《国家重点保护野生动物名录》公布的珍稀濒危野生动物有405种。2017年，中共中央办公厅、国务院办公厅印发了《关于划定并严守生态保护红线的若干意见》，提出到2020年年底前，全面完成全国生态保护红线划定工作。生态环境部部长黄润秋曾说，近年来，我国生态空间不断遭受挤占，生态环境问题突出，生态系统退化严重，生态安全形势严峻。生态保护红线是保障和维护国家生态安全的底线和生命线，红线划定有利于保护良好的生态系统，改善和提升生态系统的服务功能，构建国土生态安全格局。生态保护红线旨在保护生态环境，减少生产生活对生态环境的破坏，减轻自然灾害与气候变化的危害；促进自然资源的有效、科学利用，维护自然生态系统良性循环；保证国家生态环境安全，为经济和社会的可持续发展奠定良好基础。

外来物种入侵是指某一生物物种从其自然分布区通过有意或无意的人类活动而被引入，在当地的自然或半自然生态系统中形成了自我再生能力，并在缺乏天敌等制约因素的新环境下繁殖、扩散，进而对当地生态环境、社会经济产生难以估量的负面影响，甚至带来灾难性的后果。外来物种入侵主要有以下几种途径：盲目引进、走私带入、进口货物携带和人工养殖失控[5]。

随着城市化的加快，大量有违城市生态建设的现象频频出现，如大量引进国外的草种、树种和花卉，盲目大面积更换城市树种，不仅破坏了城市生态系统的稳定性，而且引起了生物物种减少和调节能力下降。数据统计表明，我国每年仅数十种外来入侵生物就能造成数百亿元人民币的经济损失。目前，我国所有省市均发现了外来入侵物种，几乎涉及所有的生态系统。随着生物入侵的不断加剧，我国的生物

多样性开始丧失，生态灾害不断频发，对自然环境的安全与人体健康造成了危害。此外，转基因生物技术和生物体也有可能打破原有的物种生态链，造成连锁性后果，因此其安全问题也应引起高度重视。由于本土化、乡土化的物种保护和利用不够，再加上外来物种不断入侵，城市园林绿化植物物种逐渐减少、品种也越发单一，威胁着我国动植物物种安全，并对自然植物群落和生态平衡产生了严重破坏。

生态城市是在生态学原理和可持续发展理论支撑下，在城市所处区域自然环境综合约束下的城市发展模式[6]。生态城市建设以生态学原理为基础，以人地和谐、社会公平与经济高效为目标，使其成为符合生态规律，适合自身生态特色发展，各种物质流和能量流能够充分交换，人与自然、人与人之间关系和谐的理想聚居地，并在生态安全观的指引下，形成自然与人工相协调、人与人相和谐的理想人居环境。其中，生态安全保障成为生态城市建设的关键问题，只有保障了城市的生态安全，建设生态城市的目标才能最终实现。

当前，我国建设生态文明城市的积极性很高，低碳城市、生态城市建设已成为共识，并在部分地区已经起步，但是依然面临一些亟待解决的问题：一是亟须开发本地化的低碳、生态技术，提高普及型和规模效应；二是亟须将所有示范区的绿色建筑标准提高到国家标准；三是亟须解决低碳城市、生态城市考核的数据监测、规划实施、过程监管工作的滞后性问题；四是亟须加快与老城区距离较远的试点城市建设的进展；五是亟须将交通网络结构建设与开发区建设形式区分开。以上这些问题可以通过加强试点示范和国际合作来解决。

8.2 我国城市生态安全面临的挑战

8.2.1 土地生态安全

土地生态安全是指通过对土地资源的合理利用和管理，使其生态状况能持续满足社会经济发展的需要，实现土地利用与社会经济发展相协调，并使土地资源处于一种不受生态环境制约与威胁的健康、平衡的安全状态。我国目前处于城市化高速发展时期，由于工业化、人口的快速发展，特别是在城市化进程中土地过度开发和不合理利用破坏了自然调节机能，从而使土地生态安全成为一大严峻挑战[7]。城市可持续发展需要集约高效地使用土地，但据报道，我国27个省（区、市）规划建设的新区就多达748个，总面积有27 011 km^2，这些土地的生态安全评价还处于探索阶段，缺少针对性的评价指标体系，且多处于移民安置区或出现荒漠化、水土流失、草场退化等生态问题的区域。当前，涉及城市土地生态安全问题的研究较少，未来需要加强对城市土地生态系统的结构、功能、价值及其生态环境质量的综合评价。

8.2.2 水生态安全

水资源是城市经济发展的重要资源，也是城市生态系统的一个重要组成部分，水资源的过度开采和污染等问题已经在近年来开始制约城市的发展。城市化进程的加速对城市水资源总量和水环境产生了剧烈影响，打乱了水资源的自然循环，超出了水资源承载力和自我修复的范围，威胁到城市水生态安全和生产、生活用水安全，使“水灾害加剧、水资源紧缺、水环境恶化”的问题突出并愈演愈烈[8]。

随着城市化进程的加快、人类活动严重威胁到水生态安全，从而引发“水质型”缺水，使原本就紧缺的淡水资源因污染而丧失了使用价值，造成了水生态的进一步恶化[9]。一方面，由于城市建设和水资源紧缺，城市占用了生态用水，破坏了水资源的自然循环，使城市及其周边地区的水域逐渐干涸并退化，逐渐失去了亲水景观；另一方面，在城市化进程中，工业污水与居民生活污水的排放量增加，也造成了城市及其周边水域水质的普遍恶化。未经处理直接排放到水体中的污水会造成严重的水污染，破坏水体的使用功能，并加剧水资源短缺的矛盾，严重威胁到城市居民的饮水安全和身体健康。如何应对水资源紧缺与水质安全问题，已经成为城市发展所必须解决的问题。

此外，城市建设中铺设的大量硬化路面导致城市不透水面积增加，一方面，使雨水难以下渗，阻碍了地下水的回补过程，破坏了水资源的自然循环，迫使人们过度抽取地下水，引发了湿地萎缩、地面沉降等一系列生态环境问题；另一方面，增大了降水径流量，遇强降水天气极易引发城市洪灾。

8.2.3 环境污染与保护

必须清醒地认识到，我国城市的环境质量距离一些发达国家还有较大差距，污染物的排放量居高不下，污染源正在悄然发生着变化，并引发了新的环境污染问题。随着社会经济的快速发展，我国城市污染负荷即将突破生态与环境承载力的极限，一旦爆发城市生态问题，将可能出现难以逆转的生态与环境灾难。

城市化会引起能源需求的大幅增长，而能源消耗的大量增加又会导致大气中的二氧化硫、氮氧化物、挥发性有机物、总悬浮颗粒物和其他污染物排放量的大量增加，这些一次污染物除了会在空气中扩散、迁移并对周边区域产生影响，还会在大气中发生化学转化产生二次污染物。例如，在紫外线的照射下，大气中的氮氧化物和挥发性有机物会发生光化学反应，形成具有强氧化性的自由基和化合物（光化学烟雾就是由转化成为二次污染物的$PM_{2.5}$构成的）。$PM_{2.5}$具有较大的比表面积，为大气中的化学反应提供了良好的反应床，使气态物质进一步氧化生成更多的$PM_{2.5}$，如此循环往复，二次污染物就在大气中逐渐积累，使空气质量更加恶化，形成新的复合大气污染，从而导致环境问题更趋复杂化。未来五年，我国可以通过产业政策调整来减缓工业能耗增速，但是交通、建筑物等民用能源的消费需求将继续保持较快速度的增长。

8.2.4 生物安全威胁

公共卫生安全是生物安全的一部分，我国要求把生物安全纳入国家安全体系，就是要把防控重大新发、突发传染病与应用生物技术安全、实验室生物安全、生物资源和人类遗传资源安全、防范外来物种入侵与保护生物多样性、生物恐怖袭击、防御生物武器威胁等内容融合为有机整体，提升国家安全治理的能力和水平。习近平总书记提出“生物安全”的理念，并将其纳入国家安全体系，不但是对社会关切的回应，而且对提高公众的国家安全认知具有重要意义。近年来，随着我国对外开放的进一步扩大，对外贸易不断发展，口岸进出口货物逐年增长，入侵的外来物种不断增多且分布区域也逐步扩大，其潜在威胁也逐年加大。在世界自然保护联盟公布的全球100种最具威胁的外来入侵物种中，有50余种已入侵我国，每年因此造成的经济损失超过2 000亿元人民币，如松材线虫、豚草、水葫芦、加拿大一枝黄花等已入侵我国内陆多个城市。

8.3 威胁我国城市生态安全的原因

我国城市生态安全遭到破坏的原因是多方面的，既有历史因素，也有现实因素；既有自然因素，也有人为因素。

一是快速增加的城市人口与生态环境的矛盾日益尖锐。截至2018年年底，我国常住人口的城市化率为59.58%，预计2035年前后这一比例将接近70%，每年将有超过千万规模的人口迁移到城市生活和工作。城市人口急剧增长带来了诸多社会经济和生态环境问题，自然生态环境受到人类活动的干扰、改变和破坏，城市生态平衡面临挑战。

二是传统的粗放式发展观导致工业化污染严重。我国正处于城市化、工业化和信息化同步进行的特殊历史时期，由于历史原因，在我国城市的发展历程中过去曾片面地追求高经济增长速度，城市决策者醉心于GDP增长，未经科学论证就盲目地上项目，甚至不惜引入高污染、高耗能企业。企业大量排放“三废”，特别是一些私营小工厂肆意排污，既污染了江河湖泊等地表水，也污染了地下水，还导致天空烟雾弥漫、垃圾堆积如山，造成水污染、大气污染、固体废物污染和土壤污染，严重威胁着城市居民的生命健康和城市的可持续发展。据统计，我国工业垃圾量约为城市固体废物量的3/4。由于工业垃圾的综合利用率低，露天堆放不仅占用大量的土地，还会造成城市污染、资源浪费、生态破坏[10]。

三是生态基础设施建设欠账多且各地水平参差不齐。生态基础设施是城市发展和各种生活所依赖的自然系统，是城市及其居民能够持续地获得生态服务的基础，它不仅包括城市绿地系统，更广泛地包含了湿地、林业及农业系统、文化遗产及生态游憩系统。我国很多城市的生态基础设施建设历史欠账多，缺少达标且适应需要的污水收集和处理系统、垃圾处理系统，在污泥处理和资源化、中水回用、再生资源特别是废旧电器的回收和处置、医疗垃圾等危险废物的安全处置等方面均有待进一步发展。此外，各地的生态基础设施也参差不齐。我国幅员辽阔，地形地貌跨度大，东部沿海地区城市的自然条件优越、生态基础良好，而绝大多数西部地区城市则处于干旱、半干旱的自然条件下，动植物物种相对较少且单一，生态基础脆弱。

四是缺乏科学的城市统筹规划和布局。发达国家在城市发展和建设中往往比较重视科学规划，如德国小城埃尔兰根市（Erlangen），在其可持续发展总体规划中充分尊重生态限制，高度重视重要生态功能区的保护，在城市发展决策中同时考虑环境、经济和社会三方面的需求和效益，以确保经济和社会在生态承载力范围内快速发展。而我国过去曾一味强调经济因素，忽视了将生态安全纳入城市规划中，对城市的空间布局缺乏系统思考，未科学论证城市本土动植物物种和外来引入物种的比例和分布，再加上资金投入不足，各种环境因子不能相互协同、相互支撑，难以维系生态体系的整体功能并发挥其应有的作用，从而导致城市的生态安全问题不断出现。

五是公众参与不足，生态保护监督机制不健全。一方面，城市生态安全离不开全体城市居民的积极参与和共同维护，但目前的局面却是公民的生态安全意识普遍不足，没有意识到良好的生活和消费习惯对城市生态安全的重要意义，不能积极关注并建言影响本市生态环境的重大政府决策、项目建设，听证会等制度尚不能满足公众就生态安全问题参与发表意见的需要。另一方面，信息公开和操作透明度不够，对于环境保护、资源管理等行政执法部门的违法、违纪问题的群众监督批评不够。我国尚未建立生态保护的统一监督管理机制，各部门分工管理资源，国家宏观调控不力，有关职能部门职责不明，在资源管理上依然存在政企不分的问题，资源部门既有执法监督和生态建设的职能，又有经营和开发资源的任务，在部门经济利益的驱动下，势必陷入边治理、边破坏的困境，再加上地方保护主义下局部利益冲击全局整体利益，生态保护者不受益，生态破坏者未付费，生态治理赶不上生态破坏，从而加剧了生态环境的破坏。

8.4 城市生态安全的实现路径

8.4.1 树立科学发展观，做好城市生态规划

生态环境建设规划是生态建设的依据，各级政府应高度重视。国内外的实践证明，不能走先污染后治理、只注重经济安全、不注重生态安全的老路，而要把城市生态建设贯彻到城市规划设计、规划建设、规划管理的全过程中。

一是坚持走城市生态文明建设与经济发展相协调的可持续发展之路。在生态文明城市建设中，应遵守4项原则。①系统性原则。城市生态系统是一个开放的系统，与城市外部其他系统间存在着物质、能量、信息的交换，维持城市人工生态系统的动态平衡就要使城市能量、物质、信息的传递和转化持续进行。应从区域环境生态系统的角度来考虑城市的生态安全问题，而不是孤立地看待城市生态环境，如除了在城市里植树，城郊也要建立防护林体系，使防护林与城市的植被群落、文化艺术、市民休闲设施相联系、相协调，使其真正成为城市的生态屏障、安全走廊。②科学性原则。生态建设不能凭主观想象确定目标和任务，需要坚持城市生态承载力原则，科学地估算城市生态系统的承载力，根据生态安全评价结果，依托本地资源优势，科学地进行生态功能区划，综合运用技术、经济等多种手段来保持和提高城市的生态承载力，合理控制与调整城市人口的总数、密度与构成，综合考虑城市的产业种类、数量结构与布局，有重点地开展生态环境的恢复和建设，提高城市生态系统中资源的再利用率，增强城市的环境自净能力。③自然性原则。城市的生态文明建设受自然条件的限制，必须充分考虑自然特征和环境承载力，使城市生态系统中的结构与功能相互适应。要切实提高城市生态绿地和植被建设的效能，不再延续过去“见缝插绿”“三小绿地”的陈旧绿化观念，应把重点放在建设大型生态绿地、环城绿地、交通绿地及居住区绿地上，强调城市绿地的连通性、城郊绿地的结合性、景观生态的共融性。④可行性原则。城市的生态文明建设不能急功近利，发展目标和步骤要与城市的社会经济水平、科学技术水平相适应，处理好城市经济发展与生态文明建设的关系，分阶段定目标，实现经济发展与环境保护的协调、可持续发展。面对复杂的城市生态安全问题，必须制定明确的目标并以具体可行的项目内容

作为支撑，如被誉为全球生态城市建设样板的美国西海岸城市伯克利，正是通过恢复废弃河道、沿街种植果树、建造利用太阳能的绿色居所、优化配置公交线路等一系列具体项目，保证了生态城市建设的成果，同时也赢得了公众的理解和参与。

二是要有前瞻性的生态安全观。在我国快速城市化转型的过程中，要牢固树立经济、社会、环境相协调的可持续发展观，并由此指导城市发展规划的制定，依据区域生态安全理论方法，以满足城市可持续发展为目标，立足城市市域范围，综合考虑城市周边地区及所在区域的生态环境影响因素，切实做好城市的生态建设规划，包括土地利用规划、城市园村绿化规划、城市环境保护规划和城市历史文化遗产保持规划等，加强对城市生态安全的预警和调控，合理调控人与自然的关系，维护城市生态系统健康，促进城市的开发、规划及其可持续发展。

三是加强城市生态安全立法和执法。我国城市的生态安全形势严峻，如不及时采取综合而有效的控制措施，将成为全面建设小康社会、实现可持续发展目标的巨大障碍。从发达国家的经验来看，美国、德国、法国、日本、荷兰等国在20世纪60年代即通过严格的立法推进城市生态化建设，建立了涉及绿色生产、绿色生活、绿色消费等一系列完善的法律体系来保障生态城市建设，并取得了明显成效。如德国，以《建设法典》为主导，建成了包括《空间秩序法》《联邦自然保护法》《城市建设促进法》《联邦有害物质防护法》《文物保护法》《田地重整法》《建设法典措施法》等在内的完整的城市生态建设法律法规综合体系。而我国现行的与生态环境相关的法律法规体系主要针对污染防治立法，缺少促进生态化建设的立法。党的十八大报告号召“一定要更加自觉地珍爱自然，更加积极地保护生态，努力走向社会主义生态文明新时代”，各城市要通过修改完善地方法律法规，建立健全维护城市生态安全的法制、政策和管理体制，加强对重点污染源的严格监测和管理，进一步落实环保目标责任制，加大城市环境立法和执法力度，在宪法和国家法律授予的权限之内，制定适合当地特点的城市生态建设法规、政策或法律实施细则，提高对经济社会各项活动的管理效率。

四是倡导现代生态文明。通过建立健全与可持续发展要求相适应的教育、科技、文化、观念、伦理、道德、法制、管理的法规体系和管理体制，普及生态科学知识和生态教育，树立正确的生态价值观，提升全民的思想道德素质、科学文化素质和健康素质，提高城市居民维护生态安全的自觉性；大力实施公交优先的发展战略，完善道路交通体系，有需要且有条件的城市要适度发展轨道交通，鼓励新能源汽车；加强扬尘污染治理和工地管理，等等。

五是用现代化的科技手段监管城市生态。一个城市的生态安全不仅由其辖域内的各项因素决定，而且因其涉及的范围大大超越了自身的地域范围，需要发现生态系统的科学规律，综合运用现代空间技术与对地观测系统等现代高科技手段，对城市生态发展变化过程进行监测，对生态破坏给出预报，以便采取相应对策。

8.4.2 多管齐下，加强城市生态建设

保障城市生态安全需要采取多种综合治理手段，推进社会生态化建设，建立安全、公平、有序的社会体系，提高居民生活质量，以有限的资源服务更多的人群。

一是优化城市空间结构。城市生态系统是由多个分系统组成的整体，要合理规划城市空间结构，科学布局城市功能分区，完善城市基础设施，通过协调自然和人工景观单元建立多样化的城市景观格局，提高城市生态系统的稳定性和抗干扰能力。

二是控制生态需求的增长。要合理控制城市的人口规模，缓解中心城区的人口密度，促进城市各功能区的均衡发展；同时，注重优化人口结构，提高人口素质，培养爱护生态的良好社会风气。

三是完善城市基础设施。城市基础设施是城市居民享受便利的城市生活的物质基础，对维持良好的生活环境、提高生活质量具有重要意义。要逐步提高环境投资占GDP的比重，按照紧凑便利、多样性的原则，加强城市环保基础设施建设，进一步完善城市的供排水系统、交通系统、绿地系统、能源系统、水利设施、生物系统、防灾系统等，为市民就近提供生态服务。

四是进一步优化产业结构、调整能源结构。要因地制宜发展新能源和可再生能源，推广天然气、电力和地热等清洁能源，在北方城市推广使用低硫优质煤和燃煤锅炉改造计划，防治工业污染。

五是加强水土流失治理和水土污染防治。建设污染防治工程和污水整治工程，严格查处污染水源的违法行为，确保水源地不受污染侵害，进一步提高城市污水处理能力，增建污水处理厂，提高城市污水处理率，加强水的循环利用。

8.4.3 做好城市自然生态保护，维护生物多样性

生物多样性、物种丰富性是城市生态系统稳定和安全与否的标志。要切实做好对水、土壤、大气等各种自然要素和自然景观、生物多样性的保护，构建城市的自然生态系统，包括对原有生物生存环境的保护和对新生物生存环境的创造。在城市建设中要充分利用森林、河流、湿地等自然因子的生态服务功能，通过规划、重建和维护适宜的生物种群或群落结构，恢复健康的生态过程，提高城市生态系统自我维持、自我更新和抗干扰的能力[10]。

一是保护湿地。湿地被誉为“地球之肾”，是人类最重要的生存环境之一，也是众多野生动物、植物的栖息和生长地，具有调节小气候、减缓洪涝灾害、净化环境、满足感觉需求等功能和社会经济性。

二是注意保护具有地带性特征的植物群落。乡土树种是构成地方性自然景观的主角，也是反映地区性自然特征的基调树种，要保护好乡土树种及区域稳定性植物群落的组成。

三是建立外来物种入侵的风险防范机制，保证生态安全。要结合城市特点和外来物种入侵现状，在制定相关行政法规和条例中建立风险防范机制与跟踪检测机制。外来物种会经过“个别野外存活—发展蔓延—最终爆发”这样一个过程，如不事先防范，一旦蔓延甚至爆发将很难控制，治理代价高昂。外来物种入侵使原有生态系统的结构及其服务功能受到破坏，并引起生态系统结构失衡和功能退化，是导致原生物种衰竭、生物多样性减少的重要原因，因此要有节制地引进外来物种。外来物种引进之前，先由农业、林草或海洋管理部门会同科研机构进行引进风险评估，然后由环保部门做出评价，最后由检疫部门进行严格的口岸把关，通过多方协调行动共同开展外来物种的防治工作，高度警惕和防范外来物种的侵害。对已证实为有害生物或随着气候条件的变化将逐渐转化为有害生物的外来物种，要采取必要

的跟踪监测，在其蔓延初期将其彻底根除，以为生态安全提供一重屏障。同时，要扩大宣传，让群众知晓外来物种入侵的危害，辨别哪些属于外来物种，鼓励群众在发现疑似外来物种时及时报告，发动群众对已有的外来有害入侵物种进行消灭、摧毁，对私自携带、放生尚未界定是否会危害生态的外来物种的行为划定法律责任。总之，要通过多方监督和管理来防范外来物种入侵，保障生态安全[11]。

8.4.4　提高公众的生态意识，拓宽公众参与渠道

现代化的城市必须是一座环境宜人、充满生机与活力、人与自然高度和谐、富有人文关怀和效率的生态文明城市，而不能仅仅是由林立的高楼大厦、喧嚣拥挤的街道和封闭狭隘的空间组合而成的钢筋混凝土堡垒。

城市的生态文明建设很重要的一点是公众应树立环境道德观念和资源价值观念，培养关心自己所在城市的意识。只有具有生态意识的城市居民才算得上是合格的城市居民。为此，需要通过大量的宣传活动，启动经常性的生态教育和培训，动员公众积极参与到城市的生态建设中来。要始终坚持以生态学原理为指导思想、以高新科技为建设手段，唯有如此，经济持续发展、社会文明进步、生态环境宜人、人民生活幸福的现代化生态文明城市才必然会实现。

一是倡导生态文明，提倡绿色消费。要加强宣传教育，培养市民自觉的环境意识和可持续的消费模式，引导和规范其生活方式和消费行为，形成提倡节约、爱护生态环境的社会价值观念、生活方式和消费行为，使每一个居住和工作在城市中的个人都能自觉地从身边的小事做起，如公交出行、垃圾分类、节约用能等，把日常行为和保护环境、美化城市紧密结合起来，使生态文明成为一种社会风尚和市民自觉。

二是调动社会公众的参与力度，鼓励公众监督、举报环境违法犯罪的行为，引导公众科学、有序地参与到生态建设的管理决策和行为中来。真诚欢迎群众的批评、监督，虚心听取公众的意见和建议。

三是加强生态安全教育和法律意识。在社区和学校加强生态安全教育，特别是对于在校的中小学生，要使他们从小就树立生态保护意识。

参考文献

[1] 周文华，王如松 . 城市生态安全评价方法研究——以北京市为例 [J] . 生态学杂志，2005 (7)：848-852.

[2] 中共中央关于坚持和完善中国特色社会主义制度、推进国家治理体系和治理能力现代化若干重大问题的决定 [EB/OL] . [2019-11-05] . http：//www.qstheory.cn/yaowen/2019-11/05/c_1125195871.htm.

[3] 生态环境部 .2018 年全国生态环境质量简况 [N] . 中国环境报，2019-03-19 (2) .

[4] 2018 中国生态环境状况公报 [EB/OL] . [2019-06-25] .http：//www.mee.gov.cn/hjzl/tj/201905/t20190529_704850.shtml.

[5] 刘中梅 . 大连生态城市建设中的生态安全保障法律机制探析 [C] // 资源节约型、环境友好型社会建设与环境资源法的热点问题研究——2006 年全国环境资源法学研讨会论文集 (三) . 2006：121-125.

[6] 王玉庆 . 当前生态城市建设中的几个突出问题 [J] . 求是，2011 (4)：55-57.

[7] 董飞，宋戈 . 城市区域土地生态安全评价——以哈尔滨市阿城区为例 [J] . 国土资源情报，2010 (4)：41-45.

[8] 俞孔坚，王思思，李迪华，等 . 北京城市扩张的生态底线——基本生态系统服务及其安全格局 [J] . 城市规划，2010 (2)：19-24.

[9] 薛雄志，程华晶 . 以城市水资源循环模式应对水生态安全问题 [J] . 厦门科技，2006 (3)：14-17.

[10] 叶轶，杨新武，李希昆 . 论西部城市生态安全面临的问题及解决对策——以昆明为例 [EB/OL] . [2006-04-22] . http：//www.eedu.org.cn/Article/ecology/ecoappliacions/ecosafety/200604/7770.html.

[11] 高香玲，王耕 . 沿海城市生态安全评价及预测研究——以大连市为例 [J] . 海洋开发与管理，2009 (10)：96-101.

第9章

生态文明城市对“城市病”的治理与防范

XINSHIDAI SHENGTAI WENMING CONGSHU

城市是由“城”和“市”组成[1]，其产生、发展和建设受到社会、经济、文化、科技等多方面因素的影响。工业文明以来，伴随着城市化进程，人口、各种资源要素在城市集聚，城市逐渐成为人类走向成熟和文明的重要标志。与此同时，在城市发展的进程中也逐渐暴露出一系列问题，并以“城市病”的形式展现，其具体表现是资源短缺、环境污染，以及由此延伸的一系列社会问题，这些都已成为世界性难题。关于“城市病”的综合治理，工业文明的思路是从技术上加以解决，但最终却陷入越治越重、不断恶化的尴尬境地。因此，必须探求治理“城市病”的新思路，而生态文明视角下的综合治理便成为治理“城市病”的必由之路。

9.1 工业文明视角下对“城市病”的研究进展

在工业文明社会，追求经济发展是其价值导向。在技术水平不断发展的基础上，人类改造自然的能力不断增强，若任由其发展，“绿水青山”将可能被消耗殆尽。将工业文明理念运用到城市发展上，其所带来的“城市病”将不可避免。当前关于“城市病”的研究很多，有必要对其进行梳理，总结其内在规律，为综合治理“城市病”提供理论基础。

9.1.1 内涵研究

“城市病”一词最早源于工业革命时期的英国，工业化和城市化给英国的社会经济带来巨大的变革，与此同时也产生了一系列问题。换言之，“城市病”是伴随着城市化的进程而来的，已完成城市化和正在快速进行城市化的国家均不同程度地经历着“城市病”的困扰。在工业文明视角下，对于“城市病”的研究主要集中在以下几个方面。

1. 从城市发展阶段的角度加以界定

周加来认为，在一国的城市化尚未完全实现的过程中，因社会经济的发展和城市化进程的加快，城市系统存在缺陷进而影响其整体性运动，最终导致社会经济产生一系列负面效应，称之为“城市病”[2]。李浩分析了8个具有典型代表性的国家的城市化进程，发现城市化率达到50%左右往往既是经济繁荣期和城市化的持续发展期，也是“城市病”集中爆发的阶段，此时迫切需要转变发展模式[3]。“城市病”的本质是发展病，是在城市化快速推进的过程中城市形成的不适性，而与城市规模无关。

2. 从“城市病”的成因进行阐释

“城市病”的核心在于城市的资源环境承载力不足。向春玲认为，“城市病”是指在一国城市化发展的某个阶段，由城市化进程的加快与经济、社会、生态发展不协调导致的对城市整体发展和城市生活的负面效应[4]。焦晓云更是直观地指出，“城市病”是在一国城市化建设过程中，由于城市资源环境承载力与城市化发展速度和规模失衡而产生的一系列经济问题、社会问题和生态问题[5]，由此还延伸出“城市社会病”、“城市经济病”和“城市生态病”。

3. 从城市系统出发以具体的症状定义“城市病”

城市系统是一个复杂的大系统，由多个子系统构成，且各子系统间相互影响。“城市病”不仅仅是单一的经济问题、社会问题或是环境问题，还是大量问题的综合表现[6]。其中，主要包括城市环境质量的恶化、住宅和交通的拥挤、人口拥挤、城市贫民区的出现和犯罪率上升等。“城市病”实质上是城市经济、社会、文化、生态发展失调的反映[7, 8]。

整体来看，在工业文明视角下虽然关注到“城市病”是发展阶段的病症，是由资源环境承载力不足等原因引起的社会、经济、生态等问题，但是并没有从本质上认识到“城市病”是伴随工业文明而生的，其追寻利润最大化、经济最大化的价值取向必然导致“城市病”的产生。

9.1.2 成因探索

对于“城市病”的成因，国内外的专家学者开展了诸多探索。尽管国内外城市的经济发展阶段、历史文化基础和城市发展路径各不相同，但基本的共识是“城市病”是在多种因素的影响下综合叠加而成的。

1. 西方学者的探索

从社会学角度来看，滕尼斯认为，城市生活具有分崩离析、肆无忌惮的个人主义和自私自利甚至相互敌对的特征，这正是“城市社会病”的重要起因[9]。沃斯、帕克、伯吉斯等人类生态学派认为，城市人口存在共生关系并会产生竞争，从而形成浓缩、离散、集中、分散、隔离、侵入、接替的生态过程。而高密度的城市生活方式还会使人们更加孤独、压抑和忧郁，都市人比较容易出现精神病态。从阶级角度来看，马克思、恩格斯等认为，资本主义城市创造出的一切文明奇迹是以牺牲制度学派人类本性的优良品质为代价的，资本主义城市造就了两大对立阶级，滋生了失业、贫穷、环境、犯罪等社会病患[10]。

事实上，“城市病”根深蒂固于工业文明的价值取向，如边沁基于幸福指数度量的功利主义、亚当·斯密在《国富论》中所说的看不见的手、赫胥黎在《天演论》中提出的物竞天择等，都意味着对弱势物种和群体不需要讲社会公正[11]。

2. 国内学者的探索

“城市病”是城市系统不足以满足自身发展要求，因资源环境承载力不足而形成的种种不适性。据此，国内学者探索了以下几个成因。

（1）政府层面

“城市病”的产生在政府层面主要有3个方面的原因：①硬件不足，“城市病”大多发生在大都市，随着人口集聚、城市规模扩张，城市出现了空间失衡、各项基础设施投入不足、规划不合理等问题[10, 12]；②软件不适，城市化的实质是一个变革的过程——农村人口转变为城市人口，其生产、生活方式也随之相应转变，城市系统和功能愈加复杂，而政府的城市管理水平却不能适应城市发展需要；③城市发展理念的不适应，在城市快速发展的同时，政府更多关注的是经济效益，而相对忽视生态效益和社会效益[2]，这在发展中国家尤其突出。

（2）市场层面

部分研究以市场机制理论解释了“城市病”产生的原因。徐传谌、秦海林从公共物品的角度分析指出，由于城市提供的服务不具有明显的排他性与竞争性，产生了供应不足的问题，进而形成“城市病”[13]。从资源承载力的角度来看，城市资源的有限性与城市居民需求的无限性是存在本质矛盾的，城市的资源环境具有一定的公共物品属性，若不加以控制与引导，就会造成过度消费[14]，这是“城市病”形成的经济学原因。

（3）城乡层面

对于“城市病”的分析还可以跳出城市本身，从城乡统筹的角度来思考。基于城乡差距和资源聚集在大城市的客观现实，人口不断由农村转向城市、由中小城市向大城市转移，这必然会超过城市现实的资源承载力，从而引发“城市病”。因此，城乡发展失衡、各等级城市之间的差距也是催生“大城市病”的一个重要因素[15]，这为“城市病”的解决提供了一个新的思路。

虽然以上研究已经有关于城市发展理念的思考，但是还没有对依靠工业文明、通过技术进步手段解决城市发展问题思路进行深刻反思。工业文明导向下主张通过技术和投资改善环境容量，增加生态系统的生产力，但是局部生态系统生产力的提高并不意味着总体自然容量空间的扩大，并且技术和投资只是造成了自然容量空间扩大的表象，实则加大了生态系统的不稳定性和脆弱性。例如，若一个城市的发展可能占用了其他城市或是该城市未来发展的资源，就可能造成城市间发展的不均衡，引起“城市病”等问题。

9.1.3 治理思路

“城市病”是发展病，是可防可治的，中国市长协会早在2003年就提出了“以发展克服‘城市病’、以规划消除‘城市病’、以管理医治‘城市病’”的防治理论，为我国的“城市病”治理提供了原则和大方向[16]。当前，关于“城市病”的治理思路主要集中在以下几个方面。

一是从城市系统出发，健全和完善城市的整体功能。“城市病”正是由于城市系统存在缺陷导致其整体功能弱化，并带来了对社会经济的负面效应，要防治“城市病”，就必须健全和完善城市系统[2]。具体方式是加强基础设施的投入，提高城市规划和可持续发展能力，提升城市管理水平，促进城市效率的提升。其核心在于提高城市的经济社会能力，从根本上消除“城市病”。

二是以城市可持续发展为目标和导向，缓解和消除“城市病”。一方面，可以从城市本身的现象出发，如李陈提出的“循环社会型城镇化模式”，主张用可持续发展理念指导城市发展，有针对性地应对城市中的高耗能、高污染、高消耗现象，做到节能减排，保护城市生态环境，使其成为宜居城市[10]；另一方面，可以从人口规模调控、大气污染治理、垃圾污水治理、资源能源保障能力提升等多个方面进行努力[17]。

三是从城乡统筹出发，通过城市的现代化发展使大、中、小各类城市得以形成体系，大大缓解地区间、城乡间的不平衡，消除贫困。在住房、医疗、子女教育等社会保障问题上覆盖转移劳动力；通过城市间日益频繁的交流、城市辐射力的不断增强、城镇空间形态逐步形成相互交叉渗透的网状结构，最终使“城市病”得以消除。

总体来看，工业文明下的“城市病”治理思路仍未完全摆脱循环往复的既有思路，如不设定城市的发展边界，不均衡配置公共资源，仅仅加强基础设施投入，这些只会引致更多的人口流入并形成新的需求，而不会从根本上消除“城市病”。

9.2 “城市病”治理与防范的实践探索

认识“城市病”的表现及成因只是基础，治理与防范“城市病”才是最具实践意义的，这也是“城市，让生活更美好”导向的现实意义所在。在世界城市的发展进程中，各个国家都对“城市病”的治理进行了有益探索。从人文主义先驱者设想的理想国、乌托邦、太阳城、新协和村等，到后来的田园城市、卫星城市、立体城市、山水城市等，人们提出了多种城市模式构想。这些构想既表达了人类对未来的追求与憧憬，也是人类对自身历史和现实的反思[18]。

9.2.1 国外对于“城市病”治理的探索

1. 科学的城市规划

《雅典宪章》确立了城市的三大主要功能，即工作、生活和休憩，以及连接这几项功能的交通。而城市规模的盲目扩张、城市规划的混乱造成了城市运行效率的低下，引发了“城市病”。例如，英国维多利亚时代（1837—1901年）被认为是英国工业革命和大英帝国的巅峰，但其晚期也是城市贫民窟集中爆发的开端。1901年，英国的人口普查就显示了伦敦的住房拥挤情况突出，在伦敦内城芬斯伯里有将近45%的家庭住房只有1～2个房间，而在整个周边自治区，这个比例超过了1/3[19]。这些贫民窟里充斥着疾病、犯罪和失业。当时的伦敦郡议会应对贫民窟的策略是规划新城方案：在伦敦郡的边界上，甚至在更加外围的绿地上，为“工人阶级租户”建造住房。虽然新住房、新工厂在郊区和外围建设，但交通技术的发展使这种郊区化进程得以进行。

2. 城市的可持续发展

城市环境的恶化主要是由城市规模不加限制的膨胀引起的，城市无限制的扩张、人口过于集中对城市资源环境承载力提出了一系列挑战。特别是在工业革命后，西方世界的城市出现了拥挤、污染、疫病流行等问题。霍华德从可持续发展的角度在其毕生著作《明日，一条通向真正改革的和平道路》（1902年修订再版，更名为《明日的田园城市》）中，从城市规模、布局结构、人口密度、城市绿带等城市规划问题出发，通过新型城市（田园城市）的建设把城市生活的优点同乡村的美好环境和谐地统一起来，其核心在于疏散过分拥挤的城市人口，使居民返回乡村。这种田园城市理论对城市中心城区的“有机疏散”和“卫星城市”等思想均有较大影响，在国内外城市发展实践中影响深远。

联合国报告《我们共同的未来》（1987年）给出了可持续发展的定义，即“符合当前需要，且不影响未来几代人实现他们自己的需要和愿望的发展”；同时，也在城市层面提出了要求：建筑形式要能够节能，并且将污染物的排放量降至最低，支持和鼓励发展公共交通或更加环保的交通技术。其关键是要采取更加密集、更加紧凑的城市发展模式。

3. 信息技术的进步

20世纪以来，信息技术特别是互联网技术的发展逐渐成为推动城市经济增长的重要引擎，深刻改变了城市发展模式。信息技术的发展不仅提高了城市规划编制的科学性和执行效率，更改变了城市的产业结构和空间格局。信息流将导致“距离的消亡”，任何人可以在任何地方从事任何活动，只要有正确的数字连接就可以了，这促使SOHO（居家办公）这种工作方式的兴起，从而为解决城市交通拥堵、职住分离提供了可能，也为未来新城的规划建设提供了方向。由此可见，不只是人流，信息流也很重要，只要基础设施建设得当，信息流也可以促进城市的发展。

4. 交通基础设施的大规模建设

随着交通基础设施的大规模建设和交通技术的发展，城市的延展空间不断扩大。伦敦地铁的发达导致郊区的扩张，便宜的通行费用鼓励了郊区的发展。19世纪和20世纪初的经典郊区居住区全部都是围绕火车站点进行规划的，如美国新泽西州的卢埃林公园（Llewellyn Park）、纽约市的森林小丘花园（Forest Hills Gardens）。随着汽车的逐渐普及和公路设施的建设，美国城市经历了快速的郊区化，其中最具代表性的是洛杉矶市。1915年，洛杉矶市每8个居民便拥有一辆汽车，到1920年则是每3.6个人拥有一辆汽车，并逐步形成了目前以洛杉矶为核心的南加州城市群。

9.2.2 我国“城市病”的主要表现

我国目前已进入城市化的时代。截至2019年年底，有293个地级及以上城市、387个县级城市[20]。这些众多的城市又细分为直辖市、计划单列市、地级城市和县级城市，各个城市的资源禀赋、发展阶段和当前发展的重点、难点问题各不相同。虽然其“城市病”症状不尽相同，但归根结底都是由城市快速发展过程中面临的资源环境挑战和资源承载力不足引致的。

1. 城市资源供给不足

改革开放以来，我国的城市化进程加速推进，城市化率从1978年的17.9%增长到2015年的56.1%[21]。这些数字变化的背后是人口和产业布局的变革，大量农村人口向城市集聚，城市规模快速扩张，基础设施建设和生活需求都对城市资源环境提出了较高的要求，部分重要资源出现了供给不足的现象。

（1）能源资源

能源是经济增长的引擎，城市的工业、交通、建筑等部门更是能源消耗大户，全球有75%的能源消耗出现在城市。城市化加剧了对能源的需求，从城市化中期到城市化完成阶段是对能源需求增速最快的时期。根据英国BP石油公司的测算，作为新兴经济体的代表，2015年我国一次能源消费增长率居全球首位，达到1.5%，而同期世界平均水平为1.0%[22]。我国经济的高速增长使其对能源的需求始终保持强劲增长的态势，经济发展也面临越来越严重的“能源依赖”。2035年，我国的能源需求量将占世界能源需求总量的24%，能源需求增量将占世界能源需求增量的38.5%，这一现状亟待扭转和改善[23]。

当前，我国的能源缺口逐渐增大。从1992年起，我国的能源消费总量超过了生产总量，到2014年能源缺口已达到6.40亿tce。此外，我国的能源结构仍以化石能源这种不可再生资源为主，按照2015年我国的石油储量计算，石油、天然气和煤炭的储采比分别是11.7、27.8和31[22]。在我国城市化快速推进的过程中，能源危机（持续稳定供应）越来越成为制约我国城市持续健康发展的“瓶颈”。

（2）土地资源

土地是城市的重要因素，我国土地的总量规模虽大但人均水平较低，仅占世界平均水平的29%，土地资源较为稀缺。然而，在我国的城市化进程中，土地利用缺乏科学合理的规划，各种类型的开发区争相上马，土地集约利用水平低，主要体现在对城乡建设用地的利用粗放、浪费，闲置与紧张并存[24]。《2014年国家土地督察工作情况》显示，截至2014年9月30日，近五年内全国批而未供土地1 300.99万亩，闲置土地105.27万亩。2017年4月，国土资源部发布的《2016年国家土地督察工作情况》显示，截至2016年年底，全国105万亩闲置土地已处置完毕98.22万亩，处置比例为93.6%。城市化进程过快造成土地资源的过度消耗，其中，城市居住和工业用地需求强劲，占用了大量土地。

（3）水资源

我国是一个水资源匮乏的国家，拥有全世界21%的人口，水资源却只占世界总量的6%，人均水资源量仅为世界人均水平的25%。我国的600多个城市中有2/3都面临着不同程度的缺水问题，其中有200多个城市严重缺水，水资源成为城市承载力的短板，这在北方地区尤为突出。例如，京津冀属于资源型严重缺水地区，北京市的人均水资源占有量仅为119 m^3，远低于国际人均水资源占有量1 000 m^3的重度缺水标准[25]。《北京城市总体规划（2004—2020年）》提出，2020年北京市的人口总量应控制在1 800万人左右，但这个规划目标早在2009年就已经被突破。“以水定城、以水定人、以水定产”已成为北京市发展的重要原则。

（4）气候环境资源

当前应对气候变化已经成为国际社会的热点，而城市是碳排放的主体，是应对气候变化的关键。在控制气候变化的国际背景下，我国需要在传统“三废”（水污染、空气污染、固体废物污染）尚未解决的情况下面对温室气体排放总量控制问题。未来的快速城市化和城市居民生活水平的改善还将继续保持对能源和基础设施的投资需求，未来的排放空间较小，气候环境资源已成为制约我国城市发展的重要“瓶颈”。2020年9月，习近平主席在第七十五届联合国大会一般性辩论上向国际社会作出郑重承诺，明确提出要在2030年前达到二氧化碳排放峰值，2060年前努力实现碳中和。

2. 环境污染问题严重

与各种资源不足相伴而生的是城市中各类环境污染现象严重。

（1）水污染

我国是联合国确立的13个贫水国家之一。随着工业排放废水和城市生活污水的不断增加，我国的水环境污染日益严重，使原本就短缺的水资源形势更加严峻。水利部统计数据显示，2016年，我国湖泊水源地水质约70％不达标，地下水水源地水质约60％不达标。中国环境科学研究院监测了118个大中型城市的地下水，发现重污染城市占64％，轻污染城市占33％[26]。近年来，经过系统治理，我国水污染状况有所好转。生态环境部的统计数据显示，2019年1 940个国家地表水考核断面中，水质优良（Ⅰ～Ⅲ类）断面的比例为74.9％，同比上升3.9％；劣Ⅴ类断面的比例为3.4％，同比下降3.3％；主要污染指标为化学需氧量、总磷和高锰酸盐指数。但我国水污染事件仍时有发生，水污染治理不容忽视。

（2）土壤污染

城市化的重要载体——土地正受到严重污染。我国土壤环境状况总体不容乐观，部分地区的土壤污染较重。2014年，全国土壤总超标率为16.1%，其中轻微、轻度、中度和重度污染点位的比例分别为11.2%、2.3%、1.5%和1.1%[27]。我国的土壤污染问题是由曾经不计后果的粗放发展模式造成的。随着国家经济结构的调整和土壤修复工作的开展，根据生态环境部的最新数据，2019年全国农用地土壤环境状况总体稳定，首要污染物为镉。与大气污染不同的是，土地污染具有隐蔽性和累积性，由于技术不成熟、资金不足和评估标准模糊，土壤污染通常是不可逆转和难以治理的。

（3）大气污染

近年来，我国东部地区城市的连续雾霾天气使公众意识到大气污染的严重性。长时间、大范围的重度雾霾污染天气不仅造成了城市人口呼吸道疾病发病率的上升，严重影响城市居民的身心健康，更是对我国发展触碰自然底线的警告，因此解决城市大气污染问题被提上日程。相关数据显示，城市污染物主要源自不合理的能源结构和使用习惯。在生态环境部公布的城市大气污染“主要元凶”中，机动车、燃煤、工业生产、扬尘和移动源均列入其中。在深入实施大气污染防治攻坚战计划后，我国的环境空气质量有了大幅提升。2019年，全国337个地级及以上城市中，157个城市环境空气质量达标，占全部城市数的46.6%；180个城市环境空气质量超标，占53.4%；平均优良天数比例为82.0%。

（4）垃圾

城市是消费型的，垃圾作为城市发展的附属物也是必然存在的。据统计，北京每天产生生活垃圾1.84万t，上海每天产生生活垃圾2.16万t，庞大的生活垃圾产出使垃圾填埋场不堪重负，给城市运转和环境造成重大影响[21]。我国的许多城市甚至面临“垃圾围城”的问题。

3. 社会问题频发

除了资源不足和环境污染问题，城市的快速发展还形成了一系列社会问题。

（1）住房紧张及由其引起的社会贫困

改革开放以来，我国城镇住宅的投资规模不断扩大，人均住房面积有显著增加，极大地提升了城市居民的住房水平。城市化是农村人口向城市集聚的过程，中小城市人口逐渐流向大城市、特大城市。从总量来看，城镇住房水平已经有了较大提升。但从结构来看，特大城市和一线城市还存在住房紧张等问题：一方面表现为分配不均，这在大城市尤为典型，由于房价处于高水平，大量新转移居民和城市贫困居民的住房水平并未改善，城中村、棚户区也造成了城市贫困，并引发了一系列社会问题；另一方面表现为中小城市住房市场的供应量充足，而大城市的住房总量普遍较为紧张。在住房维修和改善上，财政资金充足的大城市、东部地区城市有能力推进棚户区、城中村和老旧住宅楼的改造，而中小城市、小城镇的老旧住房则因财政资金不足而很难得到更新改造，容易引发城市贫困。

（2）交通拥堵加剧

随着人口规模的扩张以及汽车保有量的增加，城市交通越发繁忙，道路负荷不断加重。据统计，我国约有2/3的城市出现交通拥堵，大城市的交通拥堵更为严重。根据高德地图发布的《2015年度中国主要城市交通分析报告》，绝大部分城市的交通拥堵都在进一步恶化，并且拥堵现象已经从北京、上海、广州、深圳等一线城市和省会城市向中小城市蔓延，呈现常态化、加重化的趋势。北京作为最为拥堵的城市之一，通勤时间高达97分钟[28]。

（3）社会服务供给不足

在城市扩张的进程中，除了要解决新增人口的就业问题，还需提供各种公共服务和社会保障，目前存在的情况是供给明显不足：在医疗领域，医疗资源严重供给不足，看病难、看病贵等问题时有发生；在教育领域，大城市的新进城农民工子弟很难享受均等化的义务教育；在社会保障领域，城市务工人员的养老、失业、工伤等保险不足使城市化问题复杂化，容易引发诸多社会问题。

9.2.3 我国“城市病”的治理实践

根据麦肯锡全球研究院的研究结果，按照目前的趋势，我国到2025年将有大约10亿人居住在城市，届时将出现221座百万以上人口的城市（目前欧洲只有35座类似规模的城市）以及23座500万以上人口的城市，城市经济产值将占全国GDP的90%[29]。快速扩张的中国城市对资源环境提出了诸多挑战，因此必须尽早正视“城市病”，而我国也在“城市病”的治理实践方面开展了诸多探索。

1. 严格控制城市规模

新中国成立初期，由于城市承载力的有限性和其他原因，我国的城市发展一度采取控制规模的做法。通过以代表性的户籍制度为技术手段，阻碍了农村人口向城市的流动。由于“城市病”在大城市往往表现得更为突出，人们对大城市及其人口增长较为抵触。20世纪80年代初期，我国甚至出台了“严格控制大城市规模”的城市发展政策。然而，城市发展确实带动了整个经济社会的发展，城市建设也成为现代化建设的重要引擎，城市更是让生活更美好的本源。因此，城市发展是一种必然。2015年年末召开的中央城市工作会议也明确了尊重城市发展规律的基本原则，即可以通过发展过程中的各种优化手段来避免并最终消除城乡差别，城市规模要同资源环境承载力相适应，依靠行政强制政策严格控制城市规模未必适宜。

2. 加强资源环境保护

在我国城市发展过程中，各种环境污染严重、资源承载力不足的问题十分突出。我国在城市建设中明确了绿色发展的战略导向，相应提出了绿色城市、低碳城市、生态城市、宜居城市的概念。具体表现是，在治理大气污染上，主要工作是去除污染源，优化能源结构；在垃圾处理上，从生产和生活的诸多环节实现垃圾的“减量化、资源化、无害化”，从消费习惯上努力减少垃圾的产生。此外，我国还坚持最严格的水资源、土地资源管理制度，加强资源能源的利用效率。例如，针对城市水资源短缺和水污染严重的情况，我国确定了“以水定城、以水定人、以水定产”的原则，在保护水资源的同时，加强对有限水资源的合理利用；针对交通拥堵问题，一方面优化完善城市的合理规划，减少职住分离，另一方面加强道路基础设施建设，运用综合手段提高城市交通的管理能力；针对住房紧张问题，一方面对人口规模进行控制，另一方面加强城中村和棚户区改造，增加保障房建设和老旧住宅小区改造更新。

3. 积极推动新城、新区建设

改革开放以来，为推动城市的经济发展，我国设立了众多新城和各级各类产业园区，为经济快速增长和国家创新发展作出了重大贡献。据统计，东部地区各种新区创造的GDP占所在区域的30%以上；中西部地区的新区建设虽然较晚，但也呈现出较快发展的势头。从全国的情况来看，国家高新技术产业开发区和经济技术开发区对全国GDP的贡献率达27%以上[30]。大量新城、新区的建设优化了城市空间布局，有效缓解了交通拥堵和住房紧张等问题，但也存在一定的问题，如开发区大量扩张，半数以上的省份至少有一个1 000 km^2以上的新城、新区（有的甚至占地达3 000多km^2），但却“圈而不建、圈而慢建、圈多建少”。用来建设开发区的工业用地平均占城市用地的40%～50%，这与发达国家10%～15%的占比相去甚远[31]。

4. 深入推进区域合作

我国人口众多，仅仅依靠大城市难以实现城市化。我国的城市化体系包括大、中、小城市及城镇的协调发展，在“城市病”的治理上也致力于城市体系的构建，较为典型的是长三角、珠三角和京津冀3个城市群的发展。以长三角城市群为例，其中心城市以上海市为核心，包括江苏省、浙江省、安徽省等所辖城市在内，共计26个城市，土地面积为21.17万km^2，2014年地区生产总值为12.67万亿元，总人口约为1.5亿人，以上3项分别约占全国的2.2%、18.5%、11.0%，是我国经济发展最重要的引擎之一。大、中、小城市协调发展的本质在于就业机会、医疗、教育等公共资源的合理分布，其目标是基本公共服务均等化，摒弃“摊大饼式”单中心城市的发展、建设模式，不断推进城市组团化发展。当前，我国部分地区采取的人口疏解和区域合作也是一种积极的探索。

综上可知，国内外“城市病”的治理实践中虽然蕴含了生态文明的理念，如科学的城市规划、注重可持续发展、加强资源环境保护，但是仍保留了许多工业文明时代的印记，企图通过技术手段来解决城市发展过程中的问题，这也是造成“城市病”难以根治的重要原因。目前，我国正处在城市快速发展、民族伟大复兴的历史进程之中，对各种“城市病”频发的现状必须予以正视，而当前的应对措施还没有从发展理念上加以归纳和引导，因而很难从根本上消除“城市病”。

9.3 生态文明视角下对“城市病”的综合治理

城市是人类文明的集中体现，生态文明建设已经成为我国现在与未来提升城市综合竞争力、保持城市长期繁荣发展的重要因素和城市现代文明的发展方向。党的十八大报告明确提出“建设生态文明，把生态文明建设放在突出地位，融入经济建设、政治建设、文化建设、社会建设各方面和全过程”。[32]

9.3.1 摒弃工业文明的治理思路

1.“城市病”是工业文明的必然产物

工业化主导模式下的城镇空间格局，在很大程度上受到产业投资情况的影响。工业化进程的不断扩张和技术装备水平的不断提升使人们改造自然的能力不断增强，进而影响城市的发展。工业文明的利益导向是追逐资本的快速大量积累和利润的最大化，而忽略了生态文明的天人合一以及尊重自然、以人为本的基本要素，使城市化规划的重心在产业而不在城市、在利税而不在民生，导致工业化驱动下的城市化格局重心失衡[33]。由于我国的工业化进程落后于西方发达国家，在追赶的过程中需要在短期内实现快速发展，这就造成在城市发展中出现了两个极端情况：一是少数大城市持续扩张，不断集聚各类资源；二是大量中小城市发展动力不足，大、中、小城市之间，城乡之间，东西部之间的发展不平衡不断加剧。这些都是工业化主导下城市发展的必然，反映到城市发展上就是各种“城市病”不可避免的产生。因此，我们说“城市病”是工业文明发展的必然产物。

20世纪中期，欧美国家逐渐意识到工业化带来的环境污染事件的严重性和紧迫性，开始反思工业化的种种弊端。从《寂静的春天》（1962年）到《增长的极限》（1972年），到在瑞典斯德哥尔摩召开的人类环境会议，再到1992年召开的联合国环境与发展大会，以及2002年召开的联合国可持续发展世界首脑会议，全球性的生态意识开始崛起，很多国家在发展过程中开始摒弃传统工业文明的发展模式，同时开始思考经济发展、社会进步和环境保护的协调发展，这正是生态文明的发展模式。

2. 工业文明的治理思路不能根治“城市病”

在工业文明治理思路的指导下，城市发展不需要设定边界，只要有利润空间，城市就可以不断扩张。工业文明注重问题的直接解决，追求规模化、利润最大化。在城市发展理念上，主要依靠技术进步来解决问题，“摊大饼”式的城市发展造成越治越重、不断恶化。例如，为缓解交通拥堵，简单地采取加宽马路的解决方案，构建起地上、地下的立体交通，其结果是马路虽然宽了，但是车也更多了，交通拥堵问题反而加重了。在住房问题上，传统的思维方式是通过提高容积率、多建房来解决问题，却造成了人口的不断流入，使资源承载力受到更加严峻的挑战。

我国多年的发展实践也证明，虽然城市建设和发展的技术水平不断上升，但是能源、土地、水等基础性资源却越发供给不足，看似实施的是大、中、小城市协调均衡发展的政策，实则却导致人口、资源等逐渐向大城市倾斜，表现为公共资源的过分集中、城市人口过剩，迫使城市向郊区扩张，而中小城市的宜居环境和发展空间在大城市的压迫下越发吃力。因此可以说，工业文明的治理思路不能根治“城市病”，必须依靠一种有别于传统工业文明的发展模式。

9.3.2 探索生态文明的治理思路

改革开放以来，我国经历了世界历史上规模最大、速度最快的城市化进程。城市经济快速发展，在我国经济发展、社会进步、民生改善中发挥了重要的作用。1978—2015年，我国的城市化率从17.9%提高到56.1%；GDP排名前50位的城市占全国GDP的比重超过58%。然而，城市发展仅仅是为了提升城市化率，还是为了促进经济总量的增长？显然，城市发展的意义并不止于此。城市不仅需要经济繁荣，还是多元文化融合、科技创新的所在，同时是人、自然、社会和谐共处的重要空间。

区别于“城市病”治理的一般思路，生态文明视野下的“城市病”综合治理，其核心在于以人为本，以城市的可持续发展为导向，最终形成人、自然、社会和谐相处的共赢状态。

1. 推动公共资源的均衡配置，构建合理的城市体系、城乡发展格局

单纯依靠城市吸纳农村转移人口必然会造成大城市人口膨胀、中小城市逐渐衰退，并形成一系列问题。因此，未来的发展方向是形成大、中、小城市和小城镇梯度合理、协调发展的城市体系。此外，不能局限于城市本身去研究解决“城市病”，人口之所以从农村向城市流动、从中小城市向大城市流动，是因为基本公共服务不平衡，大城市有更多的机会、更好的资源。因此，未来的发展思路应是解决城乡之间、地区之间的失衡问题，推动公共资源的均衡配置。例如，在政策上可以通过资源消费累进税和生态补偿等经济手段，引导并支持社会公共资源均衡配置和区域基础设施资源共享，逐步化解优质公共资源过度集中的问题。

生态文明的目的在于寻求和谐发展，实现产城一体、职住融合、资源均衡，各种要素按比例搭配，就近“定住”人口。只有实现公共服务均等化，城乡间的不平衡才能大大缓解，城市间的交流才能日益频繁，城市的辐射力才能得到增强，使城乡的空间形态逐步形成相互交叉渗透的“网”状结构，城乡之间的界限完全消除。事实上，正是城市系统的良性循环和城乡界限的消除使“城市病”的治愈成为可能。

2. 落实科学布局，提升城市规划、建设、管理能力

规划科学是最大的效益，规划失误是最大的浪费，规划折腾是最大的忌讳。落实城市化科学布局，需要以环境承载力为基础划定生态红线和大城市发展边界，改进城市发展考核评价机制，并将自然资源资产债务、生态效益、就业保障、居民健康等指标了纳入其中，弱化经济增长速度的权重。

城市规划需要从构成城市的诸多要素、结构、功能等方面进行系统性分析。城市的高速发展需要以清晰的规划和合理的布局为前提，以高效合理配置的资源为基础，实现城市经济社会的协调可持续发展。城市规划的落后和不适宜是造成“城市病”的重要原因，要合理地规划城市空间布局、产业发展、人口规模、资源使用，特别是要加强对城市的空间立体性、平面协调性、风貌整体性、文脉延续性等方面的规划和管控[34]。“城市病”形成的重要原因是人口规模扩张和城市基础设施供给不足，因此必须加强城市的基础设施建设，提高城市综合承载能力；不搞大拆大

建，而要加强城市设计，提倡城市修补，推动城市的有机更新；注重提升政府的管理和服务能力，变粗放型管理方式为精细化服务，变政府主导型管理模式为群众积极参与。

3. 确立发展理念，推动城市可持续发展

城市的发展应是让生活更美好。长期以来，以经济利益为首要目标的发展模式使城市政府部门的生态保护、环境质量、资源利用底线意识不强。从城市的持续健康发展来看，应从三个方面划定城市经济发展和资源开发利用的生态红线：特定地理区域、自然资源使用上限和污染物排放总量上限。生态红线应成为地方政府、单位和个人保护水资源、土地资源、大气资源的行为底线，让居民“望得见山、看得见水、记得住乡愁”，不断提高生活品质，顺应自然发展要求。

9.3.3 生态文明城市治理“城市病”的实践路径

生态文明城市区别于其他城市的概念。低碳城市、宜居城市、生态城市、可持续发展城市的重点都集中在城市上，都是站在城市的角度就城市发展的某个方面而言的，但生态文明城市的重点集中于“文明”这个关键点，是在原始文明、农业文明、工业文明之后的又一个阶段。生态文明城市指的是城市发展过程中城市绿韵（蓝天、绿野、沃土、碧水）与红脉（产业、交通、城镇、文脉）的复合生态关联状态。它是站在城市系统的角度上，在城市层面构建的人、自然、社会三者和谐相处的状态，而不是就城市论城市的，它不仅落脚在技术上，更多的是一种发展理念。破解“城市病”需要以生态文明理念为指导进行科学规划，注重城市与自然的融合，关注民生的和谐发展。

生态文明视角下的“城市病”综合治理区别于一般意义上的治理模式，它提供了包括结构、供给、技术、消费、制度在内的5种路径。

1. 结构路径：促进能源结构和产业转型

城市的健康发展需要推动能源结构转型。城市作为一个消费型主体，消耗了大量能源。化石能源在其使用过程中排放了大量的温室气体，对城市的气候环境造成了许多严重的影响。当前，严重的雾霾天气表面上是“环境病”，其实是“能源病”。在城市规模扩张的同时，城市产业结构也发生了革命性变化，城市系统与职能更趋复杂化和多样化，城市系统的缺陷严重地暴露出来，人口、资源和环境的宏观能力十分脆弱，因此迫切需要加快发展方式的转变，调整优化产业结构。同时，城市发展还需遵循资源节约和环境友好的路径，加强对土地资源的保护和对大气、污水、垃圾的处理，从生产和生活的诸多环节实现垃圾的“减量化、资源化、无害化”，全面推广并完善垃圾分类回收系统，构建城市生活垃圾的全过程管理系统，增强城市的保障能力。

2. 供给路径：增强基础设施和社会服务的供给能力

“城市病”产生的重要原因是城市基础设施和社会服务与保障供给能力不足，特别是各种极端天气频发。从供给路径来看，应该因地制宜，提高城市给排水、供电、供气、交通、信息通信等生命线系统的设计标准，加强稳定性和抗风险能力；采取多种形式加快公共基础设施建设，加大政府投入，利用创新机制吸引民间资本进入；依照从地下到地上的建设顺序，统筹规划水、电、气、暖等基本市政公用设施建设，以完善现代城市建设的配套功能，保证城市的高效运转。此外，还需增强城市的社会服务供给能力，提高城市内部布局的合理性，提升城市的通透性和微循环能力。

3. 技术路径：提升重点行业的适应能力

生态文明是继工业文明后的又一文明形式。首先要解决的是城市的工业问题，促进产业结构的合理升级。其次，要在合理规划住房建设的基础上提升建筑的综合利用效率：一是推进城镇住房制度改革，完善住房保障体系，加快城镇棚户区、危房以及老旧小区改造，推动城市有机更新；二是避免重复建设、大拆大建等现象的发生；三是避免高空置率、高能源消耗的建筑发展模式。最后，要在交通领域推行以人为本的城市交通规划设计管理[21]，采取避免、转移和改善（reduce-shift-improve）的策略以推进城市交通的生态文明转型。其中，避免，指通过合理规划减少刚性的出行需求；转移，指将传统出行方式转移至清洁的出行方式；改善，指通过提高管理与出行效率来解决交通问题，如严格执行公共交通调度，杜绝自行车道和人行道被占用的现象发生。

4. 消费路径：培养文明友好的消费习惯

城市是消费型的，因此消费模式对于“城市病”的治理至关重要。生态文明城市的发展涉及消费模式、生活方式、生活观念和地区发展权益等问题。尽管国家和城市政府通过行政措施在环境保护方面取得了初步成效，但部分地区自然资源开采过度、生态每况愈下的趋势并未得到遏制。因此，城市居民作为重要的城市文明转型主体，应该在行为和观念上支持与推动政策的实施，从根本上解除环境的压力与矛盾。

关键是培养文明友好的消费习惯，强化文明消费意识。一方面，强调商品生产者的环境责任；另一方面，削减城市非必要生活垃圾的产生量及污染物的排放量，弱化城市对周边城镇施加的环境压力。要坚持协调协同，尽最大可能推动政府、社会和市民同心同向行动，使政府的“有形之手”、市场的“无形之手”和市民的“勤劳之手”同向发力。

5. 制度路径：构建社会公平正义的环境

城市是居民的城市，当前城市发展中存在的一系列社会问题必须依靠更加公平正义的制度予以解决。这既需要法律制度的建设，还需要市民的参与。我国生态文明城市的建设应尊重居民对城市发展决策的知情权、参与权、监督权，鼓励企业和居民参与城市的建设与管理；发挥居民的积极性、主动性，推动城市治理方式的创新；实现城市共治共管、共建共享。公众参与是行政和市场两种手段的重要支撑和改革力量。

当前，我国城市正在由工业文明走向生态文明，兴起了一场又一场技术、经济、社会、文化领域的革命。生态文明摒弃了以生态和人类福祉为代价追求经济效益的工业化发展模式，并向经济、社会与自然和谐共赢的发展模式转型，注重“三位一体”的复合生态整体效益，以实现城市稳定有序的演进过程。这不仅涉及城市物质环境的生态重构，更涉及思想价值观、生活方式、法律法规等方面的改变。

参考文献

[1] 李德华 . 城市规划原理 [M] . 北京：中国建筑工业出版社，2001.

[2] 周加来 . “城市病”的界定、规律与防治 [J] . 中国城市经济，2004 (2)：30-33.

[3] 李浩 . 城镇化率首次超过 50% 的国际现象观察——兼论中国城镇化发展现状及思考 [J] . 城市规划学刊，2013 (1)：43-50.

[4] 向春玲 . 中国城镇化进程中的“城市病”及其治理 [J] . 新疆师范大学学报 (哲学社会科学版)，2014 (2)：45-53.

[5] 焦晓云 . 城镇进程中“城市病”问题研究：涵义、类型及治理机制 [J] . 经济问题，2015 (7)：7-12.

[6] 张景明，温娜 . 城市系统的复杂性与“城市病”的综合治理 [J] . 上海经济研究，2010 (5)：45-49.

[7] 王桂新 . 中国“大城市病”预防及其治理 [J] . 南京社会科学，2011 (12)：55-60.

[8] 石忆邵 . 中国“城市病”的测度指标体系及其实证分析 [J] . 经济地理，2014 (10)：1-6.

[9] [德] 斐迪南 · 滕尼斯 . 共体与社会——纯粹社会学的基本概念 [M] . 北京：北京大学出版社，2010.

[10] 李陈 . “城市病”研究述评和展望 [J] . 西北人口，2013 (5)：20-24，28.

[11] 潘家华 . 生态文明理念与低碳城镇化的几点思考 [J] . 环境保护，2014，42 (22)：38-40.

[12] 廖富洲，廖原 . 城镇化进程中的“城市病”现象及其治理——以河南为例 [J] . 长春市委党校学报，2013 (5)：50-57.

[13] 徐传谌，秦海林 . 城市经济可持续发展研究：“城市病”的经济学分析 [J] . 税务与经济，2007 (2)：1-5.

[14] 王桂新 . “大城市病”的破解良方 [J] . 人民论坛，2010 (32)：16-18.

[15] 覃剑 . 我国“城市病”问题研究：源起、现状与展望 [J] . 现代城市研究，2012 (5)：58-64.

[16] 中国市长协会 .2001—2002 中国城市发展报告 [M] . 北京：西苑出版社，2003.

[17] IUD 中国政务舆情监测中心 . 北京打响治理“城市病”攻坚战 [J] . 领导决策信息，2014 (5)：8-9.

[18] 董宪军 . 生态城市论 [M] . 北京：中国社会科学出版社，2002.

[19] [英] Peter Hall. 明日之城 [M] . 童明，译 . 上海：同济大学出版社，2009.

[20] 国家统计局 . 中国统计年鉴 2020 [EB/OL] . [2020-09-20] . http：//www.stats.gov.cn/tjsj/ndsj/2020/indexch.htm.

[21] 庄贵阳，谢海生. 破解资源环境约束的城镇化转型路径研究 [J]. 中国地质大学学报（社会科学版），2015（2）：1-10.
[22] 英国 BP 石油公司 .BP 世界能源统计年鉴 2016 [EB/OL]. [2016-07-07]. http：//www.bp.com/zh_cn/china/reports-and-publications/bp_2016.html.
[23] 中国社会科学院世界经济与政治研究所. 世界能源中国展望（2013—2014）[M]. 北京：社会科学文献出版社，2013.
[24] 孔令仙. 我国新型城镇化建设中土地利用存在的问题及解决对策 [J]. 渤海大学学报，2015（1）：69-73.
[25] 陈桂龙，李伟. 京津冀发展报告：承载力测度与对策 [J]. 中国建设信息，2013（7）：42-47.
[26] 叶匡政. 比雾霾危害更大的地下水污染 [EB/OL]. [2016-06-03]. http：//www.h2o-china.com/news/241259.html.
[27] 环境保护部，国土资源部. 全国土壤污染状况调查公报 [EB/OL]. [2014-04-17]. http：//www.cenews.com.cn/sylm/jsxw/201404/t20140418_772973.htm.
[28] 赖德胜 .2015 中国劳动力市场发展报告 [M]. 北京：北京师范大学出版社，2015.
[29] 麦肯锡全球研究院. 迎接中国十亿城市大军 [EB/OL].2009. www.mckinsey.com/mgi/reports/pdfs/china_urban_billion/China_urban_billion_full_report.pdf.
[30] 刘治彦. 城市现代化不是“造成运动”[N]. 人民日报，2016-05-15（5）.
[31] 我国土地浪费惊人，开发区低效利用 [EB/OL]. [2014-06-29]. http：//finance.cnr.cn/txcj/201406/t20140629_515749309.shtml.
[32] 胡凌艳，林怀艺. 习近平关于人类生态命运共同体重要论述探析 [J]. 科学社会主义，2019（6）：80-86.
[33] 潘家华. 生态文明的新型城镇化，关键在科学规划 [J]. 环境保护，2014，42（7）：15-18.
[34] 2015 中央城镇化工作会议公报 [EB/OL]. [2015-12-23] .http：//www.gdupi.com/Common/news_detail/article_id/246.html.

第10章

生态文明城市的试点建设及推进

XINSHIDAI
SHENGTAI WENMING
CONGSHU

2008年，环境保护部印发的《关于推进生态文明建设的指导意见》（环发〔2008〕126号）成为国家部委层面的首个生态文明建设指导意见。此后，原国家海洋局、水利部、原国家林业局也陆续出台了部门生态文明建设意见或规划。2013年，国家发展改革委会同财政部、国土资源部、水利部、农业部、国家林业局联合印发了《国家生态文明先行示范区建设方案（试行）》（发改环资〔2013〕2420号）。

2015年4月，《中共中央　国务院关于加快推进生态文明建设的意见》正式发布，成为国家生态文明建设的纲领性文件，并于同年9月出台了《生态文明体制改革总体方案》，旨在加快建立系统完整的生态文明制度体系，加快推进生态文明建设，增强生态文明体制改革的系统性、整体性、协同性。

习近平总书记在党的十九大报告中指出，我国生态文明建设成效显著，生态文明制度体系加快形成，需要牢固树立社会主义生态文明观，加强对生态文明建设的总体设计和组织领导[1]。

10.1 国家生态文明先行示范区建设指标、特征和试点

2013年12月2日，根据《国务院关于加快发展节能环保产业的意见》（国发〔2013〕30号）中关于在全国范围内选择有代表性的100个地区开展国家生态文明先行示范区建设、探索符合我国国情的生态文明建设模式的要求[2]，国家发展改革委联合财政部、国土资源部、水利部、农业部、国家林业局制定了《国家生态文明先行示范区建设方案（试行）》。

10.1.1　总体要求

把生态文明建设放在突出的战略地位，按照“五位一体”总布局要求，推动生态文明建设与经济、政治、文化、社会建设紧密结合、高度融合，以推动绿色、循环、低碳发展为基本途径，以体制机制创新激发内生动力，以培育弘扬生态文化提供有力支撑，结合自身定位推进新型工业化、新型城市化和农业现代化，调

整优化空间布局，全面促进资源节约，加大自然生态系统和环境保护力度，加快建立系统完整的生态文明制度体系，形成节约资源和保护环境的空间格局、产业结构、生产方式、生活方式，提高发展的质量和效益，使生态文明建设水平明显提升。

10.1.2 主要目标

通过5年左右的努力，先行示范地区基本形成符合主体功能定位的开发格局，资源循环利用体系初步建立，节能减排和碳强度指标下降幅度超过上级政府下达的约束性指标，资源产出率、单位建设用地生产总值、万元工业增加值用水量、农业灌溉水有效利用系数、城镇（乡）生活污水处理率、生活垃圾无害化处理率等处于全国或本省（市）前列，城镇供水水源地全面达标，森林、草原、湖泊、湿地等面积逐步增加、质量逐步提高，水土流失和沙化、荒漠化、石漠化土地面积明显减少，耕地质量稳步提高，物种得到有效保护，覆盖全社会的生态文化体系基本建立，绿色生活方式普遍推行，最严格的耕地保护制度、水资源管理制度、环境保护制度得到有效落实，生态文明制度建设取得重大突破，形成可复制、可推广的生态文明建设典型模式。

10.1.3 主要任务

1. 科学谋划空间开发格局

加快实施主体功能区战略，严格按照主体功能定位发展，合理控制开发强度，调整优化空间结构，进一步明确市县功能区的布局，构建科学合理的城市化格局、农业发展格局、生态安全格局。科学划定生态红线，推进国土综合整治，加强国土空间开发管控和土地用途管制。将生态文明理念融入城市化的各方面和全过程，分类引导不同主体功能区的城市化进程，走以人为本、集约高效、绿色低碳的新型城市化道路。

2. 调整优化产业结构

进一步明确产业发展的方向和重点，加快发展现代服务业、高技术产业和节能环保等战略性新兴产业，改造提升优势产业，做好化解产能过剩工作，大力淘汰落后产能。调整优化能源结构，控制煤炭消费总量，因地制宜地加快发展水能、核能、风能、太阳能、生物质能等非化石能源，提高可再生能源比重。严格落实项目节能评估审查、环境影响评价、用地预审、水资源论证和水土保持方案审查等制度。

3. 着力推动绿色循环低碳发展

以节能减排、循环经济、清洁生产、生态环保、应对气候变化等为抓手，设置科学合理的控制指标，大幅降低能耗、碳排放、地耗和水耗强度，控制能源消费总量、碳排放总量和主要污染物排放总量，严守耕地、水资源以及林草、湿地、河湖等生态红线，大力发展绿色低碳技术，优化改造存量，科学谋划增量，切实推动绿色发展、循环发展、低碳发展，加快转变发展方式，提高发展的质量和效益。

4. 节约集约利用资源

加强生产、流通、消费全过程的资源节约，推动资源利用方式的根本转变。在工业、建筑、交通运输、公共机构等领域全面加强节能管理，大幅提高能源利用效率。推进土地节约集约利用，推动废弃土地的复垦利用。实行最严格的水资源管理制度，落实水资源开发利用控制、用水效率控制、水功能区限制纳污三条红线，加快节水改造，大力推动农业高效节水，建设节水型社会。加快建设布局合理、集约高效、生态优良的绿色矿山。大力发展循环经济，推动园区循环化改造，开发利用“城市矿产”，发展再制造，做好大宗固体废物、餐厨废弃物、农村生产生活废弃物、秸秆和粪污等的资源化利用，构建覆盖全社会的资源循环利用体系。

5. 加大生态系统和环境保护力度

实施重大生态修复工程，推进荒漠化、沙化、石漠化、水土流失等的综合治理。加强自然生态系统保护，扩大森林、草原、湖泊、湿地面积，保护生物多样性，增强生态产品的生产能力。以解决大气、水、土壤等污染问题为重点，加强污染综合防治，实现污染物减排由总量控制向环境质量改善转变。控制农业面源污染，开展农村环境综合整治，加强耕地质量建设。加强防灾减灾体系建设，提高适应气候变化的能力。

6. 建立生态文化体系

倡导尊重自然、顺应自然、保护自然的生态文明理念，培育社会主流价值观。加强生态文明科普宣传、公共教育和专业培训，做好生态文化与地区传统文化的有机结合。倡导绿色消费，推动生活方式和消费模式加快向简约适度、绿色低碳、文明健康的方式转变。

7. 创新体制机制

把资源消耗、环境损害、生态效益等体现生态文明建设的指标纳入地区经济社会发展综合评价体系，大幅增加考核权重，建立领导干部任期生态文明建设问责制和终身追究制。率先探索编制自然资源资产负债表，实行领导干部自然资源资产环境责任离任审计。树立底线思维，实行最严格的资源开发节约利用和生态环境保护制度。积极探索自然资源资产产权和用途管制，能源、水、土地节约集约利用，资源环境承载力监测预警，生态环境损害赔偿，生态补偿，生态服务价值评价，分类差异化考核等制度建设，以及节能量、碳排放权、水权、排污权交易和环境污染第三方治理等市场化机制建设，力争取得重要突破。

8. 加强基础能力建设

强化生态文明建设的统筹协调，形成工作合力，加强统计、监测、标准、执法等基础能力建设。

申报国家生态文明先行示范区的地区，可结合自身的资源环境特点和生态文明建设基础，调整和增加体现地方特色的发展任务，作为建设生态文明先行示范区的努力方向。

2014年7月和2015年12月，我国先后开展了两批生态文明先行示范区建设，明确了各示范区建设地区及制度创新重点（表10-1、表10-2）。

表10-1　第一批生态文明先行示范区建设地区及制度创新重点

序号	地区名称	制度创新重点
1	北京市密云县（现为密云区）	● 探索建立自然资源资产产权和用途管制制度； ● 探索建立体现生态文明要求的领导干部评价考核体系； ● 探索推行环境信息公开制度
2	北京市延庆县（现为延庆区）	● 探索编制自然资源资产负债表； ● 完善污染物排放许可制度和企事业单位污染物排放总量控制制度； ● 探索环保法庭审判制度
3	天津市武清区	● 探索建立领导干部自然资源资产离任审计制度； ● 发展节能环保市场，推行排污权、碳排放权等交易制度，以及环境污染第三方治理制度； ● 探索开展最严格的水资源管理制度、入河污染物总量控制指标分解及考核制度
4	河北省承德市	● 探索编制自然资源资产负债表； ● 探索建立国家公园体制； ● 探索健全自然资源资产用途管制制度
5	河北省张家口市	● 探索建立领导干部自然资源资产离任审计制度； ● 探索资源环境承载力监测预警制度； ● 探索建立生态补偿机制
6	山西省芮城县	● 探索建立水资源产权制度和用途管制制度； ● 探索完善环境信息公开制度
7	山西省娄烦县	● 探索建立体现生态文明要求的领导干部评价考核体系； ● 探索建立生态补偿机制
8	内蒙古自治区鄂尔多斯市	● 探索健全自然资源资产产权管理和监管制度； ● 探索推行水权交易制度； ● 探索资源环境承载力监测预警制度
9	内蒙古自治区巴彦淖尔市	● 探索健全自然资源产权与用途管制制度； ● 健全现代生态农业发展中的能源、水、土地集约节约使用制度

续表

序号	地区名称	制度创新重点
10	辽宁省辽河流域	●探索建立流域内区域联动机制； ●探索建立流域内生态补偿机制
11	辽宁省抚顺市大伙房水源保护区	●探索建立自然资源资产产权和用途管制制度； ●探索重大项目生态影响预评估制度
12	吉林省延边朝鲜族自治州	●实行资源有偿使用制度，探索推行排污权交易制度； ●探索建立生态环境损害责任终身追究制度； ●探索流域内区域联动机制
13	吉林省四平市	●探索深化落实主体功能区制度； ●探索差别化的生态文明评价考核制度
14	黑龙江省伊春市	●探索建立国家公园体制； ●探索健全国有林区经营管理体制
15	黑龙江省五常市	●探索健全农村土地资源的资产产权制度、管理体制和监管体制
16	上海市闵行区	●探索健全能源、水、土地资源集约节约利用制度； ●探索建立资源环境承载力监测预警机制，重点探索建立在一线城市科学管控人口规模的机制体制
17	上海市崇明县（现为崇明区）	●探索自然资源资产产权和用途管制制度； ●探索建立生态环境损害责任终身追究制度
18	江苏省镇江市	●发展节能环保市场，推行碳排放权、排污权、水权交易制度； ●建立资源环境承载力监测预警机制
19	江苏省淮河流域重点地区	●探索实行生态补偿机制； ●探索流域、区域联动机制
20	浙江省杭州市	●发展节能环保市场，推行排污权交易、环境污染第三方治理等制度； ●探索建立资源环境承载力监测预警机制

续表

序号	地区名称	制度创新重点
21	浙江省湖州市	●探索建立生态文明建设考核评价制度； ●探索编制自然资源资产负债表； ●探索建立自然资源资产产权制度
22	浙江省丽水市	●探索建立体现生态文明要求的领导干部评价考核体系； ●探索健全自然资源产权、资产管理和监管体制
23	安徽省巢湖流域	●探索完善最严格的水资源管理制度； ●完善巢湖流域综合治理体制机制体系； ●创新区域联动机制
24	安徽省黄山市	●探索建立培育发展生态文化的机制体制； ●探索建立国家公园体制； ●探索健全国有林区经营管理体制
25	福建省	●健全评价考核体系； ●完善资源环境保护与管理制度； ●建立健全资源有偿使用和生态补偿制度
26	江西省	●探索建立生态补偿机制； ●探索完善主体功能区制度； ●探索建立体现生态文明要求的领导干部评价考核体系； ●完善河湖管理与保护制度
27	山东省临沂市	●探索建立体现生态文明要求的领导干部评价考核体系； ●实行资源有偿使用制度和生态补偿机制
28	山东省淄博市	●探索建立资源环境承载力监测预警机制； ●完善环保公安联动机制； ●健全生态环境损害终身追究制
29	河南省郑州市	●探索推行碳排放权交易制度； ●探索编制自然资产负债表； ●落实并完善最严格的水资源管理制度
30	河南省南阳市	●探索建立生态补偿机制； ●探索建立国家公园体制； ●探索创新区域协调机制

续表

序号	地区名称	制度创新重点
31	湖北省十堰市（含神农架林区）	●探索建立生态补偿机制； ●探索建立国家公园体制； ●探索创新区域协调机制
32	湖北省宜昌市	●探索实行资源有偿使用制度； ●探索建立流域综合治理的政策机制
33	湖南省湘江源头区域	●探索实行资源有偿使用和生态补偿机制； ●创新区域联动机制； ●探索建立源头区域承接产业转移的负面清单制度和动态退出机制
34	湖南省武陵山片区	●探索健全自然资源资产产权和用途管制制度； ●探索建立体现生态文明要求的领导干部评价考核体系； ●创新区域联动机制
35	广东省梅州市	●探索建立推动生态文化融入客家文化的政策机制； ●探索编制自然资源资产负债表； ●建立体现生态文明要求的干部考核体系
36	广东省韶关市	●探索健全自然资源资产产权制度； ●探索推行碳排放权交易制度
37	广西壮族自治区玉林市	●探索建立生态补偿机制； ●探索建立自然资源资产产权和用途管制制度； ●探索划定生态保护红线
38	广西壮族自治区富川瑶族自治县	●探索建立自然资源资产产权和用途管制制度； ●探索建立县域各类资源生态用地保护红线制度
39	海南省万宁市	●探索陆海统筹的生态系统保护修复机制； ●探索建立公众参与制度； ●探索建立生态环境损害责任终身追究制度
40	海南省琼海市	●探索建立生态补偿机制； ●探索建立生态环境损害责任终身追究制度

续表

序号	地区名称	制度创新重点
41	重庆市渝东南武陵山区	● 实行自然资源有偿使用制度和生态补偿机制； ● 探索完善公众参与监督机制
42	重庆市渝东北三峡库区	● 完善河湖岸线等自然资源管理制度； ● 探索创建三峡库区国家公园体制
43	四川省成都市	● 探索推行排污权交易、碳排放权交易、节能量交易制度； ● 探索跨区域生态保护与环境治理联动机制
44	四川省雅安市	● 探索建立资源环境承载力监测预警机制； ● 结合灾后重建，探索建立体现生态文明要求的领导干部评价考核体系
45	贵州省	● 探索生态文明建设绩效考核评价制度； ● 探索建立自然资源资产产权管理和用途管制； ● 探索建立自然资源资产领导干部离任审计制度、生态环境损害责任终身追究制度； ● 健全完善生态补偿机制
46	云南省	● 探索自然资源资产产权和用途管制制度； ● 探索资源环境生态红线管控制度； ● 探索完善生态补偿机制； ● 探索建立领导干部评价考核和责任追究制度； ● 探索河湖水域岸线管控制度
47	西藏自治区山南地区	● 探索独立进行环境监管和行政执法； ● 完善污染物排放许可制和企事业单位污染物排放总量控制制度
48	西藏自治区林芝地区	● 探索建立生态环境损害赔偿责任终身追究制度； ● 完善污染物排放许可制和企事业单位污染物排放总量控制制度
49	陕西省西咸新区	● 探索建立资源环境承载力监测预警机制； ● 探索非物质文化遗产与生态文化协同发展的政策体制； ● 探索开展最严格的水资源管理制度用水总量、用水效率的计量、监管、预警及考核制度

续表

序号	地区名称	制度创新重点
50	陕西省延安市	●探索划定生态红线； ●探索编制自然资源资产负债表，实行自然资源离任审计制度
51	甘肃省甘南藏族自治州	●探索建立生态环境损害赔偿责任终身追究制度
52	甘肃省定西市	●探索建立领导干部自然资源资产离任审计制度； ●实行自然资源产权制度和用途管制制度； ●探索推行水权交易、环境污染第三方治理制度
53	青海省	●落实主体功能区制度； ●健全自然资源资产产权制度； ●探索完善生态补偿机制； ●完善资源有偿使用制度； ●探索国家公园体制； ●探索建立体现生态文明要求的领导干部评价考核机制
54	宁夏回族自治区银川市永宁县	●探索实行自然资源用途管制制度； ●探索对领导干部实行自然资源资产离任审计制度
55	宁夏回族自治区吴忠市利通区	●探索建立体现生态文明要求的领导干部评价考核体系； ●完善污染物排放许可制和企事业单位污染物排放总量控制制度； ●探索开展最严格的水资源管理制度入河污染物总量控制指标分解及考核制度
56	新疆维吾尔自治区昌吉州玛纳斯县	●探索建立自然资源资产产权制度、管理体制和监管体制； ●完善污染物排放许可制和企事业单位污染物排放总量控制制度； ●探索建立体现生态文明要求的领导干部评价考核体系； ●探索开展最严格的水资源管理制度用水总量、用水效率的计量、监管、预警及考核制度
57	新疆维吾尔自治区伊犁州特克斯县	●探索建立体现生态文明要求的领导干部评价考核体系； ●实行最严格的自然资源管理制度； ●探索建立生态环境损害责任终身追究制度

表10-2 第二批生态文明先行示范区建设地区及制度创新重点

序号	地区名称	制度创新重点
1	北京市怀柔区	●强化跨区域协同发展的制度与机制； ●探索建立生态红线制度和资源环境承载力监测预警机制； ●推进空间性规划“多规合一”
2	天津市静海区	●构建循环型社会相关制度，探索京津冀“城市矿产”协同发展的有效模式与机制； ●创新地方水环境管理与土壤修复的政策和制度； ●探索“多规合一”的制度安排
3	河北省秦皇岛市	●探索编制自然资源资产负债表； ●探索海陆统筹、低碳经济相关制度； ●探索建立体现生态文明建设要求的领导干部政绩考核评价制度
4	京津冀协同共建地区［北京市平谷区、天津市蓟县（现为蓟州区）、河北省廊坊市北三县］	●创新区域联动机制，探索京津冀生态文明制度建设协同模式； ●设立绿色发展基金，探索跨区域生态保护补偿机制； ●建立生态红线管控制度
5	山西省朔州市平鲁区	●把矿产资源开采、土地复垦与矿山生态系统修复同步规划、同步推进，作为建立矿区生态系统修复机制创新的重点； ●在合法合规、保障耕地红线的前提下，把开展农村土地流转、探索农村宅基地自愿有偿退出机制作为农村宅基地市场化制度的创新点
6	山西省孝义市	●探索矿业城市废弃地利用的融资机制及土地高效利用制度； ●探索煤炭枯竭型城市产业绿色转型升级机制； ●探索城镇低效用地（塌陷治理区、矿山土地复垦区）整治与利用机制

续表

序号	地区名称	制度创新重点
7	内蒙古自治区包头市	●完善资源性产品价格形成机制，推进资源税改革，建立矿山恢复治理保证金制度； ●建立空间规划体系，探索“多规合一”； ●探索编制自然资源资产负债表，建立环境损害责任追究制度
8	内蒙古自治区乌海市	●建立完善体现生态文明建设要求的领导干部政绩考核、责任追究制度； ●探索编制自然资源资产负债表，建立绿色GDP核算体系
9	辽宁省大连市	●探索将城市环境保护规划纳入“多规合一”； ●建立生产者责任延伸制度； ●建立生态文明统计制度，编制自然资源资产负债表； ●建立陆海统筹的生态保护补偿制度
10	辽宁省本溪满族自治县	●建立水源涵养区上下游生态保护补偿制度； ●建立严格的环境准入制度； ●建立生态环境资产核算与资源环境承载力监测预警制度
11	吉林省吉林市	●探索建立流域生态保护补偿机制； ●提出产业转型升级体制机制创新思路； ●探索建立生态环境事件预警防控机制
12	吉林省白城市	●探索建立区域生态保护补偿机制； ●探索建立资源环境承载力监测预警机制； ●探索建立体现生态文明建设要求的领导干部考核评价制度
13	黑龙江省牡丹江市	●探索建立自然资源资产产权和用途管制制度； ●探索建立生态文明建设对外合作机制； ●探索建立绿色城镇化综合管理制度； ●建立完善生态文明建设市场化机制

续表

序号	地区名称	制度创新重点
14	黑龙江省齐齐哈尔市	● 细化落实主体功能区划； ● 探索建立自然资源资产产权和用途管制制度； ● 探索建立体现生态文明建设要求的领导干部考核评价、责任追究制度
15	上海市青浦区	● 创新太湖流域跨界水环境管理机制； ● 探索建立横向生态补偿机制； ● 建立再生资源和垃圾分类回收的一体化机制
16	江苏省南京市	● 探索通过地方立法促进生态文明制度体系建设； ● 建立和完善生态补偿机制； ● 探索生态文明建设市场化机制
17	江苏省南通市	● 建立完善体现生态文明建设要求的评价、考核、审计和责任追究制度； ● 探索建立自然资源资产产权和用途管制制度； ● 探索建立横向生态保护补偿机制； ● 探索“多规合一”制度
18	浙江省宁波市	● 探索建立生态文明统计体系，完善体现生态文明建设要求的领导干部政绩考核制度； ● 建立生态环境事件预测预警机制； ● 在自然资源用途管制中，从操作层面加强岸线保护和滨海湿地保护
19	安徽省宣城市	● 探索建立自然资源资产产权和用途管制制度； ● 探索建立跨省域的横向生态补偿机制； ● 探索建立跨地区的产业合作机制
20	安徽省蚌埠市	● 探索建立自然资源资产产权和用途管制制度； ● 探索建立淮河流域水污染联防联控和横向生态补偿机制； ● 探索建立生态文明建设市场化机制； ● 探索形成秸秆综合利用的“蚌埠模式”

续表

序号	地区名称	制度创新重点
21	山东省济南市	● 探索通过地方立法促进生态文明制度体系建设； ● 探索建立自然资源资产产权和用途管制制度； ● 建立完善生态保护补偿机制； ● 探索建立“多规合一”的空间规划体系
22	山东省青岛市红岛经济区	● 探索建立“多规合一”的空间规划体系； ● 探索建立生态红线管控与监测预警机制； ● 探索建立横向生态补偿机制
23	河南省许昌市	● 建立完善体现生态文明建设要求的考核评价、责任追究制度； ● 探索建立资源环境生态红线管控制度及资源环境承载力监测预警机制； ● 建立完善秸秆、建筑垃圾综合利用及城市矿产回收利用的“许昌模式”
24	河南省濮阳市	● 细化落实主体功能区制度； ● 探索建立油地协同发展的生态保护补偿机制； ● 探索建立温室气体排放统计核算及碳捕捉、碳排放交易等制度机制
25	湖北省黄石市	● 完善矿业权市场制度设计； ● 建立完善体现生态文明建设要求的考核评价、责任追究制度； ● 建立资源环境综合监管机制
26	湖北省荆州市	● 推进资源环境管理体制创新； ● 提出湿地保护制度的实施细则； ● 完善秸秆综合利用和禁烧制度
27	湖南省衡阳市	● 建立污染防治协同监管机制； ● 建立生态文化建设与历史名城保护协同推进制度
28	湖南省宁乡县（现为宁乡市）	● 推动将资源环境指标纳入领导干部政绩考核体系； ● 探索通过制度建设激励和约束规模化养殖与污染治理

续表

序号	地区名称	制度创新重点
29	广东省东莞市	●探索“多规合一”的实施机制； ●完善生态红线管控的相关制度； ●探索生态文明建设市场化机制
30	广东省深圳市东部湾区（盐田区、大鹏新区）	●探索建立GEP（生态系统生产总值）核算体系； ●建设生态文明法治体系； ●建立资源环境承载力监测预警机制； ●建立生态文明建设社会行动体系
31	广西壮族自治区桂林市	●建立生态文明指标体系与考核制度； ●探索建立生态保护的融资机制； ●探索建立生态保护补偿机制
32	广西壮族自治区南宁市马山县	●建立荒漠化综合治理管理制度； ●建立促进生态产业化发展的激励制度
33	海南省儋州市	●创新“多规合一”规划、审批、管理、实施的体制机制； ●探索建立自然生态空间用途管制制度； ●建立领导干部生态环境损害责任终身追究制度
34	重庆市大娄山生态屏障（重庆片区）	●提出自然资源资产产权确权的操作办法； ●建立资金、土地指标等与主体功能区分区管控的激励约束机制； ●建立矿山生态修复的补偿制度
35	四川省川西北地区	●建立禁止开发区域保护制度； ●建立完善生态文明建设信息共享制度
36	四川省嘉陵江流域	●建立流域水资源综合管理制度； ●建立生态屏障建设与保护制度； ●建立流域生态文明建设协调机制

续表

序号	地区名称	制度创新重点
37	西藏自治区日喀则市	●科学划定资源、环境、生态红线，探索建立资源环境承载力监测预警机制； ●探索编制自然资源资产负债表，实行领导干部自然资源资产和环境责任离任审计； ●探索建立雅鲁藏布江源头和中游地区的生态保护补偿机制
38	陕西省西安市浐灞生态区	●构建空间规划体系，推动“多规合一”； ●创新开发区生态文明建设综合管理制度
39	陕西省神木县（现为神木市）	●建立体现生态文明建设要求的领导干部政绩考核制度； ●建立自然资源资产产权和用途管制制度； ●探索建立区域横向生态补偿制度
40	甘肃省兰州市	●深入探索资源有偿使用制度和生态保护补偿机制； ●创新领导干部环境责任离任审计制度
41	甘肃省酒泉市	●建立湿地（包括河滩地）产权确认制度； ●推动碳交易与碳资产管理体制机制创新； ●建立资源环境承载力监测预警机制
42	宁夏回族自治区石嘴山市	●探索建立公众参与制度，发挥听证会制度在生态文明建设中的作用； ●建立领导干部自然资源资产与环境责任离任审计制度
43	新疆维吾尔自治区昭苏县	●建立体现生态文明建设要求的领导干部政绩考核、责任追究制度； ●探索建立最严格的森林、草场、湿地等生态保护与修复机制
44	新疆维吾尔自治区哈巴河县	●建立最严格的产业准入制度； ●建立针对不同主体功能定位的领导干部政绩考核制度
45	新疆生产建设兵团第一师阿拉尔市	●建立最严格的水资源管理制度； ●建立针对不同主体功能定位的领导干部政绩考核制度； ●探索通过建立科技创新机制，促进退化土地治理、节水农业发展和工业用水循环利用

10.2 生态环境部关于生态文明建设的政策措施

10.2.1 开展全国生态示范区建设试点

1995年8月，国家环保局发布了《关于开展全国生态示范区建设试点工作的通知》（环然〔1995〕494号）和《全国生态示范区建设规划纲要（1996—2050年）》，可以说是生态文明建设试点的雏形。

1. 生态示范区的含义

《关于开展全国生态示范区建设试点工作的通知》认为，生态示范区是以生态学和生态经济学为指导，经济、社会和环境保护协调发展，经济效益、社会效益和环境效益相统一，以行政单元为界线的区域。建设生态示范区要在当地政府的领导下，把区域生态建设（包括生物多样性保护，乡镇企业和农药、化肥的污染防治，海洋环境保护，自然资源的合理开发利用及保护，生态农业发展，生态破坏的恢复治理等）与当地的社会经济发展和城乡建设有机地结合起来，统一规划，综合建设。建设生态示范区是实施可持续发展战略的必要途径，是落实环境保护基本国策的重要保证，是环境保护部门参与综合决策的可靠机制，对保护和改善我国的环境具有现实意义和深远影响。[3]

2. 全国生态示范区的建设规划

《全国生态示范区建设规划纲要（1996—2050年）》提出的战略目标是通过全国生态示范区建设，树立一批区域生态建设与社会经济发展相协调的典型，2000年以后，通过在全国广大地区的推广普及，使生态环境质量和人民生活水平得到较大程度的改善，逐步实现资源的永续利用和社会经济的可持续发展。

为使生态示范区建设规划与我国国民经济和社会发展规划、全国生态环境建设规划纲要相协调，全国生态示范区建设将分成三个阶段进行。第一阶段：近期（1996—2000年），试点建设阶段，在全国建立生态示范区50个。第二阶段：中期（2001—2010年），重点推广阶段，在全国选取300个区域进行重点推广，建成各种类型、各具特色的生态示范区350个。第三阶段：远期（2011—2050年），普遍推广阶段，在全国广大地区推广生态示范区建设，使示范区的总面积达到国土面积的50%左右。

表10-3给出了全国生态示范区建设的具体任务。

表10-3 全国生态示范区建设的具体任务

<table>
<tr><th>类型</th><th colspan="4">任务</th></tr>
<tr><td rowspan="6">重点建设</td><td rowspan="6">区域生态建设</td><td rowspan="5">单项建设</td><td>生态农业示范区建设</td><td>在已有户、村、乡生态农业建设的基础上，扩大到整个县域层面，进而发展到包括农、林、牧、副、渔在内的生态经济县的建设</td></tr>
<tr><td>乡镇合理规划布局示范区建设</td><td>为促进乡镇工业健康发展、防治乡镇工业环境污染，组织开展乡镇规划和建设、乡镇工业小区建设和乡镇工业污染防治示范工程建设，通过集中发展促进集中治理</td></tr>
<tr><td>生态旅游示范区建设</td><td>以合理开发旅游资源、有效防止生态破坏和旅游污染为主要内容，通过风景旅游区的发展建设，促进当地生态建设和社会经济的发展，使该区域成为环境优美、舒适、安全的风景旅游区</td></tr>
<tr><td>生态城市示范区建设</td><td>为改善城镇生态环境和人民生活环境，组织开展城镇园林、绿化、草坪和自然、人文、生态景观的建设及污染防治，开展资源和能源的有效合理利用</td></tr>
<tr><td>农工贸一体化示范区建设</td><td>建立合理的产业结构，以农产品为主要原料，以工业深加工、形成物质循环利用系统、减少污染物排放实现工农业生产的一体化，并由此带动区域工业、农业、城镇建设和生态良性循环发展</td></tr>
<tr><td>综合建设</td><td colspan="2">开展城乡生态环境综合建设，按生态学原理和生态经济规律，把生态经济县建设、乡镇规划建设、生态旅游区建设、生态城市建设、自然保护区建设等各项任务有机结合起来，实现整个区域经济社会与环境保护的全面发展</td></tr>
</table>

类型	任务		
		矿区生态破坏恢复治理示范区建设	在矿区污染治理和土地复垦的基础上开展生态景观建设，发展生态经济，保护生物多样性，实现区域自然资源开发与生态建设协调发展
		农村环境综合整治示范区建设	对农业污染、工业污染、农村生态破坏的综合整治和生态建设
	生态破坏恢复治理示范建设	湿地资源合理开发利用与保护示范区建设	以重要湿地及其生物多样性保护和重要湿地的恢复建设为主要内容，建立平原湿地保护示范区、高原湿地保护示范区、湖泊湿地保护示范区、海滨湿地保护示范区和西北内陆湿地保护示范区等，实现湿地保护与区域经济的可持续发展
		土地退化综合整治示范区建设	以水土流失、土地沙化、草场退化、土壤盐渍化的综合治理和脱贫致富为主要内容，在一些主要流域、农牧交错区、水源地建立生态建设示范区
	经济发达地区	采取高起点的方式，以区域的综合建设为主，形成工业、农业生产和城镇发展建设的生态良性循环系统，建立与小康社会相适应的生态示范区，并借鉴发达国家的先进模式，建立具有我国特色的反映新世纪发展方向的生态示范区	
分区建设	经济欠发达地区	从生态建设促进经济发展的角度出发，分阶段开展建设：第一阶段重点开展单项建设，同时结合有机食品的开发，开展有机食品基地建设，加强生态农业实用技术推广和适用模式试验，使各单项建设达到初级优化组合；第二阶段实现农、林、牧、渔等产品加工和城乡工业无污染及资源能源合理利用，使生态示范区建设规划大部分得到实施、各行业生产基本达到优化组合；第三阶段使生态示范区建设规划全部得到实施，社会经济发展与城乡建设整体达到生态良性循环	
	资源富集和重点开采区	开展资源开发生态破坏恢复治理示范区的建设，推广生态破坏恢复治理实用技术，推动生态破坏恢复治理走上产业化道路；通过实行生态环境补偿费制度，建立生态破坏恢复治理专项基金，在取得一定经验后逐步把示范区建设成为资源合理开发利用与区域经济持续发展的生态示范区	

3. 全国生态示范区的创建

自2000年以来，我国先后命名了7批国家级生态示范区，合计创建了528个全国生态示范区。通过生态示范区建设，一些试点地区积极调整产业结构，寄环境保护于经济社会发展之中，发展适应市场经济的生态产业，探索建立了多样化的现代生态经济模式，取得了良好的经济、社会和环境效益，推动了环境保护基本国策的贯彻落实，初步实现了经济、社会、生态的良性循环和协调发展。

10.2.2 推进生态文明建设

2008年12月，环境保护部发布了《关于推进生态文明建设的指导意见》，提出了推进生态文明建设的基本要求。生态文明建设是一项复杂、长期的系统工程，在内容上具有全面性，时间上具有长期性，过程上具有渐进性和阶段性，成果上具有多样性。建设生态文明必须大力发展生态经济，强化生态文明建设的产业支撑体系；必须加强生态环境保护和建设，构建生态文明建设的环境安全体系；必须促进人与自然和谐，倡导生态文明的生活方式；要广泛宣传发动，建立生态文明的道德文化体系；要健全长效机制，完善生态文明建设的保障措施。要科学规划，分类指导，因地制宜、有计划、有步骤、有重点地推进；要动员全社会力量广泛参与，使生态文明建设成为全社会的共同行动。在推进生态文明建设工作中，要注重实效，不搞形式主义；要量力而行，不盲目攀比；要积极推进，不搞指标摊派；要突出特色，不强求一律；要引导扶持，不包办代替；要试点引路，不一哄而上。具体措施见表10-4。

10.2.3 创建生态文明建设示范区

2013年，环境保护部组织开展了生态文明建设示范区创建工作，实际上是对之前开展的生态省、市、县、乡镇、村、生态工业园区这类生态建设示范区的更名，同时印发了《国家生态文明建设试点示范区指标（试行）》（环发〔2013〕58号）。在此基础上，2016年1月，环境保护部又印发了《国家生态文明建设示范区管理规程（试行）》《国家生态文明建设示范县、市指标（试行）》（环生态〔2016〕4号）。表10-5、表10-6给出了国家生态文明建设示范市、县指标。

表10-4　推进生态文明建设的具体措施

严格环境准入，建立生态文明的产业支撑体系	●加强环境分类管理； ●严格环境准入； ●加快推进循环经济； ●大力开展资源节约和综合利用
加强生态环境保护和建设，构建生态文明的环境安全体系	●加强自然生态环境保护； ●强化污染防治与节能减排； ●加强农村环境保护； ●严格资源开发的环境监管
广泛宣传发动，建立生态文明的道德文化体系	●建立生态文明的道德规范； ●推广可持续的消费模式； ●强化生态文明宣传教育
健全长效机制，完善生态文明建设的保障措施	●加强推进生态文明建设的组织领导； ●完善生态文明建设的体制机制； ●完善生态文明的法律法规； ●制定生态文明建设的政策标准； ●推广生态文明建设试点示范

表10-5　国家生态文明建设示范市指标

领域	任务	序号	指标名称	单位	指标值	指标属性
生态空间	空间格局优化	1	生态保护红线	—	划定并遵守	约束性指标
		2	耕地红线	—	遵守	约束性指标
		3	受保护地区占国土面积比例 ●山区 ●丘陵地区 ●平原地区	%	 ≥33 ≥22 ≥16	约束性指标
		4	规划环评执行率	%	100	约束性指标

领域	任务	序号	指标名称	单位	指标值	指标属性
生态经济	资源节约与清洁生产	5	单位地区生产总值能耗	tce/万元	≤0.70 且能源消耗总量不超过控制目标值	约束性指标
		6	单位地区生产总值用水量 ● 东部地区 ● 中部地区 ● 西部地区	m^3/万元	用水总量不超过控制目标值 ≤50 ≤70 ≤80	约束性指标
		7	单位工业用地工业增加值 ● 东部地区 ● 中部地区 ● 西部地区	万元/亩	≥85 ≥70 ≥55	参考性指标
		8	应当实施强制性清洁生产企业通过审核的比例	%	100	参考性指标
生态环境	环境质量改善	9	环境空气质量 ● 质量改善目标 ● 优良天数比例 ● 严重污染天数	— % —	不降低且达到考核要求 ≥85 基本消除	约束性指标
		10	地表水环境质量 ● 质量改善目标 ● 水质达到或优于Ⅲ类比例 - 山区 - 丘陵区 - 平原区 ● 劣Ⅴ类水体	— % —	不降低且达到考核要求 ≥85 ≥75 ≥70 基本消除	约束性指标
		11	土壤环境质量 ● 质量改善目标	—	不降低且达到考核要求	约束性指标
		12	主要污染物总量减排	—	达到考核要求	约束性指标

续表

领域	任务	序号	指标名称	单位	指标值	指标属性
生态环境	生态系统保护	13	生态环境状况指数（EI）	—	≥55且不降低	约束性指标
		14	森林覆盖率 ● 山区 ● 丘陵区 ● 平原地区 ● 高寒区或草原区林草覆盖率	%	 ≥60 ≥40 ≥18 ≥70	参考性指标
		15	生物物种资源保护 ● 重点保护物种受到严格保护 ● 外来物种入侵	 — —	 执行 不明显	参考性指标
	环境风险防范	16	危险废物安全处置率	%	100	约束性指标
		17	污染场地环境监管体系	—	建立	参考性指标
		18	重、特大突发环境事件	—	未发生	约束性指标
生态生活	人居环境改善	19	集中式饮用水水源地水质优良比例	%	100	约束性指标
		20	城镇污水处理率	%	≥95	约束性指标
		21	城镇生活垃圾无害化处理率 ● 东部地区 ● 中部地区 ● 西部地区	%	 ≥95 ≥90 ≥85	约束性指标
		22	城镇人均公园绿地面积	m^3/人	≥13	参考性指标

续表

领域	任务	序号	指标名称	单位	指标值	指标属性
生态生活	生活方式绿色化	23	城镇新建绿色建筑比例 ● 东部地区 ● 中部地区 ● 西部地区	%	 ≥50 ≥40 ≥30	参考性指标
		24	公众绿色出行率	%	≥50	参考性指标
		25	节能、节水器具普及率 ● 东部地区 ● 中部地区 ● 西部地区	%	 ≥80 ≥70 ≥60	参考性指标
		26	政府绿色采购比例	%	≥80	参考性指标
生态制度	制度与保障机制完善	27	生态文明建设规划	—	制定实施	约束性指标
		28	生态文明建设工作占党政实绩考核的比例	%	≥20	约束性指标
		29	生态环境损害责任追究制度	—	建立	参考性指标
		30	固定源排污许可证覆盖率	%	100	约束性指标
		31	国家生态文明建设示范县占比	%	≥80	约束性指标
生态文化	观念意识普及	32	党政领导干部参加生态文明培训的人数比例	%	100	参考性指标
		33	公众对生态文明知识知晓度	%	≥80	参考性指标
		34	环境信息公开率	%	≥80	参考性指标
		35	公众对生态文明建设的满意度	%	≥80	参考性指标

表10-6 国家生态文明建设示范县指标

领域	任务	序号	指标名称	单位	指标值	指标属性
生态空间	空间格局优化	1	生态保护红线	—	划定并遵守	约束性指标
		2	耕地红线	—	遵守	约束性指标
		3	受保护地区占国土面积比例 ● 山区 ● 丘陵地区 ● 平原地区	%	≥33 ≥22 ≥16	约束性指标
		4	规划环评执行率	%	100	约束性指标
生态经济	资源节约利用	5	单位地区生产总值能耗	tce/万元	≤0.70 且能源消耗总量不超过控制目标值	约束性指标
		6	单位地区生产总值用水量 ● 东部地区 ● 中部地区 ● 西部地区	m^3/万元	用水总量不超过控制目标值 ≤50 ≤70 ≤80	约束性指标
		7	单位工业用地工业增加值 ● 东部地区 ● 中部地区 ● 西部地区	万元/亩	≥80 ≥65 ≥50	参考性指标
	产业循环发展	8	农业废弃物综合利用率 ● 秸秆综合利用率 ● 畜禽养殖场粪便综合利用率	%	≥95 ≥95	参考性指标

续表

领域	任务	序号	指标名称	单位	指标值	指标属性
生态经济	产业循环发展	9	一般工业固体废物处置利用率	%	≥90	参考性指标
		10	有机、绿色、无公害农产品种植面积的比重	%	≥50	参考性指标
生态环境	环境质量改善	11	环境空气质量 ● 质量改善目标 ● 优良天数比例 ● 严重污染天数	 — % —	不降低且达到考核要求 ≥85 基本消除	约束性指标
		12	地表水环境质量 ● 质量改善目标 ● 水质达到或优于Ⅲ类比例 - 山区 - 丘陵区 - 平原区 ● 劣Ⅴ类水体	 — % —	不降低且达到考核要求 ≥85 ≥75 ≥70 基本消除	约束性指标
		13	土壤环境质量 ● 质量改善目标	—	不降低且达到考核要求	约束性指标
		14	主要污染物总量减排	—	达到考核要求	约束性指标
		15	生态环境状况指数（EI）	—	≥55且不降低	约束性指标
	生态系统保护	16	森林覆盖率 ● 山区 ● 丘陵区 ● 平原地区 ● 高寒区或草原区林草覆盖率	%	 ≥60 ≥40 ≥18 ≥70	参考性指标

续表

领域	任务	序号	指标名称	单位	指标值	指标属性
生态环境	生态系统保护	17	生物物种资源保护 ● 重点保护物种受到严格保护 ● 外来物种入侵	— —	执行 不明显	参考性指标
	环境风险防范	18	危险废物安全处置率	%	100	约束性指标
		19	污染场地环境监管体系	—	建立	参考性指标
		20	重、特大突发环境事件	—	未发生	约束性指标
生态生活	人居环境改善	21	村镇饮用水卫生合格率	%	100	约束性指标
		22	城镇污水处理率 ● 县级市、区 ● 县	%	≥95 ≥85	约束性指标
		23	城镇生活垃圾无害化处理率 ● 东部地区 ● 中部地区 ● 西部地区	%	≥95 ≥90 ≥85	约束性指标
		24	农村卫生厕所普及率	%	≥95	参考性指标
		25	村庄环境综合整治率 ● 东部地区 ● 中部地区 ● 西部地区	%	≥80 ≥65 ≥55	约束性指标
		26	城镇新建绿色建筑比例 ● 东部地区 ● 中部地区 ● 西部地区	%	≥50 ≥40 ≥30	参考性指标

续表

领域	任务	序号	指标名称	单位	指标值	指标属性
生态生活	人居环境改善	27	公众绿色出行率	%	≥50	参考性指标
		28	节能、节水器具普及率 ● 东部地区 ● 中部地区 ● 西部地区	%	 ≥80 ≥70 ≥60	参考性指标
		29	政府绿色采购比例	%	≥80	参考性指标
生态制度	制度与保障机制完善	30	生态文明建设规划	—	制定实施	约束性指标
		31	生态文明建设工作占党政实绩考核的比例	%	≥20	约束性指标
		32	自然资源资产负债表	–	编制	参考性指标
		33	固定源排污许可证覆盖率	%	100	约束性指标
		34	国家生态文明建设示范乡镇占比	%	≥80	约束性指标
生态文化	观念意识普及	35	党政领导干部参加生态文明培训的人数比例	%	100	参考性指标
		36	公众对生态文明知识知晓度	%	≥80	参考性指标
生态文化	观念意识普及	37	环境信息公开率	%	≥80	参考性指标
		38	公众对生态文明建设的满意度	%	≥80	参考性指标

10.3 生态文明城市创新建设展望

党的十八大以来，生态文明城市建设取得了显著成绩，促进了城市的可持续健康发展，成为落实“创新、协调、绿色、开放、共享”新发展理念、实现“两个一百年”奋斗目标的重要组成部分。截至2017年6月，全国662个城市（包括4个直辖市、293个地级市、365个县级市）中，尚未有哪个城市真正建成了生态文明城市，生态文明城市的建设只有进行时，没有完成时，因此促进生态文明城市创新建设成为新时期城市发展的重要选择和必由之路。

10.3.1 创新发展理念，坚持绿色低碳循环发展

生态文明城市创新建设强调毫不动摇地实施可持续发展战略，坚持绿色低碳循环发展，坚持节约资源和保护环境的基本国策。具体而言，需要坚定不移地推进绿色发展，谋求更佳的质量效益，坚持绿水青山就是金山银山、保护环境就是保护生产力、改善环境就是发展生产力的理念，根据城市的主体功能定位，因地制宜地确立城市生态文明建设的自然评价指标与特色指标，学习借鉴先进城市案例经验，实施分类考核评价。

10.3.2 转变发展模式，提升经济发展质量

生态文明城市建设考核人均GDP，城乡居民收入比例，三次产业增加值比例，战略性新兴产业增加值占GDP的比重，农产品中无公害、绿色、有机农产品种植面积比例等经济发展指标，需要以生态文明建设为契机，找准深挖产业定位，推进供给侧结构性改革，通过优化要素配置和调整产业结构提高供给体系的质量和效率，激发市场活力，促进协调发展。长期以来主要依靠资源、资本、劳动力等要素投入支撑经济增长和规模扩张的方式已不可持续，发展正面临着动力转换、方式转变、结构调整的繁重任务，生态文明城市创新建设是城市未来发展的迫切要求和必由之路。

10.3.3 完善法律制度保障体系，促进体制机制创新

建立健全城市生态文明建设的地方性法规，包括制定和完善生态建设与环境保护等地方性法规，涵盖森林、草原、湿地、自然岸线、水功能区等各个领域，建立完善环境容量评价制度；加大对城市生态经济建设、生态环境保护以及循环经济发展方面的政策扶持力度；促进城市生态文明体制机制建设，提升生态文明建设占党政绩效考核的比重，加大资源节约和生态环保的投入、研发占财政支出的比例，培育健康积极的城市生态文化理念，推进生态文明建设立法，加强对城市生态文明建设的监督管理。

参考文献

[1] 决胜全面建成小康社会　夺取新时代中国特色社会主义伟大胜利——在中国共产党第十九次全国代表大会上的报告[EB/OL].(2017-10-18)[2017-10-27]. http://www.gov.cn/zhuanti/2017-10/27/content_5234876.htm.

[2] 国务院关于加快发展节能环保产业的意见[EB/OL].[2013-08-11]. http://www.gov.cn/zwgk/2013-08/11/content_2464241.htm.

[3] 关于开展全国生态示范区建设试点工作的通知[EB/OL].[1995-08-12]. https://wenku.baidu.com/view/28e18fa3da38376baf1faef5.html.

| 政策篇 |

城市生态文明建设制度创新

第11章

城市生态文明建设的体制机制

XINSHIDAI SHENGTAI WENMING CONGSHU

生态文明是在经历工业文明之后，面对逐渐严峻的环境问题，人们通过对自身经济—社会—自然环境的重新思考而萌生出的新的文明形式。

20世纪70年代，在斯德哥尔摩召开的联合国人类环境会议就已经敲响了环境问题的警钟。到了八九十年代，国内外学者开始对当代工业文明进行反思，提出了生态文明建设的理念[1]。但在实践中，无论是我国还是世界各国，生态文明建设都是一个摸索性的过程，缺少成熟、成功的可借鉴经验。这就要求我们从政治、经济到社会，从规划编制到建设管理，从精神、认识到具体实施，在方方面面做出改变，摒弃旧的思维、习惯和方法，实现突破和创新。

当今世界，城市作为人口和经济的主要聚集体，集中体现了工业文明的繁荣，也集中反映出工业文明带来的生态危机和其中根植的基本矛盾，因此生态文明建设的迫切性也更为深刻地体现在城市中。对于聚集了大量人口和经济体的城市而言，生态文明建设在整个区域中起着至关重要的作用。因此，在生态文明建设中需要着力发挥城市建设的关键和重要作用，使其成为生态文明建设的主动力和引擎。以下分别从城市生态文明建设所面临的主要问题、城市规划原则、制度管理约束机制、经济激励机制、社会导向机制5个方面对城市生态文明建设的机制创新展开论述（图11-1）。

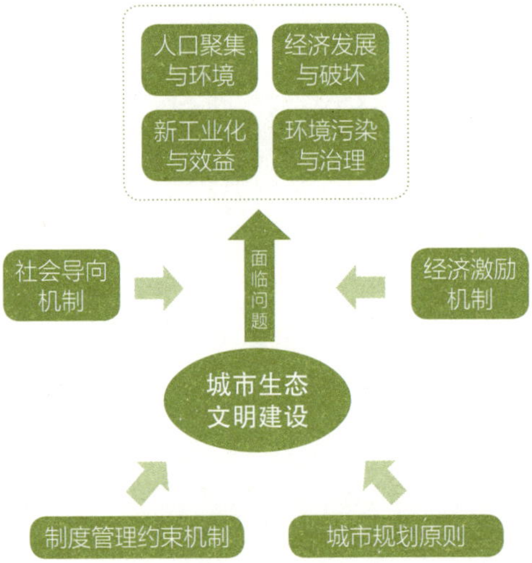

图11-1　城市生态文明建设面临的问题与建设机制创新

11.1 主要问题及理念转变

漫长的农业文明和工业文明都侧重于生产力的提高和对物质生活的改善，但工业文明所带来的生产力的巨大发展和快速的城市化，也带来了一系列资源破坏、环境污染的严重问题，使人们逐渐认识到生态环境保护的重要性。虽然生态文明建设将是一个漫长的过程，但首先需要我们直面当前经济中存在的主要问题，改变以往的生产、消费方式，从思想认识上发生根本性转变。

11.1.1 人口聚集与环境的矛盾

随着工业化和经济的发展，产业和人口快速向城市聚集。过快增长的人口及城市化进程是造成我国城市运转的环境负荷过重，水资源、空气资源等生态超载严重的一个重要原因。城市人口的无序、快速增长，不仅给城市的自然资源和环境带来了巨大的压力，也会反映在生活以及交通、教育、医疗、治安等社会服务上。而后者将再次作用于城市的自然环境。因此，如何缓解城市人口聚集与环境的矛盾是城市生态文明建设中的一个重要议题。

人口是城市要素聚集和扩散的集中体现。地区之间只要存在着经济、社会及环境上的差距，人们就会为了就业、收入及更为舒适的生活而发生空间移动。城市是区位、经济、社会要素和环境优化配置的集合，对产业和人口聚集具有强大的吸引力。今后随着经济和社会的发展，人口的自由流动将会进一步增强，因此简单的行政控制实质上等于对人口规模增长的放任自流。这就要求我们不仅要科学地预测人口，更要与城市体系建设相结合，科学地引导城市人口，缓解由于快速城市化带来的经济、社会、环境的不协调问题。只有促进结构优化、分布合理、人口素质全面提升的人口均衡发展，充分发挥人口增长带来的正面效益，才能从根本上改善城市人口聚集与环境之间的矛盾。

11.1.2 经济发展与资源短缺、环境保护的矛盾

在过去的思维中，经济发展与环境保护是一对矛盾。政府和企业往往偏重经济

发展指标，而弱化环境指标，甚至不惜以环境破坏和资源枯竭为代价发展经济。而现在的人们已经越来越深刻地认识到与一时的经济放缓或短暂的经济危机相比，生态危机是长期的、永久的，甚至是毁灭的。因此，生态效益是更加长远的经济效益，传统的大量生产、大量消费、粗放排放的工业生产模式必将被以绿色、低碳、循环、智能为体现的生态发展所替代。

由自然资源、生命系统和生态环境组成的自然资本，是一个国家或地区资本的重要内容[2]。我们必须从根本上确立“保护生态环境就是保护生产力，改善生态环境就是发展生产力”[3]的理念，统筹考虑当前利益和长远战略，正确处理好经济发展与资源节约、环境保护的关系。这不仅要改善经济建设对环境和生态造成的破坏，还要进一步加强环境和生态建设，使其成为经济发展的支撑力[4]。

经济增长不应仅重视数量，更应注重质量，不断提高资源再生和循环利用的水平，要以生产方式的转变为突破口，在环境承载力的范围内发展经济，建立一种人与自然之间的动态、共存的文明。

11.1.3　新型工业化与效益的矛盾

随着经济发展、环境恶化，人们逐渐认识到以过度消耗资源、破坏环境为代价的粗放型增长模式不具有发展的可持续性，城市生态文明建设必须摒弃传统的工业发展模式，走向新型工业化之路。虽然当前的新型工业化与传统工业化相比确实具有见效慢、周期长的特点，甚至还需要较高的前期投入，但随着政策调整、技术革新，以绿色低碳循环发展为代表的新型工业化不仅可以产生生态效益，还会产生良好的社会效益和经济效益。新型工业化既是我们实现资源节约和环境保护的重要途径，也是生态经济建设的主动力和引擎。它是一种以低消耗、低污染获得高产出的生产模式，并进一步通过绿色低碳循环技术的发展应用，创造出新的商机和更多的就业机会，从而在根本上解决我国发展过程中经济增长与资源、环境之间的尖锐冲突。

新型工业化的发展在于制度和技术创新，而政府对新型工业化发展的认识和决心会直接影响其发展进程，因此在新型工业化发展中政府应发挥主要作用，积极主动地设计一系列科学的具有激励和推动作用的政策及监督、管理机制。不断开发新的能源、产品和生产技术，不断提高生产过程中能源、资源的使用效率和再循环利用率，是实现新型工业化的前提和保障。

11.1.4　污染与治理的矛盾

长期以来，先发展后治理或先污染再治理的观点一直是很多部门和企业的潜在共识。而新型工业化不再是以破坏环境为代价的经济发展，而是一种“以发展高新技术为基础，开发和建立包括环境工程技术、废物资源化技术、清洁生产技术等在内的‘绿色技术’体系”[4]，并尽可能地把污染排放和环境损害消除在生产过程之中。

从具体措施来看，可以将节能减排与环境预警、污染治理等措施相结合来发展绿色、低碳和循环经济。节能减排是对生产过程中的污染进行动态治理的一个过程，只有工业、农业及服务业等各个产业均有效进行清洁生产，才可能从源头上减少污染物的排放；环境预警是分区域并覆盖全国的密集网络系统，通过对污染物的预先规划和监控统筹污染物与环境之间的平衡；污染治理则侧重于对已形成污染的后期静态治理。

从以上这些主要矛盾可以看出，城市生态文明建设需要运用战略思维、制定政策规划、确立基本原则，并以相应的法律法规和管理制度作为生态文明建设的硬性约束和保障，再辅以市场经济激励和社会道德导向建设。这一过程既需要“自上而下”的顶层设计，也需要“自下而上”人人参与的社会氛围。

11.2 城市规划原则

11.2.1　科学评估、顶层设计、强制执行

生态文明理念本身源于现行经济发展模式与生态环境之间的深刻矛盾，因此生态文明建设势必会与诸多现行思维、习惯、利益相驳。这就需要从战略层面分级、逐层开展顶层设计，并委以立法保障，提高强制执行能力，从源头化解问题和矛

盾，以减少政府行为的盲目性，降低生态文明建设成本。

外部物理环境是制约城市发展的一个重要因素，而我国的城市发展对环境承载力的评估及规划严重不足，既没有依据水、土地等物理环境资源制定相应的城市发展规划，公共设施等城市内部环境建设也远远跟不上城市化的速度，而城市空间结构规划的不合理也造成了交通拥堵以及要素流动费用增高等一系列问题。这就要求我们一定要改变以往重经济、轻环境的发展思路，科学地评估环境承载力，并在其基础上科学规划城市发展。

但同为城市，既有超（特）大城市，又有数量众多的大、中、小城市，不同人口规模的城市所面临的问题和问题的尖锐程度各不相同。而相同能级、处于不同区域的城市，其定位与作用也不尽相同。超（特）大城市直面的问题是如何改变当前功能与人口过度聚集的症结，大城市所面临的是功能疏解与健康发展之间的矛盾，而中小城市面对的则是进一步发展自身特色、增强区域凝聚力的问题。这些问题的解决需要分层、逐级进行顶层设计，并与地方具体情况相结合，还要考虑地方、公众及各利益相关单位参与的积极性，这样才能实现具有科学性的可实施的顶层设计。

11.2.2 循序渐进、发挥特色、动态共存

前文提到的科学评估、顶层设计、强制执行要建立在符合当地发展阶段，符合循序渐进、人与自然动态共存的生态文明思想的前提下。

规划和建设中既不能“千城一面”，也不能“过度生态”，超越当地发展阶段，追求所谓的“一步到位”，如不结合城市特色而追求单一的绿地率指标、大草坪、大广场，粗暴地以舶来品代替乡土树种，拦河筑坝、河道渠化、引水入城等。这些“伪生态行为”不仅生态效果不佳，还可能会对生态产生破坏。

由于城市特色、发展方向及发展阶段不同，每个城市所面临的生态问题也不尽相同，所具有的优势也各不相同。这就要求通过科学研讨设计出生态文明建设中不同类别城市的参考指标，并建立应对不同发展阶段的规划方案。不能因为追求统一性的单一指标而再次破坏生态，也不能因为追求一次到位的“过度生态”而造成

浪费。

对自然生态要素的尊重是城市生态文明建设中最基本的思想认识。不同的城市具有不同的地理区位、自然禀赋和产业结构，发挥城市特色既是对自然环境和资源的尊重，也是对千百年来人类智慧的尊崇。在传统的城市规划中，自然生态要素更多地被视为城市建设的限制和约束条件[1]，而在城市生态文明规划中则要更多地发挥地区、城市和区域的自然资源及环境特色，创建循序渐进、与自然动态共存、充分发挥自然特性的城市生态文明。

11.2.3 集约型城市建设与内部结构升级

城市是人口和经济的主要聚集体，也是污染物和温室气体排放的主要地区，城市生态文明建设是生态文明建设的主阵地，也是实现生态文明的主要路径。我国在现阶段应以城市为中心，引导工业转型和绿色发展，继而引领区域和全国整体的生态文明建设。

城市生态文明建设的关键是要处理好经济发展与资源节约、环境保护的关系，其具体操作是在城市内部坚持集约型发展思路。城市的人口过度拥挤、功能过度聚集和生态环境恶化等问题大多源于其发展过程中的规模失控。随着我国的人口增长和经济发展，可以预见城市的可持续发展与生态环境保护之间未来仍会存在尖锐的矛盾。

我国可耕种土地的稀缺性决定了我国城市化空间发展模式应采取集约型方式，而不是松散、粗放的方式。在以往的城市发展过程中，时常会出现由于行政区划调整（乡改镇、县改市）而人为扩大城市规模的现象，这种城市发展中单纯追求规模的误区不但浪费了大量宝贵的耕地，这种粗放、低效的方式也极有可能导致城市的无序、无度蔓延，对内外部环境都会造成严重影响。

此外，城市集约型发展也是对城市空间的优化和对城市内涵的进一步提升。我国目前大多数城市都形成了多中心态势，今后应依据科学评估进一步确定、发挥现有功能区的优势，并以道路和产业链接为支撑，进一步促进功能区内部以及功能区之间的要素流动，在城市中形成有机互补、生生不息的人流、物流循环[5]。这样才能真正降低企业要素的流动成本，提高居民的生活质量。

在城市内部，中心城区与郊区及各个功能区在发展目标、产业结构、基础设施及服务水平方面各不相同，与环境污染和自然环境的矛盾也千差万别。因为城市是人口和经济高度聚集的地区，所以在城市内部更要注重分区划、分阶段地制定目标与规划。对于不同分区，要建立具有可实施性的不同环保标准，对企业实行严格的差别准入制度，一方面，通过价值规律和市场规则对城市功能进行优化、调整，积极促进经济结构改造和产业升级；另一方面，通过加强差别化准入机制调动企业和居民双方的积极性，从而有效改善及保护城市环境。

11.2.4 城市、乡村生态文明共建

随着经济的发展，人口和经济向城市聚集已成为社会发展的必然趋势，但快速和过度聚集又必然会引发生态矛盾，尤其是我国人口众多、生态环境薄弱、经济发展还处于中低阶段，因而人与自然、城市与环境的问题尤为突出。生态文明建设是今后城市发展的主要目标和出路，也是城市落实科学发展观、转变经济发展方式的主要途径。除此之外，城市作为人口、经济的主要聚集地，其生态文明建设在整体区域中也起着至关重要的作用。但是在当前的城市建设规划中，仍存在割裂城市与乡村、分隔城市与区域联动发展的认识，认为城市没有必要兼顾乡村，或是城市、乡村可以独善其身。

一方面，城市是区域中的城市，是一个与其周边地区和其他城市密切相连的开放性系统。城市的发展离不开所在的区域，城市是区域的核心，区域是城市的基础，城市与其周边乡村共同构成城市体系中的一个节点。由于经济发展的流动性及互补性，又由于生态环境问题的区域性，城市的生态文明建设必须要与直属区域、城市体系及所属的大区域联系在一起。

另一方面，发展与环境保护之间的矛盾在农业领域和农村地区也依然突出，农业污染一直是水污染的一个重要因素，而随意开荒、过度开垦、粗放耕作均会对整个区域的土地和生态造成严重破坏。因此，依照生态规律重新设计、协调农业经济与生态关系的现代绿色农业是生态文明建设的另一块重要基石。将城市与乡村割

裂，彼此独善其身，各自建立自己的生态圈，显然不具有现实性和可操作性。现代农业需要由城市向农村输送先进的科学技术及污染监测理念，城市的生态文明建设则需要以农村作为更大的环境支撑和保障。城市生态文明建设要实现的是城市、乡村和区域整体的生态文明共建。

因此，首先，要有科学的评估和规划，要分别从全国和区域的角度做出规划方案，将城市生态文明建设与乡村、区域及城市体系建设结合起来；其次，要大力培育、促进区域内合理的城市体系的形成，并通过中心城市的辐射和扩散作用带动区域的整体发展，有效促进生产要素和人口在区域内的流动；最后，要以区域为范围建设资源、生态环境保护机制，以实施监控和管理。

11.3 制度管理约束机制

城市生态文明建设的制度管理约束机制主要分为两种：一是法律约束机制，主要包括建立明确的战略指引、相应的法律体系，加强责任约束、落实及惩罚力度，与区域结合建立风险管理机制，确认环境权，建设环保法庭等，是生态文明建设的硬性约束和支撑；二是行政管理制度，主要包括遵循以人为本、多元参与的原则，建立区域联动管理机制，实施合理的绩效评价制度，以智慧城市全面推动生态文明建设等，其不断完善和创新是生态文明建设得以顺利进行的保障。

11.3.1 法律约束机制

1. 生态文明法制建设中的挑战与对策

随着经济的发展，一方面人与社会、自然的矛盾在逐步得到解决，另一方面由工业文明带来的深层次矛盾的积累与对立也愈加明显。其中，随着经济、城市的快速发展，人类对大气、水、土壤和动植物的破坏越来越严重，并最终影响到人类自己的生存和发展。这就要求我们尽快建立科学、完备、具有可操作性和强制性的法律约束机制，以保护我们赖以生存的生态环境。

面对严峻的生态环境现状，在法律制度方面我们所面临的主要问题有法制建设缺乏战略指引和政策指导；环境资源立法理念滞后、母法缺失、体系凌乱、执行效果不佳；法律责任不清，监督失责，地方保护主义严重；只重视污染排放、环境质量等常规性环境管理，忽视了对环境风险的监督，难以应对重大突发事件；环境诉讼举证难、审判难，公众参与的动力机制不顺[6]。

近年来，我国环境资源立法逐步填补了空白，专项环境资源法律已达40多部，发布的环境保护标准有1 400余项，但由于现有立法缺乏顶层设计和整体协调，立法重复、立法冲突、量大质次、执行不佳等现象较为突出[6]。因此，需要在科学评估的基础上，以中共中央、国务院印发的《生态文明体制改革总体方案》为根基，尽快建立翔实的生态文明建设规划，使其成为未来生态法制定的指导纲领。具体措施如下：

一是生态法律体系的建设是在对生态系统充分了解的基础上，以恢复或维持生态系统为目标。因此，应站在生态系统和生态文明的高度，超越以往污染治理的旧思路，以全面的、一体的、逐层细化的、以防控为前提的新思维对现行立法体系进行“生态化”改造，构建适合我国国情的生态文明立法体系。

二是由于法律责任不清、经济利益至上，地方保护主义严重，环境违法随处可见。现行立法只重视对企业的管理和控制，而忽视了对政府的监督和约束，从而变相导致了部分地方政府对有经济效益的污染企业采取纵容不咎的态度。此外，在行政强制措施上存在欠缺、对环境违法处罚过轻也导致守法成本高、违法成本低的现象时有发生。因此，需进一步强化企业的违法责任，提高法律的权威性及威慑性，明确执法机关，避免部门之间的相互推诿；实施执法机关监督及问责制度；细化法规及条文的执行内容，做到具体实施时有法可依。除此之外，还应进一步完善环境信息公开制度，扩大环境信息公开范围，在媒体和报刊上及时发布环境指数、污染状况、前10位重大排污单位等重要环境信息，定期抽样调查市民对生态环境的满意程度，积极引导社会各界和公众对环境保护、生态文明建设的参与和监督。

三是面对重大环境事件的频频发生，应跳出“污染排放管理”的旧思路，建立“环境风险管理”意识，以不发生事故为目标，从简单的末端治理上升到全程监管和风险防控，改变一直以来“企业出事，政府处置，群众受害”的被动局面。其中，特别要加强执法机关的执法能力，及时制止问题，防止事件的进一步扩大。

四是由于近年来企业、个人盲目追求经济利益，政府监督和治理缺失，环境纠纷不断增加，而其中通过司法诉讼渠道得以解决的不足1%[6]。公众宁愿选择信访或举报投诉，也不愿意选择司法途径来解决环境纠纷的一个主要原因是，很难证明污染行为与所产生的损害之间的因果关系，环境诉讼常常遭遇举证难和审判难的艰难处境。工业文明的典型权利是工业产权，生态文明的典型权利应是环境权。因此，需要在法律层面确认环境权、知情权、参与权和诉讼权等相关权益，为公众参与环境保护提供合理有效的制度通道。

2. 生态文明法制建设的重点

一是以区域为单位，从区域整体到城市内部的功能分区逐层建立相应的监控指标体系，设置明确的警戒红线，防止出现人民健康受到严重威胁及生态环境出现不可逆破坏的情况，既要对资源和能源消耗设定上限，也要对生态环境质量设置底线。

二是将个体排放浓度控制与区域整体控制相结合。从区域整体出发，通过科学评估、配置和对区域排放总量的控制，最大程度地调动企业的积极性，降低对整体环境和生态的破坏。在具体实施中，还要将严格的法律法规与产业结构调整、空间结构优化相结合，进一步发挥城市在生态文明建设中的积极作用。

三是通过立法将节能减排与环境质量改善相结合，让公众真实感受到政府环境治理和生态保护的决心。其中，尤其应严格执行专款专用，如与汽油、道路相关的税费应用于交通改善及空气治理。这样一方面可以增加专项治理的力度，另一方面也可以让公众感受到自身的参与作用，并享受阶段性改进的成果。

四是在城市中应尽快开展并严格实施垃圾分类。垃圾分类的实施既可以在相当程度上缓解庞大的城市垃圾处理压力，也是循环经济中的重要一环。它的难处在于需要每一个人的参与，但也正是这样，在其普及的过程中才能加强人们对生态危机的认识，成为培养个人生态行为的一个重要契机。因此，作为普及生态意识的一项重要内容，相关法律应尽快制定并颁布实施细则。

五是成立环境保护审判庭和环境保护法庭。自贵阳市成立中级人民法院环境保护审判庭和清镇市人民法院环境保护法庭以来，有数据显示，环境保护相关案件的受理和审结都有了大幅度的提升，有效降低了环保维权的法律成本，极大地提升了公众、企业的环保意识[7]。因此，可以此重要样本为参考，以区域为单位建立环境保护审判庭，从而加大区域环境、生态保护的执法能力及可操作性。

六是通过奖励环境公益诉讼，设立生态文明公益专线，开通相关职能部门的专用微博、专属网站，实时接受市民对环境污染事件的投诉和举报，对确实影响生态环境的有效公益诉讼行为给予一定额度的奖励，倡导全社会加入生态文明监督，使生态文明建设公开化、大众化。

11.3.2 行政管理制度

城市生态文明建设是一个循序渐进、功能逐步完成的系统发育过程。在这样一个过程中，需要不断对系统的管理制度进行改革和创新。

1. 以人为本、多元参与

长期以来，我国城市在发展中往往重视生产发展、轻视生活质量。很多城市存在交通拥堵以及空气、水和土壤严重污染的现象，公共资源供给不足，宜居水平不断下降。

城市是人类文明的体现和标志，是区域的经济、政治中心，但同时城市更是人们社会生活的中心。因此，城市生态文明建设应在尊重环境和经济规律的同时，体现以人为本、公平共享的原则。这需要进一步公平地分配公共资源及服务资源，扩大社会保障范围，使建设和发展成果惠及全体居民。

在城市管理中，不同的社会团体有着不同的服务目标和预期，仅靠政府自身力量很难得到满足。随着社会发展的多元化，应给企业、社会民间团体及公众更大的发展空间，鼓励和引导其多元参与、共同分担、互相监督，如进一步完善公众参与生态文明建设的政策与法律；建立公众与社团参与的奖励制度，包括奖励基金、模范评选等形式，以加强公众和社会组织的监督、建议等作用。同时，还要引导公众采取以生态理念为导向的生活方式与消费行为，将生态文明建设落实到生产生活中，并实现政府、公民与社会团体在生态文明建设问题上的交流与协同。

2. 区域联动管理机制

生态环境破坏与保护的一个重要特点是不以行政区划为范围，具有自然扩散、渗透等区域特性。因此，如何建立区域联防、整体监控、联合执法或异地交叉执法及信息共享和公开制度，成为生态文明建设中的一项重要课题。

在区域联动管理机制中，政府仍然是主导，其难点在于如何突破现有的行政区划，在区域管理层面形成生态保护的合力，其中一个突破口是覆盖整个区域的基础设施和服务设施建设。

我国城市的基础设施落后与服务设施滞后一直是城市建设中的阻碍，不仅制约了城市经济与生产力的发展，而且使城市居民的生活质量难以提高（如交通堵塞、环境污染、公共资源紧缺等）。然而，现行的基础设施建设往往局限在地方政府的行政区内，重城市、轻乡村；重城区、轻郊区，不能在各行政区划之间形成联动。这不仅导致生产要素流动成本的增加，也成为制约城市生态文明建设的一个因素。因此，可以以区域基础设施和服务设施建设为突破口，加强地方政府间的合作，进而促进区域管理、服务、信息化建设的联动机制，成为逐步推进生态文明建设的机制保障。例如，进一步完善区域环境在线监测系统，建立统一的数据信息平台，对数据进行储存与分析；加大对源头污染的控制力度，促进上、中、下游的区域联合防控；明确污染事故的责任主体，设立区域污染治理基金，重点解决在区域协同治理过程中的问责和补偿困难等问题。

3. 合理的绩效评价制度

城市生态文明建设虽然需要社会和公众的广泛参与，但是无论从规划、法制建设层面，还是管理层面，政府主导仍是生态文明建设中最重要的力量。

在现行法律和管理制度中，政府权力与责任之间存在不明确、不清晰、不匹配的严重问题，尤其是在环境治理上，部门之间互相推诿是造成环境和生态污染与防治方面政府监督和管理职责严重缺位的重要原因。同时，由于现行法律重企业义务、轻政府责任，只规定了环境及个别部门的职责，尤其是对主要领导没有绩效考核，也没有追责制度，常常造成各部门之间互相推诿、无人负责的状况[8]。

因此，今后应进一步明确、落实责任部门及负责人的权力和责任范围，加强政府及其职能部门违法或不当决策的法律责任，并将绿色考核纳入干部考核之中。目前，应率先开展环境污染、生态损失及环境保护效益的计量方法和技术研究工作，并开展核算试点[4]。在此基础上，还应建立政府和相关部门及责任人的绩效考核制度和责任追究制度。生态污染的治理和防治是一项浩大的系统工程，既需要各级政府部门都担起应负的职责，又需要不同部门之间相互协调，以生态文明绩效促进体制改革，增强对生态建设的政策支持。

4. 智慧城市

智慧化是工业化、电气化和信息化后又一次新的科学技术革命。智慧城市建设将是城市发展的趋势，更是城市生态文明建设的实现路径和重要标志[9]。

智慧城市的核心是“感知化”“互联化”“智能化”，即通过应用新一代信息技术，如物联网、云计算及覆盖面越来越广的社交网络，实现全面的感知、互联及智能融合，从而进一步支撑起以创新为特征的可持续发展。在城市建设中，智慧城市可以充分利用信息和通信技术对城市运营的关键信息进行监测、分析及整合，在此基础上对包括民生、服务、环保、安全在内的各种需求做出及时、智能的反应，为实现更美好的城市生活提供技术支撑。

由于在数据收集、处理、应用方面拥有强大及优越的实时性和准确性，再加上秉持绿色发展理念，智慧城市已成为解决城市严峻生态问题、引领城市发展的新思路。

在继电子政务、城市信息化之后，智慧城市进一步通过对城市经济社会、地理系统、生态环境的数字化和网络化管理，将先进的信息技术与城市的生产、生活及自然环境监控结合起来，并通过政府、企业、公众构成的交互共享平台，为城市治理、运营和服务提供更为高效灵活、安全绿色的方式。智慧城市在生态文明建设中具有以下突出特点：

一是突破了传统社会组织专业化程度低的局限，打破了传统社会组织单位功能自足的局限，使分工更加精细、专业化程度提高，从而为政府决策、企业生产和市民生活的选择提供了更大的空间。

二是具有更全面、更灵活的互联互通和整合能力。首先，智慧技术的应用可以即时、精确和动态地监测及管理城市生产、生活中的能源消耗和污染排放，加强对节能减排的促进和监督，使资源和环境得到更有效的保护。同时，智慧和信息技术的应用也带来了生产、生活网络的变革，使社会形态由封闭转向开放，从而提升了城市管理中公众的参与性和积极性，也对政府的决策和管理提出了更加科学化和人性化的要求，推动城市决策方式从线性思维迈入系统性思维，使管理体制从刻板分裂转向经济、社会与自然的统筹。

三是有力推进了人工智能、物联网及低碳、节能、循环技术的应用，有效提升了传统产业的科技含量，优化了资源配置，积极促进了资源的集约利用和经济的可持续发展。

四是由于"互联网""物联网""社交网络"的普及，城市和乡村可以更加紧密地联系在一起。超越空间限制可以使民生需求更有效、更直接地反映出来，并通过打造绿色、数字、无缝连接的生态智慧城市，使消费者可以方便地开展远程生活、办公、教育、医疗服务，在绿色、生态的前提下使人们的需求得到最大的满足。

11.4 经济激励机制

资源的高效利用、环境友好的新产业转型及社会主流习惯的形成，既需要制度管理的强制性约束，也需要有效的经济制度激励和社会全体的道德导向，这三者缺一不可且互为支撑。

经济激励是通过经济手段调解经济发展与生态保护之间矛盾的一种方法。只有与行政调控相结合，才能最大限度地发挥其激励作用。

11.4.1 经济导向与行政调控相结合

市场经济中，企业（个人）在生产过程中为了追求利润（效益）最大化，常常忽略了外部不经济带来的影响，这也是导致环境和生态恶化的主要原因。因此，城市生态文明建设既需要法律、政府的强力约束，也需要与行政调控相结合的经济激励机制。经济激励机制一方面可以覆盖法律法规不能监控的生产过程及个人行动，另一方面可以增强清洁绿色生产和环境保护的主动性，与强制性手段相比，经济激励机制的成本低而效率高。就目前的实际情况而言，无论是在观念中还是在实践中，政府、企业和个人往往更重视经济效益，而忽视了资源节约和环境保护，且在性能与价格上可再生能源和原料也往往不具备优势，控制污染物排放则通常意味着投资和成本的增加，这也导致企业（个人）缺乏发展绿色、低碳、循环经济（行为）的意识和动力。因此，生态文明观的培育需要在政府的主导下逐渐形成。只有在合理的行政调控的指导下，符合市场规律的经济激励机制才可以起到事半功倍的作用，从而有序引导绿色、低碳、循环的新型工业化发展。例如，在政府引导下多渠道筹措设立生态文明建设项目基金，加强对再生资源的利用并提高资源利用的集约化、规模化和产业化水平，以充足的专项资金来支持发展生态经济；在部分地区投资建设高标准的循环利用产业园区，鼓励专业企业入园集聚发展，促进行业上下游企业的无缝对接，保证整条产业链有效利用环境友好的再生资源。

结合行政调控的经济激励机制还体现在对环境保护的直接投入上。基于当前工业化的发展特点，经济的增长必然会对环境和生态造成破坏，因此只有成比例地增加国家和地区对环境保护的投入，才能有效地控制由经济增长直接带来的环境污染。我国由于在生态建设方面的欠账较多，更加迫切地需要增加环境保护投入，以使环境得到显著改善。

由政府主导的环保投资，一方面可以直接用于环保设施、监控设施的兴建，直接加大环保力度；另一方面也可以通过投资环保技术研发，为企业的新型工业化转型提供技术支持，还可以对基础设施和交通系统进行低碳改造，普及生态文明教育，从侧面为企业降低要素流动成本，为经济激励机制提供支撑。

11.4.2　生态补偿机制

生态补偿机制也可以说是一种政府主导的投资机制，但与政府一般仅限于该辖区的生态投资不同，生态补偿机制是一种跨越辖区的生态投资。生态补偿机制是将环境和生态资源价值化、市场化，通过经济行为协调各方的利益关系，促进社会的公平发展。

生态补偿是在科学评估的前提下，以经济学的方法来解决环境问题的一种尝试。生态补偿，一方面通过对损害生态环境的行为进行收费，增加该行为的成本，鼓励损害生态的企业或个人减少该行为及其带来的外部不经济性，从而实现保护生态环境的目标；另一方面对保护生态环境的行为进行经济补偿，鼓励该行为带来的外部经济性，从正反两面共同达到保护生态的目的。

生态补偿是一种建立于不同区域、不同主体之间的经济补偿机制，即“A保护（损害）、B补偿（收费）”，通过经济手段缓解不同地区间因环境资源禀赋、生态系统定位所导致的发展不平衡问题，确保生态环境建设得以持续。

生态补偿在我国已施行了近20年，相关制度逐渐趋于完善，在促进区域环境公平及生态保护方面起到了重要作用。但由于以往补偿范围、时间和力度的局限性，“先破坏，后补偿”的后发机制及简单输血型的经济补偿，经常无法使生态损害得到治理和修复，且被补偿的地区往往认识不到生态补偿的生态投资效益，甚至因为过度依赖补偿而导致“补偿性致贫”[10]。

今后随着人们对生活质量需求的提升，以及生态环境经济价值的提高，生态补偿机制所带来的生态投资效益及示范效益会越来越明显，让人们越来越认识到生态即是资本，从而提升、带动整体区域的生态发展。

生态补偿可以通过直接补偿（项目支持、财政转移支付）与间接补偿（征收基金、开征税种）相结合的形式，从国家、区域、产业三个层面建立稳定的管理机制并保证有固定的资金来落实，从而在全社会形成保护生态的强大合力。今后可考虑进一步补充完善生态补偿政策、提高生态补偿标准、丰富生态补偿方式，如研究安排对城市污水处理厂污泥处理处置的专项补偿费用，探索生活垃圾分类收集处理流程体系的财政资金补助机制，制定农村秸秆回收利用补偿政策、清洁能源替代使用补偿政策、生态林建设中失地农民的生态补偿政策、船舶临港岸电的电价补偿政策及对海水淡化企业的直购电扶持政策等[11]。

11.4.3 经济激励手段

经济激励机制是通过制度设计使生态环境成本内部化，通过激励手段调和发展与环境对立的一种方法，从而将生态保护行为由被动变为主动，激励人们从事生态保护投资并使生态资本得以增值。在实际运用中，主要有以下几种方式。

金融手段：由政府担保，由金融机构向符合生态要求的企业提供一定的贷款优惠，如购买环保设备、修建环保设施的贷款优惠等。这种贷款优惠方式如果固定成为一种制度，会有效促进企业生态文明观的培育。

税收手段：一方面，以税收促进企业的绿色改革，对节能、低碳、环保以及循环产业加大优惠力度，鼓励企业转向生态经济；同时，设置各类污染物单位排放量征税标准，开展环境税的征收，落实“污染者付费”原则，加大污染企业的生产成本，促进企业的绿色转型。另一方面，进一步提高稀缺资源的资源税，与价格政策结合在一起建立反映市场供求和资源稀缺程度的价格体系，如差别化电价、水价，进一步实现体现生态价值和生态补偿体系的价值认知，促进生态环境成本的内部化。

财政手段：政府利用财政贴息、价格补贴、亏损补贴等方式对开展生态经济的企业给予补贴和优惠，引导企业积极主动地发展生态经济。

排污权交易：是对环境资源使用权的一种交易，即在确定区域污染物排放总量的前提下，通过内部污染者之间的交易调节各自的排污量，使排污权成为一种生产要素，从而加强企业为自身利益而提高污染治理的积极性，进而达到减少排污总量和保护环境的目的。

政府优先采购及生态保证金机制：政府部门应优先采购有助于绿色发展的产品，如低能耗设备和再生性办公用品等；同时，对易产生污染的企业收取一定数额的生态保证金，只有企业生产达到排放标准才能予以退还，从而有效地激励节能减排、低碳循环的生态经济。

经济激励机制是在国外运用较为成熟的一种政策机制，对我国的生态环境建设具有较强的可借鉴性。但在具体应用中，由于目前我国的环境保护体系没有明确的环境产权界定，在外部成本和利益内部化上还存在一定的制度障碍，需要继续探索和研究。

11.4.4 在城市生态文明建设中的综合应用

随着经济和城市的发展，日益严重的交通拥堵和大气污染已经成为我国城市生态文明建设所面临的一个重要问题。以下主要通过交通方面的机动车总量控制和限行、城市建设方面的绿色建筑推广，简单介绍城市生态文明建设中各种措施的综合应用。

1. 机动车总量控制和限行

与10余年前大力发展私人轿车相比，近年来许多城市对机动车都采取了较为严格的管制措施，政策手段主要有总量控制、限行和征收税费。其中，通过提高成品油价格、增加出行成本来降低出行率、减少污染物排放是比较常用的一种经济调控措施。自2012年起，财政部和国家税务总局逐步扩大了对高能耗、高污染和资源性产品的征收范围，提高了征收税率，多次上调了汽油的消费税额，尤其是柴油的消费税额。

而总量控制和限行则属于制度管理措施。现今，“摇号”已成为北京市的阶段性制度。自2011年开始，依据《北京市小客车数量调控暂行规定》，北京市的小客车均以“摇号”方式分配。通过这种总量控制方法，在2012—2017年的5年内，北京市将机动车保有量控制在600万辆以下，平均年增长不到20万辆。与2007—2012年机动车由300万辆到500万辆的猛增（平均年增长40万辆）相比有了较大的改善[12, 13]。

北京市机动车单双号限行始于2007年“好运北京”奥运测试赛，全域受限车辆130万辆/日，占市机动车总量的37%。由于限行，道路拥堵指数下降了30%，车速提升了54%，机动车污染物减排20%。自此，机动车限行已逐渐成为北京、杭州、成都、兰州、石家庄、广州等多个城市惯用的减少城市交通压力、缓解空气污染的一种治理手段，并逐渐呈现机动车限行的常态化趋势。其中，北京的尾号限行已从临时过渡规定变为长期政策。但机动车限行的常态化也引起了公众的热烈讨论，其焦点是限行常态化是否是缓解拥堵、治理雾霾的必要手段和最佳方式，以及是否触及有车公民的合法利益等[14]。

有学者对机动车限行效应进行了定量评估，主张限行效应与人们的作息规律一致，在统计意义下显著有效[15]。而有的学者认为，尽管油价调控有一定的滞后性，但油价上调对减少机动车出行的效果要好于限行政策，且非限行时间段和日期的污染物排放显著增加，因此限行政策产生的效益也会因机动车保有量的增加而被抵消[16]。

无论是交通拥堵，还是空气污染，都是多种因素叠加的产物，同样也需要多个方面、多种措施的联合治理。一些发达国家除在机动车购置环节征税，在保有环节也会根据排放征税，如日本根据排放量征收汽车税、轻型机动车税和汽车重量税；欧盟很多国家则按照二氧化碳排放量进行征收，且按含硫量对汽油、柴油差别征收消费税、能源税等。为了控制机动车的使用，一些国家或地区，如罗马和伦敦还对进入市中心区的车辆征收拥堵费[17]。

综合来讲，从法律和经济的合理性以及技术的可行性方面来看，油价调控等经济手段具有简便易行、法律公平等优点，但限行政策却具有立竿见影的成效，可以作为应急预案，应对突发的严重环境事件，而不适于成为一项常态政策。因此，在严格控制机动车保有量的同时，还需结合油价调控，科学规划城市功能及人口布局，大力发展公共交通并采取清洁能源替代方案等手段，只在应对紧急突发的环境状况时才启动严格的限行预案。

2. 绿色建筑推广

为了应对资源及生态环境恶化的挑战，推广普及绿色建筑是建设生态文明城市的重要一环。绿色建筑是指最大限度地节约资源、保护环境、减少污染，提供健康、高效使用、与自然和谐共生的建筑。自20世纪60年代美国建筑师保罗·索勒瑞提出生态建筑的新理念之后，20世纪90年代世界首个绿色建筑标准在英国发布。1992年在里约热内卢召开联合国环境与发展会议以来，我国政府颁布了大力推动绿色建筑发展的相关法规和纲要。住房和城乡建设部正式颁布了《绿色建筑评价标准》（GB/T 50378—2014）、《绿色建筑评价技术细则》（建科〔2015〕108

号）和《绿色建筑评价标识管理办法》（建科〔2007〕206号），逐渐发展适合于我国的绿色建筑评价系统。依据住房和城乡建设部发布的《建筑节能与绿色建筑发展“十三五”规划》（建科〔2017〕53号），“十二五”期间，北京、天津、上海、重庆、江苏等地全面执行城镇新建建筑绿色标准，将绿色建筑面积扩大到10亿m^2，全国有4 071个项目获得绿色建筑评价标识，建筑面积超过4.7亿m^2。“十三五”期间，城镇新建建筑能效水平比2015年提升20%，城镇新建建筑中绿色建筑面积比重超过50%，绿色建材应用比重超过40%的发展目标。

绿色建筑不仅可以为消费者提供更为舒适的居住及使用环境，与传统建筑相比还会带来环保、节能等社会效益，但开发商并不能直接享有绿色建筑的外部经济性，因此在建设初期仅依靠市场很难达到推广作用。经济效益是决定开发商是否开发绿色建筑的关键因素，如果开发绿色建筑不能给开发商带来比开发其他建筑更多的利润，则需要政府通过经济激励手段来弥补这一差额。

因此，在绿色建筑启动阶段，政府一方面通过组合运用包括财政补贴、税收优惠、贷款利息优惠、土地出让金减免等政策，调动开发商开发绿色建筑的积极性；另一方面采取强制措施，强力推进绿色建筑的开发。目前，我国绿色建筑的激励政策主要集中在生产、供应和采购环节，在此基础上还应加强针对消费者需求端的激励措施，引导消费者购买、租赁和使用绿色建筑、建材，以终端市场需求带动供给[18]。此外，由建筑室内装修造成的污染不仅具有隐蔽性、长期性，而且与公众生活紧密相关，因此与之相关的装修污染检测标准和规范也应成为绿色建筑与空气污染治理的一个重要组成部分。

从长远发展来看，在绿色建筑的实际推广中依然存在着标准体系不完备、不能应对不同地区的不同特点、政策执行中缺乏有效监管等问题，还需要从制度、技术和管理方面进行不懈地探索和完善。

11.5 社会导向机制

城市生态文明建设既是物质文明的新形式，也是一种全新的社会精神文明，二者之间相辅相成、密不可分。在经济方面，要大力发展绿色、低碳、循环经济；在社会发展方面，要加强生态文明宣传教育，弘扬生态文明理念，创建人与人、人与社会、人与自然的和谐观，并综合运用价格激励等方式，使节约、环保、生态逐步成为主流价值观。

11.5.1 生活、消费方式的转变

在社会层面，生态文明建设意味着人们思维和生活方式的根本改变。人们的思维、生活和消费方式既会通过生产方式间接影响到资源、环境，也会对生态环境造成直接影响。例如，人们对太阳能等可再生能源和绿色环保材料的选择既直接影响生态环境，也通过建材生产对生态环境发生间接影响。

日本自2008年提出《低碳社会规划行动方案》以来，要求全社会遵循3个基本原则：①所有部门减少碳排放；②提倡节俭；③与大自然和谐共存[19]。从中可以看出，日本的低碳社会规划方案与英国的低碳经济概念不同，强调以生活和消费方式的改变来促进节能减排，达到人类社会与自然系统的和谐发展。

从国内外经验比较来看，在城市不同的发展阶段，低碳经济和低碳社会的轻重关系存在一定的差别。经济发展初级阶段会对低碳经济给予更多的关注，经济的增长及其方式在这一阶段显得更为重要；经济发展的高级阶段会更强调低碳社会，更加重视社会消费理念和行动的转变[19]。

11.5.2 教育导向机制

在城市生态文明建设的过程中，教育对城市生态文明科学认知的形成、相关信息的传播及良好意识的培养都具有重大的作用。

一是坚持宏观导向体系与微观导向体系并重的原则。一方面，积极建设以市场为主体、政府为主导的宏观导向体系，在尊重经济规律的基础上，通过政府出台政策、制定规划、加大投入、规范行为、调控市场、引导舆论等手段对城市生态文明建设进行引导；另一方面，努力建设以组织为重点、以个人为关键的微观导向体系。与此同时，要以宏观导向体系统筹微观导向体系，以微观导向体系辅助宏观导

向体系，合力推动城市生态文明导向体系的科学合理发展。

二是增强推动生态文明建设思想导向的实效性。坚持求实性、效率性、综合协调3项原则：①坚持从突发事件的实际出发，采取有针对性的措施以便达到预期的目的；②快速精准地收集数据和信息，根据突发事件的态势把握有利时机，对公众及时、有效地进行引导；③从生态文明建设影响范围的广泛性出发，整合各方面的有效资源进行综合管理和教育。

三是加强在应对生态环境突发事件中的舆论导向机制建设。具体原则：①通过舆论协调公众的看法与行为，将突发事件造成的损失控制到最低，保护公众利益；②在突发事件发生后积极主动地给予社会回应，体现政府对社会的责任感与领导力；③在第一时间选择适当时机引导舆论，并将舆论引导与突发事件处置的整体部署相结合；④舆论引导要明确引导目标，将目标基于生态环境突发事件涉及的主要群体；⑤保持舆论引导与部署的一致性，坚持统一的原则和领导，对内的协调管理应统一指挥，对外的信息发布应统一口径。只有把以上5项原则落到实处，才能在应对生态环境突发事件中充分发挥舆论导向的积极作用。

11.5.3 社会道德建设

学者普遍认为，我国生态文明建设总体处于起步阶段，公众对生态文明仍缺乏应有的了解，生态文明所要求的消费观、生活观、价值观尚未完全形成，这将极大地阻碍生态文明建设的总体进程[20]。但对于如何加强公众对生态文明的认知，以及造成这一状况的社会原因，却还没有形成清晰的认识。

由于特殊的文化动荡，以及我国经济的快速发展，大量人口涌入城市，一方面割裂了自己与原有地区的纽带，另一方面对农村经济、社会和文化都造成了巨大的冲击，综合表现为失去了家园应有的从属感，以及对自身传统、道德文化的丢弃。

柯克帕特里克·塞尔指出，这些都与规模密切相关。失去家园的从属感以及原有传统道德文化的丢失，是人们不顾生态环境及社会道德约束，盲目追求经济利益的根源。但简单地将生态保护归于道德问题，单纯地期待人们道德水平的提高，并不能直接改善迫在眉睫的生态问题。“唯一让人们表现出负责任或正确行为的方法是他们被说服要具体地看待问题，了解到自己和它们的直接联系——而这一点只有在‘有限的规模范围’内才能实现。”[21]。柯克帕特里克·塞尔认为，在这样的范围内人与人之间的关系是密切的，并且个人行动的影响也是可见的。只有在这样的情况下，人们才会选择对于环境“正确”的事情，并非因为道德，而是因为实际状况需要他们这样做。

借鉴柯克帕特里克·塞尔提出的“有限的规模范围”所具有的生态管理和参与反馈机制的优势，我们应当认识到，生态文明建设不仅是我国新一轮区域规划、国土开发等宏观层面的战略指引，而且可以融入具有有限规模的社区建设之中。在“有限的规模范围”内，让人们认识到自己与环境和生态的直接联系，通过公众的积极参与，建设形成真正的、具有归属感的生态家园，使其成为人们的生活和精神归依之所。这也是将城市生态文明建设与中国传统文化精华、中国文化底蕴相结合，追求“天人合一”的人与自然和谐统一的最高境界。同时，也只有这样才能走出具有中国特色、符合中国实际、有着自己文化根源的生态文明。

11.5.4 舆论宣传与引导

生态文明建设还要充分发挥媒体的舆论引导作用，加大媒体对各级政府中心工作、重大决策任务的宣传报道力度，提高全民的环境保护意识和生态伦理观，形成全民关注生态文明建设和对生态文明建设人人有责的社会新风尚。当前，公众已经初步形成了良好的安全生产意识和氛围，接下来要做的就是引导其提高安全意识，在遇到险情时首先想到自我保护，并有能力和常识实现自我保护。对于环境保护工作，还有一些公众的环保意识更多地停留在“靠政府”的片面观念上。尽管环境保护工作需要政府的大力投入，但公众也要参与进来，共同维护良好的居住环境。我国不少地方通过各种方式已经开展了相关实践活动，如为加强生态环保宣传、普及环保科普知识、不断提升学生的环保意识，一些基层环保局与当地媒体共同开展环保科普进校园活动，向儿童和青少年宣传并普及环境保护相关知识；环保工作者以PPT、互动问答等形式，从孩子的角度讲授保护地球、保护环境的重要性，讲解环境污染的各种形式和危害，回答环保卫士干些什么，小朋友又可以为保护地球、保护环境做些什么，等等。这类宣传活动旨在普及环保科普知识，提高公众的环保意识，引导广大公众积极主动地参与生态环境保护工作，着力营造人人参与环境保护、共同爱护我们家园的舆论氛围。

11.5.5　共享单车和环境NGO实践

在城市生态文明建设中，如何牵动巨大的社会力量、形成人人参与的社会氛围始终是社会导向机制中的一个重要议题。以下主要从共享单车及环境NGO（非政府组织）的角度来简单介绍一下城市生态文明建设中对绿色理念的实践。

1. 共享单车和“绿色出行”理念的实践

随着我国经济的快速增长，人口向城市大量聚集，交通拥堵和环境污染日益加剧，大力发展公共交通成为解决这一问题的有效方式。但公共交通站点与工作单位及居家的“最后一公里”连接一直是城市交通中的一个“痛点”。

在互联网经济的快速发展下，灵活机动、低碳环保的共享单车应运而生，不仅以低廉的价格解决了上班族从公共交通站点到公司或家庭的“最后一公里”连接问题，也增加了人们闲暇及出行的选择，而且有利于疏解城市机动车流的压力，减少机动车的尾气排放，成为在节能减排、低碳生活中体现“绿色出行”的一项实践行动。

与此同时，共享单车在使用过程中也存在乱停乱放、被损毁、加私锁等违规行为，大大降低了车辆的使用效率，对环境和资源造成了负面影响。为此，有些共享单车内部设有信用积分（信用分值低意味着用户有过不恰当的使用行为），在信用积分过低时用车单价会大幅增加，也有些共享单车与第三方征信机构合作，对用户提供免押金的“信用解锁”。这些措施虽对共享单车的违规使用具有监督作用，但在现实中违规用车仍然屡见不鲜，一方面是由于举报和发现不够及时，另一方面是因为对失信者的惩戒不足。因此，共享单车平台要逐步与更具权威性的机构合作，在对公民进行素质教育的同时，通过国家及相关机构建立起覆盖全国的信用体系，将共享单车等共享经济中的信用扩大到信用卡、个人贷款及求职工作等社会整体范围，才能真正起到规范共享单车等一系列共享经济的社会环境的作用。

在互联网快速发展的背景下，共享单车等共享经济正逐步渗透到我们的生活中。以进入门槛低、灵活度高、规模扩张快、资本效率高为特点的共享经济模式[22]，将会进一步提升闲置物品、知识和信息的利用价值，从而使经济和资本运转更为高效、生活更为便捷、对环境也更为友好。

2. 环境NGO在城市生态文明中的作用

生态文明建设是人与自然和谐关系的建立与培育，其中公众参与是必不可少且最重要的一环。然而政府与公众之间缺乏信任、政府忽视公众参与的重要性以及公众参与意识的落后等问题，导致我国在城市生态文明建设中公众的参与度普遍较低。

环境NGO是公众参与城市生态文明建设的一项重要方式和手段。随着人们对生态文明重要性的认识，我国以政府为主导，在生态环境保护方面逐步加强、加大投入，但由于生态环境资源的公共性、外部性、分散性、隐蔽性等特征，往往会出现市场机制失灵，国家行政监控、管理滞后等状况。具有无私理念、组织灵活自由、创新能力较强的NGO可以更广泛地联系社会，快速对不同人群的需求做出反应，更好地将公众与环境保护联系在一起。

我国的环境NGO自20世纪90年代迅速发展壮大，主要在环保宣传教育、唤醒公众的环保意识、反映公众利益诉求、监督政府环保、参与环保决策中起到积极作用，成为我国环境保护，尤其是生态文明建设中的一支重要力量。自发起以来，环境NGO就在开展植树造林、治理水土流失、保护生物多样性等多方面发挥着重要作用。在城市生态文明建设中，2005年由民间组织发起的圆明园生态与遗址保护的一系列行动是环境NGO深入参与环境保护的重要事件，成功地协助环保部门严格执法，是环境NGO与政府合作的典范[23]。

环境NGO可以转接政府部分公共服务及管理负担，更加充分地利用、调动社会资源，解决因政府管理、监督欠缺造成的危机。同时，非营利性、非政府性、志愿公益性的环境NGO又可以成为公众权益的代言人，集中反映公众的环保诉求，监督政府并积极开展环境保护措施。

然而，目前我国的环境NGO在发展中仍然面临着信任难题。由于政府部门、企业和社会公众都对环境NGO认识不足，有些政府部门怕被环境NGO添麻烦，企业怕被监督，公众的环保意识、志愿服务意识淡薄，从而造成环境NGO在人才和资金等方面陷入“瓶颈”[23]。

目前，政府与NGO在权力和资源上存在着监督竞争、合作互补的双向关系。一方面，政府拥有立法权，掌控着公共资源的调配权，是生态文明建设的主体；另一方面，扎根于公众且灵活多样的NGO是弥补政府管理监控滞后、管理空缺的重要模式。环境NGO为公众提供了一个与政府、企业谈判、协商的缓冲平台，并可组织公众通过理性讨论形成相对合理的公共诉求，协调多方利益；同时，也改变了政府在环境保护、治理和评价中集各项功能为一身的弊端。

因此，在环境NGO的发展中政府起到关键作用，应协调好与企业、公众和环境NGO的关系，建立多方协作机制。一方面，政府的生态环境管理过程应开放、透明，接受来自社会的监督；另一方面，要赋予环境NGO相应的法律地位，保障其在立法、执法和监督层面的参与权、监督权和诉讼权，降低环境NGO的准入门槛，由传统的管制变为培育，为其健康发展提供服务和保障。

参考文献

[1] 杨培峰，易劲．“生态”理解三境界——兼论生态文明指导下的生态城市规划研究［J］．规划师，2013（1）：5-10.

[2] 肖洪．城市生态建设与城市生态文明［J］．生态经济，2004（7）：29-30.

[3] 中共中央文献研究室．习近平关于全面建成小康社会论述摘编［M］．北京：中央文献出版社，2016.

[4] 解振华．大力发展循环经济［J］．求是，2003（7）：53-55.

[5] 李倢．基于因子分析的北京城市功能空间布局研究［J］．城市发展研究，2005（4）：57-62.

[6] 杨朝霞．破解生态文明法制建设的五大“瓶颈”问题［J］．环境与可持续发展，2014（2）：82-85.
[7] 王新玉．低碳城市和生态文明城市建设模式的差异性研究——以贵阳市建设实践为例［J］．生态经济，2015（9）：18-22.
[8] 刘伟．加快生态文明法制建设的对策法制经纬［J］．改革与开发，2014（7）：41-42.
[9] 史小斌．打造智慧城市助推城市生态文明建设［J］．山东工业技术，2013（Z1）：174-178.
[10] 王振波，于杰，刘晓雯．生态系统服务功能与生态补偿关系的研究［J］．中国人口·资源与环境，2009（6）：17-22.
[11] 王祥荣．完善激励和约束机制，促进上海生态文明建设［J］．科学发展，2014（4）：100-108.
[12] 北京市统计局，国家统计局北京调查总队．北京市2012年国民经济和社会发展统计公报［EB/OL］．［2013-02-07］．http：//www.beijing.gov.cn/gongkai/shuju/tjgb/201706/t20170608_1838185.html.
[13] 北京市统计局，国家统计局北京调查总队．北京市2017年国民经济和社会发展统计公报［EB/OL］．［2018-02-27］．http：//www.beijing.gov.cn/gongkai/shuju/tjgb/201802/t20180227_1838192.html.
[14] 龚志文，刘太刚．北京市机动车单双号限行政策可否常态化——基于公共利益视角的分析［J］．行政科学论坛，2016（4）：37-44.
[15] 漆威．函数型数据视角下的空气质量政策效应评估——以兰州市机动车单双号限行效应测算为例［J］．统计与信息论坛，2014（9）：79-85.
[16] 易如，张世秋，谢旭轩．北京市机动车尾号限行和油价上调政策［J］．中国人口·资源与环境，2011（12）：108-112.
[17] 许文．国外治理雾霾的政策手段及启示［J］．世界知识，2016（3）：56-57.
[18] 叶祖达．我国建筑节能减排经济激励政策体系分析［J］．动感（生态城市与绿色建筑），2012（4）：18-23.
[19] 刘志林，戴亦欣，董长贵，等．低碳城市理念与国际经验［J］．城市发展研究，2009（6）：1-7.
[20] 高珊．城市生态文明建设的问题与对策［J］．湖北函授大学学报，2012（11）：50-51.
[21] Kirkpatrick Sale. Dwellers in the Land——The Bioregional Vision［M］. Athens：The University of Georgia Press，2000.
[22] 郭建明．共享单车的经济学思考［J］．改革与开放，2017（6）：73-75.
[23] 楚晓宁．生态文明背景下公众参与制度的完善——环境保护NGO不可忽视［J］．法制与社会，2008（7）：39-40.

第12章

城市生态文明建设的经济政策

XINSHIDAI
SHENGTAI WENMING
CONGSHU

生态环境属于公共资源，具有典型的纯公共物品属性，这就决定了在城市生态文明建设中发挥政府职能的必要性；同时，生态环境还具有明显的外部性，在城市生态文明建设过程中面临的最主要的问题就是如何解决生态的负外部性，因而城市生态文明建设不可能完全依靠市场手段来实现。庇古税与科斯定理则为以经济手段解决城市生态文明建设中的相关问题提供了理论依据。国内外的研究表明，无论从理论角度还是从实践角度，在城市生态文明建设过程中，政府功能的发挥，即政策的颁布实施都是非常重要的，我国现行的政府体制更决定了政策对于城市生态文明建设具有决定性的作用。生态问题归根结底是发展问题，属于经济的范畴。我国正处于工业化中期，城市化进程保持着较高速度推进，全面建成小康社会进入冲刺阶段，经济发展也进入新常态，“三期叠加”特征凸显，发展任务十分繁重，而环境形势却极为严峻，资源环境约束日益趋紧。因此，既要借鉴发达国家工业化和城市化进程中的经验和教训，也要结合我国现阶段的国情，在经济政策方面有所创新和突破，避开中等收入陷阱，推动城市生态文明建设顺利开展。

12.1 产业政策

产业政策是一个综合性的概念，包括产业结构政策、产业组织政策、产业技术政策和产业布局政策。对于城市生态文明建设而言，产业政策就是与生态文明建设相关的政策体系，表现为国家或者一个城市的政府运用政策手段引导产业发展、协调产业关系、促进部门间资源的合理配置及产业结构升级。根据生态文明建设的需要与产业发展的客观要求，我国应推进绿色、低碳、循环经济发展，提高产业科技创新与国际竞争力。

12.1.1 我国产业政策的现状

在计划经济时代，我国的产业政策主要通过财政补贴、低息贷款、较低的能源资源价格等特殊优惠和强刺激手段，采用项目审批等行政措施来进行技术选择、产业选择、企业规模选择，在特定时期和某些领域对促进经济增长与结构调整发挥了积极作用，但也带来了一些负面效应，降低了资源配置效率，促成或加剧了产能过剩，弱化了公平竞争原则等。目前，城市发展中出现的很多问题在一定程度上都与僵化的产业政策有关。对此，我国学者从20世纪90年代开始反思，如刘鹤在《结构转换研究》的序言中就指出，纵向的产业政策已不再适应经济发展的需要，政府应该转而重视功能性竞争政策的作用。2016年，有关产业政策的研究成为热点之一，甚至提升到计划与市场道路之争的高度。一个显著的变化是，过去产业政策的关注点多在产业本身，主要研究应该如何鼓励或限制产业发展，近年来则开始关注产业政策的公共政策性质，公平、就业等问题也被纳入研究范围。

我国经济进入新常态以来，城市的经济发展在产业结构、产业组织、产业布局等方面产生了深刻变化。政府的产业政策逐渐回归到与市场调节互为补充的正确定位。新时期的产业政策主要借助包括对终端消费者进行补贴、税收优惠在内的倾斜性财税政策和倾斜性需求政策来引导产业的发展，出台了总量型供给类政策，如利用资源要素形成市场化价格，引导资源在不同产业之间合理流动。党的十八届三中全会通过的《中共中央关于全面深化改革若干重大问题的决定》（以下简称《决定》）要求，保证各种所有制经济依法平等地使用生产要素，公开、公平、公正地参与市场竞争，同时放开竞争性业务，推进公共资源配置的市场化。此外，我国还通过发布及调整《产业结构调整指导目录》，强力推行供给侧结构性改革，对产业集中度进行管制，对产业竞争环境进行规范，鼓励市场化竞争，进行国企改革，放开竞争性业务，限制、破除行政垄断壁垒，从产业组织方面对产业结构形成影响。2010年，国务院印发了《全国主体功能区规划》（国发〔2010〕46号），这既是对国土的空间规划，也是对产业布局的纲领性规划。以上这些产业政策促进了城市的发展转型，优化了产业结构，激发了产业发展的活力，同时也有力推动了城市生态文明建设的发展。

12.1.2 生态文明视角下城市产业结构的优化

产业连接着人类经济活动与生态环境，产业发展以生态环境为赖以存在的基础并从中获取能源与资源，其在生产过程中产生的废弃物又会排向周围环境，因而产业结构的变迁必然对生态环境产生重要影响[1]。怎样形成节约能源资源和保护生态环境的产业结构，使新型产业结构符合人与自然协调发展和可持续发展的要求，是城市生态文明建设亟待解决的一个重要问题。

经济学家沃格尔于1985年提出了产业结构状况与经济发展水平的相关性，表示发展中国家可以吸取发达国家在生态文明转型方面的经验，发挥“后发优势”，在政府的积极引导下实现产业政策的完善与产业结构的调整和升级。克鲁格和唐瑟的研究显示，早期的经济发展理论对于政府的干预有3个假定：①政府会在政策实施的过程中考虑公民利益的最大化；②决策者在追求最大化社会福利的过程中自然拥有充分信息；③政策的提出和实施不需要成本。克鲁格表示，若这3个假定是不成立的，那就会导致政策的无效。但是在生态文明的指引下，在我国（尤其在城市）这3个假定却是可能成立的：①生态文明谋求的就是全体人民福祉的最大化；②信息技术的广泛应用和政府运作与治理能力的提高，为获取充分信息提供了保障；③政府注重对相关政策的投入，并有配套的财税和金融政策予以支持。这里应引起注意的是，一方面要选准产业引导的方向，正确处理好政府与市场的关系，政策的落脚点在于理顺和维护好市场秩序，防范和控制风险，不越俎代庖；另一方面要选择正确的政策工具，因为有关研究表明，不同的政策工具在不同的国情和资源环境下所起的作用是不同的。Lawrence和Weinstein的研究表明，将不同公司间的税率差别化，对部门全要素生产率（TFP）的增长会有明显影响，而直接补贴或贷款对部门TFP的增长没有影响。

生态文明要求对城市现有的生产方式进行变革，通过政府的政策和机制创新构建生态环境友好、更多依靠内生动力发展的产业结构。一方面，产业结构调整和生态文明之间是互相渗透、相互统一的。产业的可持续发展必须建立在资源能支撑、环境可容纳、生态优循环等生态文明要素的基础上，一定的人、财、物资源和生产活动是生态文明建设的物质基础，合理的产业结构可以为生态文明建设提供坚实的人力、财力、物力保障。生态环境既是生产、生活的资源来源，也是其废弃物的排放场所。生态文明是以产业结构升级为方向，通过提高资源利用率、减少自然环境的破坏，实现降低资源能源消耗、减少污染物排放，以及经济与生态效益的协调统一的。另一方面，产业结构调整与生态文明之间又是相互促进、互为制约的。习近平总书记指出，保护生态环境就是保护生产力，改善生态环境就是发展生产力，要把生态文明的理念融入产业选择、布局、发展的全过程中，促进资源要素的可持续利用，在生产、流通和消费的环节实现绿色低碳循环发展，保持产业发展的强劲态势，为当代人和后代人利益的平衡和经济、生态、社会的三重效益协调发展奠定基础。

城市在生态文明建设过程中所实施的产业政策要解决两个核心问题：一是如何实现产业生态化，推动产业结构更加合理化或更加高级化？这里既有对已有产业结构的优化调整，也有对新产业的布局，也就是一个调整优化产业结构、实现循环发展和低碳发展的问题。二是如何使生态产业化，也就是如何实现绿色产业的发展？它包括绿色产业主体的培育、绿色生产要素的引入和绿色产业链的打造等问题。城市生态文明产业政策的目的在于正确处理经济发展与环境保护、生态修复的关系，调动各方面的积极性，创新低能耗、低污染的科技与产业结构，提高经济生态化进程，降低经济发展的环境与生态代价，促进生产的持续稳定增长与城市生态环境的改善，满足人民日益增长的美好生活需要。

在策略上，城市生态文明产业政策就是要通过政府这只“有形之手”，按照生态文明的要求，通过保护产权、维护公平、改善金融支持、强化激励机制、集聚优秀人才，创造人民创业和市场创新的制度和政策环境，规范市场竞争，将市场化的创新机制作为重点培养。它强调的是对城市产业结构变化进行引导，而不是直接干预产业的发展。

产业政策的有效性在学术界一直存在严重的分歧，如张维迎、林毅夫关于产业政策的“张林之争”[1]。生态环境本身具有的公共物品属性和外部性，再加上产业结构的后进性均易导致“市场失灵”，因而政府需要借助产业政策的力量加以干预引导，形成比较优势。产业政策的失败，即出现了“政府失灵”，虽有执行能力的

---

[1] 张维迎的主要观点是产业政策仍遗留着浓厚的计划经济色彩，政府不应该给任何企业、任何行业任何特殊的政策；林毅夫的主要观点是经济发展需要产业政策才能成功，在经济发展过程中“有为的政府”也必不可缺。

问题，但更主的要是政府在产业选择上过于具体，失去了政策的灵活性并被资本所裹挟，个别地方政府更是违背市场规律参与经营活动，扶持了并不具备比较优势的产业，相关企业在开放竞争的市场中缺乏自生能力，只能靠政府永无止境的保护补贴来生存。近年来的发展证明我国生态文明产业政策整体上是有效且是高效的。[1]

12.1.3 城市生态文明建设的产业政策建议

怎样形成节约能源资源和保护生态环境的产业结构，使新型产业结构符合协调发展、可持续发展的要求[2]，处理好产业发展与生态文明建设之间的关系，是城市生态文明建设亟须解决的一个重要问题。就目前而言，产业政策的重点要放在优化存量、控制增量上，加快生产方式的绿色化，大力发展绿色产业，产业结构要满足科技含量高、资源消耗低、环境污染少的要求，既要使生态文明建设成为经济生长的新动力，也要在产业发展中全面融入生态文明理念。

1. 促进产业结构的生态化

要加强监测计量工作，依据资源的有限性和稀缺性，通过政策制定来内化生产过程中对生态环境污染造成的成本，大幅降低生态环境外部性带来的边界效益范围，促进经济的生态化。推进供给侧结构性改革，适应和引领经济发展新常态，使社会、经济和生态的综合效益回报最大化。按照供给侧结构性改革的要求，完成好“三去一降一补”五大任务。实现生态环境破坏成本化，使那些管理规范、坚持生态修复、工艺技术先进的企业获得竞争优势，尽快改变污染性行业主要靠行政许可进入的现状，促进污染产业加快向生态型产业转型，尽量压缩掌握行业发展命脉的部门进行权力寻租的空间，抑制腐败行为的发生。培育发展绿色产业，切实推进绿

[1] “十三五”期间，我国工业能效和水效大幅提升，规模以上企业单位工业增加值能耗累计下降超过15%，实现节能量4.8亿tce，单位工业增加值用水量累计下降23%，圆满完成了“十三五”时期的淘汰落后产能任务。工业资源综合利用产业规模稳步壮大，技术装备水平不断提高，5年利用大宗工业固体废物约69亿t，非化石能源消费增量占一次能源消费增量的40%。节能环保产业快速增长，2020年节能环保装备、资源综合利用、节能服务等节能环保产业产值突破8万亿元。国家统计局公布的数据显示，2021年第一季度我国GDP同比增长18.3%，全国各行业全面复苏。

色产业链建设[3]，将生态环境保护变为发展经济的新动力。鼓励发展生态工业、现代生态农业、高新技术产业、生态旅游业、节能环保产业和现代服务业，将循环经济的清洁生产落到实处。转变依靠末端治理修复环境的方式，利用新型产业结构带来更高的能源利用率和污染防治能力。

与产业结构乃至产业发展密切相关的一个重要问题是能源结构，因此追求产业结构的生态化也必须实现能源结构的清洁化、绿色化，也就是需要出台相关的能源政策，包括能源价格政策和能源产业政策，加快发展清洁低碳能源，坚持非化石能源与化石能源高效清洁利用并举，从能源的生产、输送和消费等全链条发力，稳步增加天然气、风能、太阳能、地热能、核能等可再生能源的消费比重，降低煤炭和石油等非清洁能源的消费，构建符合我国国情的科学的能源消费结构，促进全国范围内的城市生态文明建设。

2. 提高科技创新能力，提升产业层次

支持企业通过技术创新等手段大幅提高劳动生产率。建立落后产能淘汰机制和落后产能提前主动退出的激励机制，鼓励企业加快技术改造和产品换代升级，提前淘汰相对落后的低端、低效产能。在生态修复治理、新能源、高效节能、先进环保、资源循环利用等领域，加快构建与生态文明建设相适应的技术创新体系。以节能降耗、生态环境、安全生产等为重点，推动传统产业从资源型向科技型、知识型、环保型产业转变，以高附加值产品替代低附加值产品，以低能耗、低污染产品代替高能耗、高污染产品，实现绿色生产的创新发展。推行生态工业设计，实现产业结构的协调化、链条化、循环化与环保化。建立共赢的循环产业链条和工业生态网，通过废物交换利用和清洁生产等循环生产实现物质闭路循环，加快实现工业生产零排放的目标，以政策形势鼓励企业发展先进科学技术、提高工艺与设备，将废料、废气、废水、余压和余热进行循环利用，创造经济价值，形成资源能源低消耗、高利用率，废弃物、污染物少排放的产业体系。同时，建立生态环境联动管理的体制机制，包括建立区域生态环境保护协作机制、生态资源统一调配制度等。

3. 优化产业结构形态

让企业按照绿色发展、清洁生产的要求兼并重组，使高耗能、高排放、对生态环境影响大的产业生产相对集中，使智能化、专业化成为产业组织的新特征。在新形势下，新兴产业、服务业、小微企业表现明显、作用凸显，要积极适应新形势，加快转变政府职能，把握产业发展客观规律与方向，促进产业结构向中高端改变。

4. 工业生产企业“退城入园”

以重点经济开发区（园区）、支柱产业和重点企业为核心，以产业集聚化、产品延伸化、资源循环化为发展方向，大力推进清洁生产、节能减排和废弃物综合利用，加大落后产能淘汰力度。开发区、产业园区应当按照减量化、再利用、资源化的要求统筹规划、改造升级，加强环境和设施配套，建设循环经济基地，推动产业集群发展。坚持生态优先和分类推进，注重发挥比较优势，鼓励引导各类开发区和工业园区、服务业集聚区有效整合，形成产业发展相对集中集约、产城互动融合良好的空间布局。鼓励生态环境保护关键技术攻关，加强国际合作，引进先进技术、装备和管理经验。

5. 严格产业准入

制定限制、禁止、淘汰类项目目录并适时更新，淘汰落后产能和压缩过剩产能。实行分区治理、正负清单管制政策，制定分区域、分行业的产业导向目录，严格控制高能耗、高水耗、重污染的劳动密集型项目建设。将区域污染物排放指标作为建设项目审批的前置条件，完善区域限批制度。重点生态地区应依法关闭所有污染物排放企业，确保污染物零排放[4]。在重点生态功能区、生态环境敏感区和脆弱区划定红线，确定空间开发控制范围，提高环保、能耗、安全、质量等标准，严格实行“准入清单”管理。在增量方面，完善产业准入的环境标准，提高准入门槛，根据主体功能区的项目特点设置不同的能耗、水耗、占地、资源回收、综合利用和“三废”处理标准，严禁未批先建；在存量方面，完善市场退出机制，对不符合生态文明要求的现有产业，通过设备折旧补贴、贷款担保、迁移补贴、土地置换等手段限制其生产能力，加快淘汰落后产能，促进产业转型升级。以土地利用调整指标、主要污染物排放总量控制指标作为产业规划的核心要素，修订鼓励类、限制类和禁止类的产业导向目录，优化产业空间布局。

6. 对战略性新兴产业的扶持更加强调科学性和可行性

产业发展有其自身规律，新兴产业在成长初期不同于传统的规模经济，政策目标应落在促进其形成合理的经济规模上。已有的教训告诉我们，对于新兴产业的扶持必须强调市场导向，遵循产业的发展规律，而不仅是投入财力、物力和热情就能解决问题的，对于具有引领作用的产业重点扶持对象的选择还需慎重，不能搞“一窝蜂”，坚决杜绝面子工程、形象工程，防止出现因被资本挟持误判形势而造成的浪费，必须注重源头的创新。

12.2 财政政策

财政政策指政府通过对财政收入和财政支出总量的调节来影响总需求，使之与总供给相适应的经济政策，包括财政收入政策和财政支出政策。财政政策以满足社会公共利益需要为判断标尺，提供公共产品与服务，弥补市场失灵，是以国家为主体对部分社会生产进行管控和分配的手段，在平衡全国资源配置、调控社会经济运行方面有着重要的意义，既能体现政府意志，又能遵循市场规律，具有严肃性和灵活性相统一的特点。与生态文明建设相关的财政支出政策按经济性质可分为购买支出和转移支出，如污染治理投资、财政转移支付、政府绿色采购、财政补贴和税收支出等。财政收入政策指税收政策，包括各种环境税收、征收排污费和税收优惠等。

12.2.1 我国财政政策的现状

党的十八大以来，中央财政通过资金政策、税收政策及推进制度建设等方式落实党的十八届三中全会《决定》精神，积极推进生态文明建设。按照《决定》要求，我国加快自然资源及其产品价格改革，全面反映市场供求、资源稀缺程度、生态环境损害成本和修复效益；坚持使用资源付费和“谁污染环境、谁破坏生态谁付费”原则，逐步将资源税扩展到各种自然生态空间；发展环保市场，推行节能量、碳排放权、排污权、水权交易制度；利用加快发展低碳经济的契机，适时出台资源税改革方案；建立社会资本投入生态环境保护的市场机制，推行环境污染第三方治理[5]。随着经济发展，我国一是不断加大生态文明建设的资金投入，与生态文明建设相关的财政支出总额及其占GDP和固定资产支出的比例均呈上升趋势；二是积极推进税收制度改革，陆续出台了一些促进生态文明建设的财税政策，如在调整相关税种、扩大征收范围、调高税率等方面均取得了一定的成果；三是加强了对资源的征税力度，不断完善对生态文明建设的税收优惠政策，如实施了煤炭和稀土、钨、钼等矿产资源税从价计征改革，调整了消费税征收范围和税率，打造了覆盖整个产业链、调节利益的经济杠杆，从而使市场发挥了决定性作用，促进了节能减排机制的建立，更好地发挥了税收杠杆对促进生态文明建设的调节作用。企业所得税中对研发费用的加计扣除，对环境保护、节能节水项目所得的“三免三减半”优惠规定等，增强了税收对生态文明建设的导向作用，并且已经开始对改善生态环境状况发挥积极作用[6]。

通过分析以财政转移支付、污染治理投资和政府绿色采购等手段为代表的环境保护财政支出，工业废水、废气和固体废物排放量，财政分权因素这3个变量，可以证明财政手段对工业排污的治理是有效的。

12.2.2 我国财政政策存在的问题

1. 税收政策在生态文明领域还存在缺位

我国在税目的设定上缺乏整体的统一规划，缺乏一个主体税种如环境税或者生态税的支撑，资源税、消费税、关税等与直接涉及生态问题的税种分散、相对独立，未能形成一个相辅相成的完善体系。对于企业而言，现行的税收政策普遍从企业所得税、增值税的角度对环保型企业进行税收减免，对于个人则从消费税的角度入手，提高资源能耗类产品的税率以期发挥控制作用，但这些政策都显得过于零碎，没有统一的章法和目标来敦促实行，因而使这些税收政策并不能真正发挥作用。我国当前的税收政策增加了生态问题来源方的税负水平，期望用税收抑制生态问题的产生，但许多税种并不与生态问题直接相关[7]。以消费税为例，虽然主要的生态问题来源于生产环节，但是消费环节引发的生态负外部性也是不容忽视的，通过消费税可以控制人们对于破坏生态的产品的消耗，但目前的消费税征税范围并没有包括塑料制品、含磷消费品，显然在征收范围上还过于狭隘，仅提高了现有税种中不利于生态的产品的税率，这显然是不够的。环境税制的缺失导致对于污染物和污染行为缺乏有效的税种驾驭，同时也难以形成专门用于环境保护的税收收入来源。对于危害生态的能源消耗还没有完善的税种，目前国内仅有针对机动车的燃油消费税，以及一些资源税。资源税虽然包括矿石、煤炭及原油项目，但它只是针对开采过程征税，而对于生态破坏较大的使用环节缺乏控制。发达国家普遍施行的投资退税、延期纳税等有益于生态建设的税收政策，在我国税制中还未引起足够的重视。

2. 现行财税制度的安排不利于生态文明建设

由于存在事权要素分离脱节的问题，目前我国的生态文明建设过多依赖于专项资金，然而当前实施的分税制及以流转税为主体的财税制度对地方政府的激励不够。现行的政绩考核机制刺激了地方官员任期内的短期行为——重视经济建设、关注财税利益，而对生态文明建设缺乏应有的积极性，因此应按照生态文明的建设要求加快推动财税体制改革。从财税运行机制的微观角度来看，现行财税制度不适应生态文明建设的需要，排污收费制度难以形成对企业治污的有效约束。目前，我国财政政策的投入结构过于关注生产环节，对产品研发和消费环节的重视不够，没有专门关于生态文明建设资金使用的管理条例，政府预算中也没有专门的生态文明建设财政支出预算科目，财政、审计等部门在对这些资金进行监管时缺少法律依据，因而造成对生态文明建设资金的使用监督不力，使生态文明建设专项资金出现层层截留或挪作他用，大大降低了生态文明建设资金的使用效率，不足以引导市场机制调节作用的发挥，削弱了财政政策对生态文明建设的促进作用[8]。现行消费税也存在税目设置不合理、征收范围偏小的问题。各类资源性收费（如林业补偿费、矿产资源补偿费等）与资源税并行，存在重复征收的问题，级差资源税的侧重点在于对资源类产品的控制，从量计征的方式（原油、天然气、煤炭除外）也不利于鼓励节约和回采，难以阻止我国当下资源浪费和生态破坏的现象发生。

3. 财政政策工具的应用效果呈现两极分化

我国目前财政政策的调节手段还比较单一、缺乏创新，常见于对现有税目的税率调整，在税种的设计和征收范围上缺乏新的思路[7]。现行排污收费制度存在执法刚性不足、行政干预较多、强制性和规范性较为缺乏等问题，主要能源资源的定价不合理（煤、电、水等），税收政策对生态文明建设的支持力度不足，对税收的抑制和对补贴的鼓励有时出现了与实际情况不相适应的情况。以排污收费为例，由于收费标准低，没有能够达到其排污所造成的外部性成本[1]。所谓“巨额罚单”，与污染企业创造的利润相比也显得微不足道，守法的成本要高于违法成本。政策实证结果表明，财政政策的环境治理效应较为明显，但是税收政策中的资源税、城市维护建设税、城镇土地使用税、耕地占用税、排污费等的环境治理效应表现不一，大部分税费的环境治理效应不明显[9]。目前，我国主要通过收取排污费的方式治理环境污染，而排污费一般限于由企事业单位缴纳，且缴纳费用有限，一些厂商宁愿缴纳排污费也不愿意积极治理环境，其结果是环境污染状况日益严重。此外，我国目前只开征了与环境保护相关的间接税，如城镇土地使用税、土地增值税、车辆购置税、资源税等，且所占比重都偏低，2013年土地增值税最高也仅有2.98%。

12.2.3 城市生态文明建设的财政政策建议

财政政策是促进城市生态文明建设的重要经济方式和手段，但其作用途径在于引导而非简单的干预[7]。城市的生态文明建设既要促进经济增长，又要保护生态的平衡发展，因此财政政策面临着巨大的转型挑战，既涉及体制自身的调整，也涉及相关税制的重塑，还包括一系列政策体系、机制的构建和完善。当前，我国迫切需要完善财政政策，以充分发挥其对生态文明建设的促进和导向作用。

1. 进一步理顺政府和市场的关系

生态环境的公共物品属性与外部性会引发“市场失灵”，因此需要行政手段加以干预。生态文明建设必须坚持政府主导，并确保其对生态文明建设的总体设计和

[1] 2015年我国征收的排污费为173亿元，缴费户数为28万户。

财力支撑。但这并不代表政府要大包大揽，而是要坚持“有所为，有所不为”，要在政策层面更大程度、更广范围地发挥市场在资源配置中的决定性作用，特别是在公共服务和基础设施建设方面，宜采用PPP（政府与社会资本合作）等模式激发社会资本参与生态文明建设的积极性，更多地依靠市场推进，实现市场功能和政府作用的最佳结合[10]。

2. 使事权、责任与财力相匹配

对生态文明建设的相关事权进行分类归位，科学划分事权、明确责任，并构建与事权、责任相匹配的财力保障机制，是完善生态文明建设财政政策的基石。这就要求在国家层面重构生态环境事权格局，根据公共产品的层次性理论和供给效率，合理划分各级政府在生态文明建设方面的职能范围；同时，根据财力进一步落实好责任，健全财政转移支付制度，完善基本财力保障机制、收益互动的激励约束机制，确保生态文明建设的事权和责任落实有相应的财力保障和支撑。

3. 统筹规划，突出重点

首先，应确保财政投入效益。要站在全局和战略的高度，正确把握完善政策体系与突出政策重点的关系，既要不断完善财政政策体系，做到面上的全覆盖，防止某些领域存在政策“真空”，也要根据生态文明建设的战略性需求，突出财税扶持的重点，做到政策构建的点面结合，通过点上的突破带动面上的整体推进，使城市生态文明建设迈上新台阶。其次，在财税助推生态文明建设的资金链条上，扶持的方式和切入点的选择直接关系着财政资金使用绩效的高低。要紧紧抓住生态文明建设的根本性、源头性问题，在继续加大生态环保投入力度的同时，适时调整财政资金的使用方向，进一步完善对经济生态化改造的政策扶持，更好地发挥财政资金的撬动和助推作用。最后，应修正不可持续的支出政策，突出财政资金支持重点，优化财政支出结构，调整无效和低效支出，腾退重复和错位支出。进一步加大对大气、水、土壤污染治理的支持力度，“以奖促治”，使资金集中用于对群众反映强烈的突出环境问题的治理。继续强化对自然保护和生态修复的支持力度，支持实施退耕还林、退牧还草还湿、天然林保护等工程，加快矿山环境治理，推进国土江河综合治理。继续强化对节能减排、新能源发展的引导，与国家发展改革委等有关部门共同推进节能减排的综合示范，鼓励新能源汽车的发展，加快淘汰落后过剩产能。同时，还要保障好环境部门开展的生态红线划定等管理工作[5]，继续加强对自然资源和生态保护支持的示范工程项目的监管和跟踪。

4. 加快资源税改革，完善有利于资源节约、生态环境保护的税收政策体系

积极推进环境保护的费改税，配合国务院法制办、全国人大做好环境保护的立法工作。在实施好煤炭、石油、天然气及稀土、钨、钼等资源从价计征的基础上，进一步扩大资源税从价计征范围。积极推进生态补偿机制等制度建设，不断加大对重点生态功能区的转移支付力度，提高基本公共服务的保障水平。稳步扩大流域上下游的横向生态补偿机制，建立起成本共担、效益共享的机制。积极推进排污权的有偿使用和交易试点，利用市场机制促进节能减排和环境保护[7]。调整计征办法，尽快由“从量计征”改为“从价计征”。提高煤炭、原油、天然气等资源税税额标准，提高稀缺性资源，高能耗、高污染矿产品的资源税税负，理顺能源产品的价格形成机制，并逐步将水、森林、草场资源等稀缺性、易受破坏的自然资源纳入资源税征收范围。加快环境税改革。目前，我国缺乏直接针对环境污染和生态破坏所征收的独立环境税种，研究开征适用于各类主体功能区的环境税迫在眉睫。加快完善既有税收政策。加大对节能节水环保设备和产品研发费用的税前抵扣，对相关企业出台一定的增值税、所得税减免优惠政策。将不符合节能技术标准的高能耗产品、资源消耗品纳入消费税征税范围，对符合节能标准的产品给予一定程度的消费税优惠，增强其环保效果。全面推行“营改增”改革。调整抑制“两高”产品出口的税收政策。

5. 改进财政补贴政策

在加大对发展循环经济，推进清洁生产、节能减排、节地节水项目和企业的政策扶持的同时，采用绿色补贴方式推广节能产品，扩大绿色产品消费的补贴政策。建立对生态区居民的直接补贴政策。完善财政对农产品主产区、重点生态功能区的一般性转移支付制度。增强这些地区基层政府实施公共管理、提供基本公共服务和落实各项民生政策的能力[4]。必须兼顾生产与消费。鼓励使用新能源及其产品，淘汰污染严重的落后过剩产能（钢铁、水泥、玻璃、铝、纸张和一些化工产品），促进产业转型升级、结构调整。为推进能源革命，在原有对页岩气补贴的基础上，利用政策撬动能源结构调整，财政部与国家能源局联合印发了《关于页岩气开发利用财政补贴政策的通知》（财建〔2015〕112号），进一步引导产业发展。

6. 扩大政府绿色采购的范围和比重

绿色节能产品要优先列入政府采购目录，各级政府应优先采购列入国家《环境标志产品政府采购品目清单》和《节能产品政府采购品目清单》的产品。

12.3 金融政策

城市生态文明建设的金融政策是指将社会资金引导到支持环保、节能、清洁能源等绿色产业的一系列制度安排上。从经济学原理来分析，绿色金融通过金融政策和产品、服务创新形成了新的金融发展范式，将“绿水青山”的隐性收益和污染的隐性成本显性化，重构资金的价格形成机制，通过政策和市场信号降低自然资源和碳密集型投资的经济价值，改变金融主体的行为偏好。绿色金融体系是指通过绿色信贷、绿色债券、绿色股票指数和相关产品、绿色发展基金、绿色保险、碳金融等金融工具和相关政策支持经济向绿色化转型的制度安排。构建绿色金融体系的主要目的是动员和激励更多的社会资本投入绿色产业，同时更有效地抑制污染性投资。构建绿色金融体系，不仅有助于加快我国经济向绿色化的转型，支持生态文明建设，也有利于促进环保、新能源、节能等领域的技术进步，加快培育新的经济增长点，提升经济增长潜力。

12.3.1 城市生态文明建设对绿色金融的需求

根据世界银行的研究报告，要维持生态环境不进一步恶化，环保支出的GDP占比应达到1%以上，而要实现生态环境的改善和优化，该比重则应达到2%～3%。我国相关财政支出的规模还比较小，财政投入难以满足生态文明建设的需要。

当前，我国的经济结构和经济增长方式正在发生深刻的转变，传统高耗能和高污染的增长模式不仅对经济增长的贡献越来越小，也带来了日益严重的环境污染问题，近年来我国的经济增长面临更加复杂的局面，经济转型的必要性和迫切性加剧，资源环境压力加大，环境治理任务繁重，环保投资需求巨大。

在我国现有财政管理体制下，资金来源单一是环保投入不足的主要原因。尽管统计数字显示，地方环保支出增长率比国家增长率高，但财政支出（主要为政府财政拨款）依然占绝对比例，其他融资渠道相对较少，民间融资所占比例非常低且结构不合理，从而导致财政支出不能满足生态文明建设的需求，资金问题已经成为制约生态文明建设的“瓶颈”之一。因此，当前迫切需要拓宽资金的筹集渠道，构建多元化的投入机制，同时还应注重调整投入重点，提高资金使用绩效[10]。

我国要实现环境污染治理的目标和在2030年之前实现碳达峰的国际承诺，预计每年需要3万亿～4万亿元人民币的绿色投资，但业界估计财政资金只能覆盖15%左右[11]，亟须动员和激励大量社会资本投入绿色产业。

据有关部门测算，近年来，环境污染成本占GDP的比重始终在3%左右，截至2020年，我国受环境污染影响的损失可能达到GDP的13%。近年来，我国政府正在努力摆脱过去“先发展，后治理”的模式，从资源消耗型经济过渡到资源节约型和环境友好型经济，经济发展方式逐步向绿色发展调整，包括促进绿色产业发展和改造传统产业两个层面。从具体实践来看，未来政府的主推方向将是清洁能源、工业节能、建筑节能、交通节能、终端能效提高以及治理环境污染（包括消除已经产生的污染和遏制新的污染源）等。据测算，2015—2020年我国绿色发展方面的投资需求大约为每年2.9万亿元，总计17.4万亿元，新增的绿色金融需求每年在2万亿元左右，而同期的财政收入总额约为127万亿元，绿色发展的总投入约占预计财政收入的14%，仅靠政府财政难以负担，因而资金短缺已成为目前生态建设和环境治理最大的制约因素之一。在这种情况下，绿色金融的支持尤为重要。

12.3.2 我国绿色金融发展存在的问题

我国绿色金融的发展虽然已经取得了多方面的成就，但其在满足生态文明建设的需求方面仍存在一些问题。

1. 顶层设计仍有待进一步完善

在绿色金融战略实施过程中，部门之间的协调机制仍不完善，绿色金融发展的战略和战术层面尚未有效衔接，还未能建立完整的绿色金融法律法规体系，涉及绿色金融操作实施、监管、奖惩等方面的法律法规不完善，地方保护主义强烈。商业银行在落实绿色金融政策的过程中得不到相应的保障，削弱了政策实施的效果。监管体系也不完善，责任归属不明、可操作性不强、执行不力。

2. 操作过程中存在偏差

中央政府与地方政府之间、政府与市场之间的利益关系存在背离和偏差。在绿色发展的大背景和中央政府的考核压力下，地方政府存在矛盾性行为，一方面提倡和支持新兴绿色产业发展，另一方面对现有环境污染企业表现出相当的容忍。中央有关职能部门对地方政府消极执行环境政策的行为缺乏制约，导致部分环境保护制度难以得到有效执行。目前，我国绿色金融的发展更多源自行政性推动，而非市场主体的主动行为，企业对绿色金融的有效需求不足，而“两高一资”企业因高利润和高回报对商业银行仍颇具吸引力，社会资本往往会担心政府是否在绿色投资方面有明确的战略目标和支持性的政策导向。在目标和政策不确定的情况下，社会资本往往会给未来的项目收益带来很高的“折现率”，银行和其他投资者也会对投资收益要求很高的“风险溢价”，因此导致融资难、融资贵的问题。[12]

3. 绿色金融产品还不够丰富

当前，我国的绿色金融产品较为单一、种类较为有限、覆盖范围较窄，仍以绿色信贷为主要资金来源，环保资金渠道单一。绿色信贷主要还是传统流动资金贷款。绿色保险覆盖范围相对狭窄，产品缺乏足够的吸引力。金融机构无法通过环保部门获取足够的企业环保信息，在一定程度上阻碍了银行信贷审查的有效执行；环保部门也无法从金融机构及时地获取环保信息和绿色信贷执行效果等情况，阻碍了绿色金融的评估、监管等多方面工作的开展。[13]

4. 政策配套有些滞后

金融机构发展绿色金融业务的激励机制、市场环境尚未建立，财税、价格等配套政策进展滞后，财政性环保投资缺乏有效整合，环保资金以应急为主，缺少长效机制的保证，需要政府出台进一步的细化政策。

12.3.3 城市生态文明建设的金融政策建议

城市生态文明建设金融政策的目标在于通过发展绿色金融抑制污染性投资，在管理上要加强对第三方评估机构的监管及标准的统一，注意防范金融风险，在途径上要加快环境权益交易市场的培育，创新绿色金融工具的发展，形成激励、协调、创新的机制，同时加强国际合作。在国家层面绿色金融体系的支撑下，未来绿色金融发展的关键在于将绿色金融政策落地，通过金融资源的配置作用有效引导金融资源的流向，促进产业结构调整，加速增长模式转变，化解产能过剩，减少资源环境约束，为生态文明建设以及整个经济的转型发展提供强有力的支撑。

1. 建立和完善绿色金融政策支持体系

制定绿色金融法，建立绿色金融制度的法律体系，保障绿色金融健康发展，不断完善节能减排、绿色环保的地方性法规。改革金融监管框架，推进财税政策、货币政策、信贷政策与产业政策的协调与配合，强化对金融机构开展绿色金融业务的激励和约束[14]。完善激励扶持政策，破除地域壁垒，对符合绿色发展理念的产业出台优惠政策，鼓励商业银行践行绿色金融，对积极开展绿色金融业务的商业银行及相关企业给予税收减免、财政贴息等奖励，尤其应考虑对商业银行开展绿色金融业务，支持环保项目，为环保企业制定补偿政策，从而引导更多的社会资本投入绿色产业，政府金融服务部门和产业政策管理部门要定期制定绿色信贷指南，对不符合产业政策和环境违法的企业或项目进行信贷控制，有效抑制非环境友好的污染性投资。

2. 改革并完善适应生态文明建设需要的现代金融监管框架

明确监管职责和风险防范处置责任，规范绿色金融的实施，防止发生系统性、区域性金融风险。警惕系统性金融风险的累积，强化现有的限制性和约束性政策的执行力度，加强对绿色金融业务和产品的监管协调，完善有关的监管规则和标准，规范、约束企业、银行等相关机构的行为。在金融业内部，环境风险评价、资源利用效率、金融环保要求等应有具体化、可量化的统一标准，建立一套适合我国国情的绿色金融实施细则指南，同时加强环保部门与金融部门的有效沟通，设立专门的绿色金融信息收集部门，创建信息数据库管理系统，搭建全社会网络化的信息共享平台，促进环保信息、企业信息、绿色金融执行情况等信息在各部门之间及时地传递和反馈，加快推动绿色金融的健康有序发展。加强统筹协调，构建货币政策与审慎管理相协调的金融管理体制。统筹监管系统重要性金融机构、金融控股公司和重要金融基础设施，统筹金融业综合统计，强化综合监管和功能监管。完善中央与地方的金融管理体制。健全符合我国国情和国际标准的监管规则，建立针对各类投融资行为的功能监管和切实保护金融消费者合法权益的行为监管框架，实现金融风险监管全覆盖。完善国有金融资本管理制度。加强外汇储备经营管理，优化外汇储备运用。有效运用和发展金融风险管理工具，健全监测预警、压力测试、评估处置和市场稳定机制。

3. 进一步创新生态文明建设投融资体制机制

引导企业和金融机构把环境利益纳入其经营和价值追求的目标。运用好公共资金，发挥其“四两拨千斤”的撬动作用，通过贴息、担保、再贷款、PPP模式等办法，降低绿色项目融资成本，帮助其正外部效应内生化，使其收益率达到或接近市场水平，激发社会资本的介入意愿。通过政府资金投入引导和有效政策配套，激发生态文明资本市场的创新活力，拓宽投融资渠道，形成结构多元、规范高效、开放包容的多层次生态文明建设投融资机制，为产业发展和生态治理提供资金保障。支持地方发展绿色金融，鼓励有条件的地方通过专业化的绿色担保机制、设立绿色发展基金等手段撬动更多的社会资本投资绿色产业。

4. 鼓励绿色金融产品和服务手段创新

从当地实际出发，围绕流域生态治理、生态产业发展、生态社会治理等重点生态环境问题，多维度创新生态文明建设金融产品，鼓励金融机构和企业开展绿色投融资，通过无息贷款、低息贷款、优先贷款、延长信贷周期等方式，加大对生态建设项目的信贷支持。探索组建生态文明建设投资基金和生态产业基金，建立生态治理基金，加强对生态建设的金融支持[15]。鼓励以金融机构为主体发行绿色金融债券等投资周期长、规模大的金融产品，完善绿色金融服务体系。开展林地、草场、水面等领域物权融资试点，建立健全资源变资产、资产变资本、资本变资金的有效机制[16]。创新服务手段，解决绿色金融期限错配、信息不对称、产品和分析工具缺失等问题。利用绿色信贷、绿色债券、绿色股票指数和相关产品、绿色发展基金、绿色保险、碳金融等金融工具及相关政策为绿色发展服务。鼓励银行、保险及社会审计机构推行绿色信贷、绿色保险、绿色审计。

5. 打造健全高效的绿色金融市场环境

生态文明建设行政主管部门应当建立企业环保信用征信体系，将企业环境污染事故、排污状况、环评审批及竣工验收、治理设施运行情况、群众投诉及其他环境违法行为纳入信息系统，征集的信息应当向信贷、保险、审计机构提供。实行环境污染责任保险制度，要求环境污染高风险行业和企业必须购买环境污染强制责任险。

绿色金融的开展涉及金融、环保、监管、统计等多个部门，要建立绿色金融业务激励、约束机制和良好的市场环境，开拓金融和环保部门的信息沟通渠道，做好绿色金融量化评价标准和口径的统一工作，加大协调力度，扩大各部门的合作，共同推动金融机构积极开展绿色金融业务。

6. 进一步开展绿色金融领域的国际合作

继续在G20（20国集团）框架下推动全球形成发展绿色金融的共识，推广与绿色信贷和绿色投资相关的自愿原则，支持我国金融机构和企业到境外发行绿色债券，引导国际资金投资我国的绿色债券、绿色股票和其他绿色金融资产，鼓励设立合资绿色发展基金，支持国际金融组织和跨国公司在境内发行绿色债券，开展绿色投资，推动在我国参与的对外投资项目中强化环境风险管理，提高环境信息披露水平，使用绿色债券等绿色融资工具。

参考文献

[1] 独娟，刘波．基于生态文明视角的产业发展财政政策研究——基于贵州的调研［J］．现代商贸工业，2016（18）：119-122.

[2] 吴辛夷．基于生态文明视角的福州市产业结构优化研究［D］．福州：福建农林大学，2014.

[3] 吕薇．把握实现绿色发展的关键［N］．经济日报，2016-09-08(1).

[4] 樊继达．优化生态文明建设的利益导向机制 [N]．光明日报，2014-06-13(11).

[5] 刘国仁．中央财政积极推进生态文明建设［EB/OL］．［2015-10-09］．http：//lgbj.mof.gov.cn/zclm/wengaixinshang/201510/t20151009_1493329.html.

[6] 王振宇，连家明，郭艳娇．生态文明、经济增长及其财税政策取向——基于辽宁生态足迹的样本分析 [J]. 财贸经济，2014(1)：32-40，124.

[7] 盖燕玲．福建省生态文明建设财税政策建议 [D]. 厦门：集美大学，2014.

[8] 雷帅，王秋予．促进我国生态文明建设的财税政策研究［J］．全国商情（经济理论研究），2015(10)：80-81.

[9] 张玉．财税政策的环境治理效应研究［D］．济南：山东大学，2014.

[10] 钱巨炎．浙江省生态文明建设的财税实践与探索［J］．财政研究，2014（3）：55-60.

[11] 七部委联合部署的这件事将撬动万亿级市场，权威专家怎么说？［EB/OL］．［2016-09-29］．https：//www.chinanews.com/cj/2016/09-29/8019329.shtml.

[12] 开展绿色投融资的重要政策信号——《关于构建绿色金融体系的指导意见》解读［EB/OL］．［2016-09-02］．http：//www.htemp.com/detail/19538.html.

[13] 陈琳．我国商业银行绿色金融业务发展研究［EB/OL］．［2016-09-06］．http：//bank.hexun.com/2016-09-06/185892553.html.

[14] 国务院发展研究中心“绿化中国金融体系”课题组．发展中国绿色金融的逻辑与框架［J］．金融论坛，2016（2）：17-28.

[15] 姜琳．央行谈关于构建绿色金融体系的指导意见［EB/OL］．［2016-09-01］．http：//www.china.com.cn/legal/2016-09/01/content_39207156.htm.

[16] 河北省中国特色社会主义理论研究中心．深入学习贯彻习近平总书记系列重要讲话精神 坚定不移走生态优先绿色发展之路［EB/OL］．［2016-09-23］．http：//m.hebnews.cn/theory/2016-09/23/content_5867536.htm.

第13章

城市生态文明建设的环境政策

XIN SHIDAI SHENGTAI WENMING CONGSHU

研究我国城市生态文明建设的环境政策，首先需要梳理我国70多年来城市环境政策的演进历程，在此基础上进一步对我国城市生态文明建设的环境政策工具、环境政策特点和问题进行分析，最后提出新时期城市生态文明建设中环境政策优化的对策建议。

13.1 政策历程

与欧美国家采取的“自下而上”的生态环境政策背景不同，我国的生态环境政策具有较强的“自上而下”的色彩。基于此，以下将以我国不同阶段的重大国策为线索，对我国城市环境政策的演进历程进行梳理。

13.1.1 生态环境政策起步时期（1949—1978年）

20世纪50年代到70年代，我国的环境保护意识十分薄弱[1]。新中国成立之初，我国的工业基础十分薄弱，农业生产方式较为初级，农业组织形式从一家一户的劳作形式逐渐发展到互助组、合作社和人民公社，农业生产工具以镰刀、锄头等简单工具为主，尚未实现机械化，生态环境问题也尚未显现。1957—1959年，我国的工业企业数量由17万家增至31万家[2]。由于当时缺乏规章制度的限制和科学技术的指导，这一时期的工业在布局上缺乏合理性，也没有采取合理的污染控制、资源节约和生态保护措施，工业“三废”放任自流，许多地方出现了废水、废气和固体废物污染的状况，矿产资源和生物资源也遭到了不小的冲击，自然地貌景观和森林资源被严重破坏。生态环境问题开始进入人们的视野。

20世纪70年代初，我国生态环境矛盾激化，在大办工业思想的影响下，“重数量、高消耗、低技术、高污染”的工业发展模式在全国快速复制，造成了大量原材料和能源的浪费及严重的生态环境问题。与此相配套的是，城市建设重生产、轻生活，基础设施和清洁能源发展落后，城市建设布局混乱，环境问题突出；农业生产强调“以粮为纲”，忽视甚至破坏了林业、牧业、渔业的有序发展，出现了毁林、毁牧、围湖造田、人造平原等不科学的现象，粮食生产与其他经济作物共生的生态系统遭到严重破坏，导致生态环境的恶性循环[3]。严重的生态环境问题开始受到广泛关注，国家也开始研究并制定相应措施。1972年，我国参加了联合国人类环境会议。1973年，我国召开了第一次全国环境保护会议，审议通过了32字方针[1]和新中国成立以来第一个生态环境保护法规文件《关于保护和改善环境的若干规定（试行草案）》。1974年，国务院环境保护领导小组提出了“五年控制”“十年解决”的环境污染治理目标，但由于治理措施未能考虑到环境污染治理的复杂性，最终未能达成目标。

改革开放以前，我国的环境保护未能引起国家的高度重视。随着党的十一届三中全会后全党工作重点的转移，我国城市的生态环境保护工作进入了一个新的历史时期。

13.1.2 从生态环境保护到可持续发展（1978—2007年）

党的十一届三中全会开启了我国经济、政治体制改革的历程，经济结构调整、重视农业健康发展、尊重自然规律等概念在现代化建设实践中不断深化。从1978年党的十一届三中全会到1982年党的十二大，各次会议更多地关注经济社会发展和发展方向的调整，并未重点体现出保护生态环境的术语，但体现了遵循自然规律的生态意识。1979年召开的党的十一届四中全会明确指出，农业生产建设要因地制宜，按照自然和经济规律办事，各级管理者要把农业生产建设作为一个整体，农林牧副渔并举，宜农则农、宜牧则牧、宜林则林、宜渔则渔。在此期间，我国为保护生态环境做了很多努力。1979年，我国首次颁布《环境保护法（试行）》，这在我国当代的环境保护发展历程中具有里程碑式的意义。为了改善生态环境，缓解北京、天津等北方城市地区的风沙现象，1979年我国启动了三北防护林工程，计划于1979—2050年分三个阶段共七期在我国三北地区建设大型人工生态林。1982年召开的党的十二大开始更加关注生态环境问题，鼓励节约，反对浪费。1987年，联合国报告

1 32字方针即全面规划、合理布局、综合利用、化害为利、依靠群众、大家动手、保护环境、造福人民。

《我们共同的未来》一经发表，我国即翻译出版，宣传生态环境保护的最新理念。同年，党的十三大首次明确提出生态环境术语，指出“人口控制、环境保护和生态平衡是关系经济和社会发展全局的重要问题”，在经济建设上要“降低物质消耗和劳动消耗”“提高资源利用效率”，从“粗放经营”向“集约经营”转变，实现注重效益、提高质量、协调发展、稳定增长的经济战略。从党的十一届三中全会到党的十三大，生态环境保护的重要性逐渐提升，但当时的生态环境政策更多服务于经济建设，并未明确提出专门针对生态环境保护及协调生态环境与经济建设之间关系的政策。

随着经济建设与生态环境之间的矛盾日益凸显，我国对生态环境问题的认识也不断深化。1989年，为治理日益严重的水污染，我国召开了第一次水污染防治大会，提出了“水域分类管理”“污染源分级控制”“划分水环境功能区”“发放排污许可证”等政策。1992年，里约热内卢联合国环境与发展会议之后，我国发表了《中国环境与发展十大对策》，提出了10个方面的政策。同年，党的十四大在总结经验教训的基础上，将“环境保护”列为我国的一项基本国策，强调要认真执行“加强环境保护的基本国策”，增强全民族的“环境意识”，保护和合理利用土地、矿产、森林、水等自然资源，努力“改善生态环境”。党的十四大使生态环境保护的理念得到高度重视和提升，但由于当时在经济建设实践中依旧存在较多的“求数量、拼速度”倾向，忽视了对资源与生态环境的保护，生态环境恶化的趋势未能得到有效遏制。为此，1996年全国推行“总量控制”和“绿色工程”两大举措，并为防治城市建设项目垃圾污染，开始实施《固体废物污染环境防治法》。1997年，党的十五大明确提出了可持续发展的国家战略，强调“以市场为导向”“依靠科技进步”“转变经济增长方式”的原则，指出要改变高投入、高消耗的现状，走一条速度较快、效益较好、整体素质不断提高的经济协调发展之路。在可持续发展战略的指导和生态建设的要求下，为保护我国野生动植物资源，1999—2001年国家林业局组织编制了《全国野生动植物保护及自然保护区建设工程总体规划》，开启了我国野生动植物保护和自然保护区建设的新纪元。为控制城市污染物的排放，20世纪90年代中后期，我国开始推行污染物排放总量控制政策。1999年，我国开始启动生态省建设，国家环保总局批准了《海南省人民代表大会关于建设生态省的决定》，此后全国多个省市纷纷跟上。2001年，我国开始治理重点流域污染，发布了《太湖水污染防治“十五”计划》和《三峡库区及其上游水污染防治规划》。2002年，党的十六大更加重视可持续发展战略，在全面建设小康社会的战略部署上把“可持续发展”作为重要基点，提出“走新型工业化道路，大力实施科教兴国战略和可持续发展战略”“必须把可持续发展放在十分突出的地位”，在实施西部大开发时，要“重点抓好基础设施和生态环境建设”。2002年，为减少北京、天津的沙尘天气，我国启动了京津风沙源治理工程。为保护特殊矿种，从2002年开始分别对钨矿、稀土矿、锑矿等矿产试行开采总量控制。2002—2007年，我国在城市重点流域污染治理方面做了很多努力，先后制定和发布了巢湖、辽河、淮河、滇池、海河、渭河、丹江口库区及上游松花江流域等重点流域的水污染防治计划；这一阶段也是我国生态环境政策体系快速完善的时期，出台了《中华人民共和国清洁生产促进法》《中华人民共和国水法》《中华人民共和国环境影响评价法》《中华人民共和国草原法》《中华人民共和国放射性污染防治法》《中华人民共和国防沙治沙法》《中华人民共和国固体废物污染环境防治法》《中华人民共和国可再生能源法》《中华人民共和国节约能源法》等法律，制定了有关排污费、医疗废物、危险废物、国家突发环境事件、海洋环境管理、民用核安全等行政法规，地方政府也出台了一系列配套政策。从党的十一届三中全会到党的十七大（2007年）以前，我国对人口、资源与生态环境问题的认识不断深化，越来越重视城市生态环境和经济发展的协调问题，并认识到城市要发展必须转变经济发展方式，走可持续发展之路。

13.1.3 生态文明建设新时期（2007年至今）

党的十七大明确提出了生态文明的理念，开启了我国生态文明建设的新时期。党的十七大报告强调科学发展必须坚持“全面协调可持续发展”，坚持生产发展、生活富裕、生态良好的文明发展道路，建设“两型”社会，实现经济发展与人口环境资源相协调；同时，就实现全面建设小康社会的新要求，从两个方面强调了生态保护：一是在实现经济发展目标上，要以保护环境为基础，注意发展的协调性；二是强调建设生态文明，在党的文件上第一次以文明形态来认识生态环境问题。党的十七大之后，我国在生态文明建设上更加关注城市层面。2008年，住房和城乡建设部以上海市和保定市为试点推出“低碳城市”理念。2010年，国家发展改革委发布了《关于开展低碳省区和低碳城市试点工作的通知》（发改气候〔2010〕1587号），启动了第一批低碳试点城市建设。2011年，财政部、国家发展改革委联合发布了《关于开展节能减排财政政策综合示范工作的通知》（财建〔2011〕383号），启动了第一批节能减排财政政策综合示范城市建设。此外，我国在参与全球生态环境治理上也更加积极。2009年，国务院总理温家宝在哥本哈根世界气候大会上向国际社会做出了“到2020年单位GDP碳排放在2005年基础上减排40%～45%，并把该指标纳入强制性的国民经济发展纲要中”的承诺。

党的十八大将生态环境政策推向了一个更高层次，首次提出“五位一体”总体布局，并将“生态文明建设”纳入其中，首次把“美丽中国”作为生态文明建设的目标，审议通过了《中国共产党章程（修正案）》，将“中国共产党领导人民建设社会主义生态文明”写入党章并作为政策纲领。党的十八届三中、四中全会分别提出了“纠正单纯以经济增长速度评定政绩的偏向”“加快建立系统完整的生态文明制度体系”“用严格的法律制度保护生态环境”的要求。国家“十三五”规划提出了“五大发展理念”，将绿色发展作为其中一个重要理念，并特别强调环境政策的改革创新。在“十二五”期间，全国多个城市持续的雾霾天气给公众造成了很大的负面影响，为有效治理雾霾，2013年国务院发布了《大气污染防治行动计划》（国发〔2013〕37号），采取严厉的措施治理大气污染。2015年9月，《中华人民共和国大气污染防治法》（以下简称《大气污染防治法》）修订通过，标志着我国对城市雾霾治理和大气污染防治的决心。鉴于大气污染属于全球性问题，2015年12月，我国最高领导人首次参加世界气候大会，即联合国气候变化巴黎大会，推进了《巴黎协定》的达成，标志着我国在参与全球气候治理中的重要作用。党的十八大以后，我国在城市生态环境建设上更进一步，2014年中央财政设立专项资金，分别启动了地下综合管廊试点城市和海绵城市建设试点工作。在“山水林田湖综合治理”

的城市生态环境保护新理念方面，2015年全国首个山水林田湖生态修复综合治理项目在长沙市启动。为了进一步纠正“唯GDP论”，增加领导干部的环保意识，2013年年底中央组织部发布了《关于改进地方党政领导班子和领导干部政绩考核工作的通知》，要求加入地区生产总值及增长率以外的政绩评价指标，加大环境与资源保护等指标的权重。2014年，《党政领导干部生态环境损害责任追究办法（试行）》发布，提出生态保护的责任终身追究制度。党的十八大以来，国家出台了一系列法律法规和政策措施，促进绿色发展。2015年1月，“史上最严”新环保法开始实施，制定了“公益诉讼”“按日计罚”“查封扣押”等严厉措施；4月，《中共中央 国务院关于加快推进生态文明建设的意见》首次提出“绿色化”的理念，并将其与农业现代化、新型工业化、城市化、信息化并列，对生态文明建设进行全面部署；9月，中共中央、国务院印发了《生态文明体制改革总体方案》，明确提出建设包括“自然资源资产产权制度”在内的生态文明制度体系，在生态文明领域推进国家治理体系和治理能力现代化；12月，中央城市工作会议时隔37年再次召开，为改革开放以来的城市生态建设工作正本清源，重点指出城市发展要着力改善城市生态环境，统筹生产、生活、生态三大布局，提高城市的宜居性。这次会议标志着我国新时期城市发展回归“人本”“宜居”的本位，为今后的城市生态文明建设指明了方向。在政策评估方面，为使我国城市建设项目的生态环境政策更加合理，2016年7月我国对《中华人民共和国环境影响评价法》（以下简称《环境影响评价法》）进行了修正，弱化了项目环评的行政审批要求，强化了规划环评，提高了未批先建等违法行为的处罚力度。

党的十七大特别是党的十八大以来，我国在城市生态环境和经济发展的关系问题上逐渐由“又快又好”转变为“又好又快”，在更加重视生态环境问题的同时也制定了更具操作性的生态环境保护政策和法规，使环境政策更加符合中国特色市场经济发展的特点，树立“可持续发展战略”，培养“科学发展观念”，走“生态文明之路”，大力发展“循环经济和环保产业”。

13.2 政策工具

环境政策工具是指环境保护主管部门针对城市生态环境问题而实施的具体措施，不同类型的环境措施即为不同类型的环境政策工具[4]。科学的生态环境理念和政策的有效落实有赖于合理的政策工具，随着我国城市生态环境政策的演进，政策工具也经历了一个从“命令-控制型”到“市场经济型”“自愿行动型”“公众参与型”“伙伴关系型”的演变过程（表13-1）。

表13-1 我国不同类型的环境政策工具

政策工具	具体内容
命令-控制型	污染物排放浓度控制、污染物排放总量控制、污染许可证制度、关停污染企业、环境影响评价制度、“三同时”制度、机动车限行、污染物集中控制、城市环境综合整治定量考核制度、环境行政督察
市场经济型	征收排污费、超标罚款、对节能产品的补贴、污水处理设施使用费、综合利用税收优惠、水资源和矿产资源税、押金返还制度、对污染企业的贷款限制、排污许可证交易、生态补偿试点
自愿行动型	环保标志、ISO 14000环境管理体系、清洁生产、生态农业、生态示范区和工业园、环境保护NGO、美丽乡村试点、环保模范城市、环境友好企业、绿色GDP核算试点
公众参与型	环境状况公报、环境统计公报、河流重点断面水质、大气环境质量指数、企业环保业绩试点、环境教育、环境影响评价听证会、专家座谈会、监督热线、调查问卷
伙伴关系型	中央对地方的专项转移支付、中央对地方的专项奖补、地方政府配套中央的财政基金

13.2.1 命令-控制型

命令-控制型政策工具是最早出现的环境政策工具，其理论基于生态环境的公共物品性质。传统福利经济学家较为认可政府在提供公共产品时的高效率，因此自然需要引入政府干预来纠正生态环境的外部性问题。长期以来，无论是在经济合作与发展组织（OECD）国家还是发展中国家，生态环境保护一直采用政府强制的命令-控制型政策工具对污染物的排放标准设置数量限制，或指定使用特定的改善技术。

命令-控制型政策工具可以定义为环境保护主管部门通过立法等强制手段将污染者的污染成本内部化，一般采取指定污染排放减少量或指定末端处理技术标准的方式。命令-控制型政策工具的作用在于直接影响污染者的生态环境业绩，通过实施管制过程或限制产品特征，禁止或限制特定污染物的排放，通过强制技术供给或在一组技术中进行选择来控制经济活动。在命令-控制型政策工具的实施过程中，环境保护主管部门对污染者的排污行为进行严格监管，对不符合标准的污染者进行强制制裁，这样就在增加污染者生态环境成本的同时，也提高了其逃避管制的动机，但由于监管的严格性和制裁的强制性，这类工具使污染者别无选择，要么遵守政策标准，要么面临司法或行政程序的处罚。命令-控制型政策工具较早出现在美国、日本、德国和其他欧洲国家，在这些国家中，污染者受到环境保护主管部门的密切监督且形成了“不符合标准即受制裁”的预期，因此很少出现违规行为。命令-控制型政策工具的设计原理在于假定政策制定者明确污染者愿意承担的生态环境成本，并将其准确地转化为条例和标准。在实践当中，这种类型的政策工具确实可以有力地保证生态环境保护的效果，但也存在一定的缺陷：一方面，由于标准的制定往往是一个试错过程，且对监管的要求较高，政府的行政管理成本也较高，因而效率较低；另一方面，从企业的角度来看，这类政策工具使其在生态环境保护上缺乏操作和技术的灵活性，对技术创新无法起到激励作用。

我国城市在生态文明建设的过程中，在命令-控制型政策工具的设置上进行了不断探索。为了合理有效地治理城市中的企业污染，一方面从国外引进了环境影响评价制度，在城市各工程建设项目的规划或其他活动之前，要求责任企业必须对工程建设可能对周围地区环境造成的影响进行调查、预判和评估，并提出相应的对策，制定相应的实施方案；另一方面自主创造了“三同时”制度[1]，强化了环境保护对策的实施，并在《环境保护法（试行）》（1979年）中得到体现。在政策实践方面，这类政策工具对多数企业是有效的，但对一些关系型企业的控制作用不大。为此，我国在已有环境政策的基础上又增加了环境污染申报及许可制度、总量控制制度和限期治理制度等，同时还不断提高了各级环境保护主管部门的重要性，以增强其权威性和参与综合决策的可能性，并逐渐建立了从中央到城市的环保共生系统，以加强监管协调和避免地方政府的不当行为。改革开放以来，我国城市汽车保有量快速增加，各城市汽车拥堵、尾气污染等问题日益严重，2007年在奥运会开幕前，北京市为达成交通顺畅和空气优良的目标，首次采取了机动车尾号限行的政策，并取得了良好效果，之后机动车限行便成了北京市的一个长期政策。借鉴北京市的政策，南昌、武汉、哈尔滨、长春、济南、贵阳、杭州、成都、兰州、天津等城市先后根据各自特点实行了针对特定区域、特定时间段的机动车限行政策。机动车限行政策对缓解城市高峰时段的道路交通拥堵起到了强制性减少的效果，但同时也增加了城市交通执法部门的监管成本。

13.2.2 市场经济型

随着我国城市环境管理和政策的不断演化，以及污染物排放总量控制和节能减排战略的推进，利用市场机制实现城市环境资源高效配置的市场经济型政策工具也不断受到各级政府的重视，并在不同城市和领域开展了试点和探索。市场经济型政策工具是继命令-控制型之后出现的。命令-控制型政策工具在早期对生态环境质量的改善具有显著作用，但由于其具有行政成本较高以及缺乏灵活性等劣势，同时出于对继续提高命令-控制型政策工具有效性的质疑和对提升企业竞争力的要求，为企业提供具有灵活性、使其可以充分选择污染控制最小成本方法的需求日益强烈。因此，可交易排污许可证、押金退还、排污税等具有经济激励作用的市场经济型政

[1] “三同时”制度即建设项目中防治污染的设施应当与主体工程同时设计、同时施工、同时投产使用。

策工具逐渐被普及。

市场经济型政策工具依托价格信号来实现污染控制，通过影响污染者的成本和收入，为其提供决策的灵活性，增强其寻求有效管理生态环境的动力。市场经济型政策工具的内涵在于通过增加污染控制的成本，使污染者自行寻求污染成本最小化的策略。这类工具与命令-控制型政策工具不同，可以给予污染者选择以自身最有利的方式对特定目标作出反应的自由，在为污染者提供更大的操作灵活性的同时，也与“污染者支付”原则保持一致，由污染者承担污染控制和补救的成本，且具有一定的技术创新激励作用。市场经济型政策工具的有效实施需要建立在产权明晰、对污染者的低成本基础设施进行监督和制裁的基础上，但在实践中许多污染者并不拥有或在短期内无法建设高成本的基础设施，且诸如生物多样性、大气等全球公共资源的产权问题难以解决。与命令-控制型政策工具不同，市场经济型政策工具并不总能有效控制污染总体水平（排污许可证除外），污染水平是由污染者对市场激励的反应决定的。

为弥补命令-控制型政策工具的不足，我国在1982年出台了排污收费政策，对城市污染排放的单位和个体工商户征收排污费。经过多年的发展，排污收费制度实现了从超标排污收费向与按污染物的种类和数量收费并存的转变，控制指标也由开始的浓度控制转变为浓度和总量的综合控制。在排污收费政策的执行期间，政府的强制性管制起到了很大作用，但由于信息不对称的问题，资源浪费和企业对政策的抵触态度没有较大改善。为此，作为排污收费政策的重要补充，我国探索实施了排污权交易制度，即将生态环境视为商品，由城市政府将环境污染分割成一定数量的污染排放权，每份污染排放权代表着允许的排污量，污染者可以对污染排放权进行交易[5]。20世纪80年代末，我国城市就已经开展了排污权交易的实践，回顾多年来的发展历史，我国城市排污权交易制度已从初步尝试和试点探索逐步走向深化实践：1987年，企业之间水污染物排放权有偿转让的方案在上海市闵行区首次实施；1991年，在国家环保局的督促下，全国16个城市开展了大气污染物排放许可证制度试点工作，1994年又在其中的包头市、开远市、柳州市、太原市、平顶山市、贵阳市开始了大气排污权交易试点工作；1996年，中央要求在全国所有城市推行排污许可证制度；2000年，《大气污染防治法》的出台为排污许可证制度赋予了法律地位。在前期初步尝试的基础上，从2001年开始，我国开展了不少排污权交易试点项目。2001年，太原市制定了《太原市二氧化硫排放交易管理办法》，并在亚洲开发银行的帮助下开展了二氧化硫排污权交易试点工作。2002年，我国与美国环保协会合作，在全国7个省市开展了二氧化硫排放总量控制及排污权交易试点工作。2006年，国家环保总局和财政部针对部分省市的排污权交易试点工作进行了调研，征求了上海、山西、江苏、河南、广西、广东、浙江、福建、天津等省（区、市）的相关意见，认为当时的排污权交易试点工作总体取得了较好的成效，但基本上属于政府"拉郎配"式的运作，需要进一步深化实践，释放排污权交易机制在保护城市生态环境方面的潜力。从2007年开始，我国更加重视通过市场机制对环境资源进行配置。国家环保总局在2007年启动了国家环境经济政策试点项目，内容涵盖绿色金融、绿色贸易、环境保险、生态补偿、排污权交易和环境税等政策。在国家政策和前期实践的基础上，各城市对排污权交易机制给予了特别关注，排污权交易制度在城市层面的实践更加深化，如浙江省多地先后出台了主要污染物排放权交易管理办法，开始了"自下而上"的实践探索，而江苏省则在省环保厅的主持下，在太湖流域通过"自上而下"的模式推进排污权交易。各城市积极推动的排污权交易工作吸引了商业化运作的参与，这些公司与城市政府合作共同打造排污权交易平台，在平台上交易的标的物范围不断扩展。2008年，天津排放权交易所成立，交易内容涉及二氧化硫等传统污染物与温室气体的经济生产发展机制技术与排放权，并将其作为标准化的交易产品。同年8月，上海环境能源交易所与北京环境交易所成立，对各类环境资源产品进行监管协调。这些新型交易平台辅助之前的以环保部门为主的试点，对排污权交易进行了深化改革。

排污许可证交易制度基于市场经济机制，对提高企业环境信息公开化有较大的促进作用，能够有效激励企业增加在环境管理方面的投入，有助于提升企业的环境竞争力。

13.2.3 自愿行动型

20世纪60—70年代，奉行经济自由主义的经济学家开始质疑政府作为公共产品唯一供给者的合理性，因为在政府干预下，环境政策往往基于政治压力和利益考虑，或者由于信息不对称而使其干预效果大打折扣。与此同时，很多学者从理论和经验两个方面论证了公共产品私人供给的可能性。因此，为了弥补原有政策工具的不足，具有更加积极特点的补充型政策工具——自愿行动型政策工具开始出现。自愿行动型政策工具可以理解为污染企业或工业部门自愿提高其生态环境业绩，与前面的政策工具相比，这一政策工具是通过非强制性的措施来推动企业进行自我约束的。自愿行动型政策工具给予企业是否参与的选择自由，企业在接受环境目标后也有权力随时放弃。这类政策工具可以通过两种方式来执行：一是自我管制，二是合作管制。其基本假设是私人部门可以承担环境政策设计的责任，通过加强使用环境和经济的有效措施，形成符合个体需要和参与者现状的行动。自愿行动型政策工具促进了政商互信，除了减少政府使用非自愿型政策工具执行时的监管成本，也为企业和政府带来了利益，且赋予了企业更大的灵活性，产生了更强的技术创新激励。

自愿行动型政策工具一般可分为单边协议、公共自愿计划和谈判协议三种类型：单边协议是一种自我管制，而后两者则是合作管制。单边协议无须任何政府直接干预，企业可采取单方面行动。这种自我管制的过程使企业可以自主制定环境改善计划、设置目标和执行监督程序，并与其他利益相关者合作。公共自愿计划是指政府负责制定污染改善目标、实现方式，企业自愿选择清洁标准和技术，其制订需要考虑个体参与条件、监督标准和结果评价、补贴、技术支持、生态标签等问题。谈判协议是政府和企业在制定标准和执行进程上积极谈判的结果。

当前国际上比较成熟的自愿行动型政策工具包括ISO 14000环境管理体系标准、欧盟的EMAS、环境标志、清洁生产和化工行业的“责任关爱行动”等[6]。我国在1992年提出了清洁生产理念，1995年首次在北京、上海、天津等10个城市选择石化、冶金、化工、轻工、船舶等行业进行清洁生产试点。到目前为止，清洁生产已推广至全国大部分城市的大部分行业企业。ISO 14000环境管理系列标准是1996

年由国际标准化组织在融合了许多发达国家环境管理经验的基础上制定的一套环境管理体系，旨在约束组织的环境行为。自该标准颁布以来，我国便在引入方面进行了积极探索。1996年12月，厦门市成为我国第一个实施ISO 14000标准的试点城市，1997年试点城市又进一步扩展到北京、天津、上海、重庆等10个城市，到目前为止，我国各城市企业实施ISO 14000环境管理系列标准的积极性不断提高，城市环境效益也显著提高。自愿行动型政策工具在自愿的基础上增加了企业的环保投入，有效减轻了政府的负担，使企业由政策工具被动接受者向主动参与者转变，而政府则由政策工具的推动者变为引导者。

13.2.4 公众参与型

参与权是公众的一项基本权利，公众参与生态环境保护是公众环保理念提升的集中体现，新修订的《环境保护法》明确规定了“公众参与”原则，并专章规定了“信息公开和公众参与”，使公众拥有通过合法渠道获取环境信息、合理有序参与环境保护的权利。根据2015年7月公布的《环境保护公众参与办法》，公众参与环境保护是指“公民、法人和其他组织参与制定政策法规、实施行政许可或者行政处罚、监督违法行为、开展宣传教育等环境保护公共事务的活动”。在参与原则上，公众应当遵循“依法、有序、自愿、便利”的原则；在参与方式上，“环境保护主管部门可以通过征求意见、问卷调查，组织召开座谈会、专家论证会、听证会等方式征求公众对环境保护相关事项或者活动的意见和建议”，“公众可以通过电话、信函、传真、网络等方式向环境保护主管部门提出意见和建议”[7]。目前，我国城市公众参与型政策工具主要包括城市公布的各类环境状况公报，环境统计公报，河流水质、大气指数等公开信息，以及公众听证会、环境教育座谈会、专家论证会、监督热线等参与渠道。

从公众参与型政策工具的具体实施上来看，城市环境保护主管部门向公众征求意见时，一般将“相关事项或者活动的背景资料”“征求意见的起止时间”“公众提交意见和建议的方式”“联系部门和联系方式”等信息予以公布，公众在规定时限内提交书面意见和建议，由于征求意见的方式不同，因此参与的人员也不同，如在采取专家论证会的方式征求意见时，参与人员以相关专业领域专家和环保社会组织中的专业人士为主；在采取问卷调查的方式时，参与人员的范围就更广泛一些。在公众参与舆论监督和社会监督的过程中，如果发现任何单位和个人有污染环境和破坏生态的行为，可以通过信函、传真、电子邮件、“12369”环保举报热线、政府网站等多种途径向城市环境保护主管部门举报。我国城市公众参与环境保护的成功案例很多，其中2005年4月13日北京市圆明园防渗工程听证会可以称得上是环保领域科学民主决策的“范本”。2004年下半年，圆明园开展了湖底防渗工程，将湖底的水抽干后铺上防渗膜，防止水生生物生长。截至2004年年底，媒体、专家及市民对此工程将会造成的严重后果进行了网上公开披露。在社会公众的积极参与下，2005年3月该工程被叫停，并于4月召开了公众听证会。在会上，对该工程持反对意见的社会公众指出了“破坏生态景观”“破坏固有水系结构”“活水变死水，造成生态灾难”“损坏历史文化价值”“浪费巨额资金”“有损于北京市生态环境”等多项工程后果，经会议协商，该工程被要求进行深度整改。该听证会充分彰显了公众参与在城市环境保护中的重要作用。与其他类型的政策工具相比，公众参与型政策工具是以一种“自下而上”的模式表达民声和民意，可以有效防止“自上而下”的政策实施效率较低的劣势，具有较强的生命力，未来在环境政策中所发挥的作用将更加突出和鲜明。

13.2.5 伙伴关系型

伙伴关系型政策工具一般由中央政府发起，指在一个特定时期内，中央政府、地方政府、特定企业三者就某些生态环境问题达成一定的承诺和协议，包括减排目标、经费分摊、组织安排、项目选择、工程进度等，在完成特定生态环境目标的前提下，三者共同分担伙伴关系带来的利益和风险——中央政府达到了优化生态环境的目的，政策涵盖范围内的地方在得到生态环境改善利好的同时也发展了相关产业，实施企业则改善了技术，增加了产出，提高了竞争力。伙伴关系型政策工具一般包括在特定的生态环境建设工程或项目中，中央对地方的专项转移支付、专项奖补及地方政府配套中央的财政基金，这些资金具有较好的杠杆作用，能够引导和吸引其他参与者的资金投入。

伙伴关系型政策工具一般具有4个特点：①长期的、相互依赖的合作关系；②具有明确的生态环境改善目标及具有可行性的实施计划；③参与者之间相互信任、共担风险、共享收益；④有严格的考核标准。通过伙伴关系型政策工具来改善生态环境，可以在明确环境目标的同时，提高资金使用效率及地方政府和参与企业的灵活性，通过企业的有效参与可以将财政资金有效对接市场，加快企业技术创新进程，推动企业转型升级。伙伴关系型政策工具的设立一般基于4个环节：①分析生态环境背景，在最新的生态环境理念的指导下，根据当前突出的生态环境问题选择切实可行的切入点；②选择合作伙伴，中央政府在设立奖补资金时要考虑选取哪些地方政府作为合作伙伴，地方政府在设立配套资金时需要考虑选取哪些企业作为合作伙伴，在这个过程中要明确选择的标准，包括资金配套能力、生态环境现状、示范效应、企业综合实力、实施方案完备性等诸多因素；③确定生态环境指标体系，在合作伙伴确定的情况下，明确需要达到的生态环境目标集合，包括定性目标和定量目标，并要保证指标体系的可转移性，为后期推广做好准备；④开展考核评估，由财政、环境等多领域的专家成立评估小组，定期对实施伙伴关系型政策的项目开展考核评估，根据结果采取一定的奖惩措施。

伙伴关系型政策工具是当前我国比较常见的生态环境政策工具。2010—2017年，我国先后启动了6批低碳试点城市建设，覆盖全国6个省份、71个城市。2011年，我国启动了节能减排财政政策综合示范城市建设，2011—2014年分3批在全国范围内选择了30个示范城市。2014年，我国启动了地下综合管廊试点城市和海绵城市建设，2015年和2016年分2批选择了25个地下综合管廊试点城市和30个海绵城市建设试点城市。在这些试点城市中，由中央财政发起设立一个专项转移支付或奖补资金，在初步申报的城市中经专家评审选取特定城市成为试点城市，试点城市配套一定比例的市级建设资金，在具体建设项目上，主要的建设资金和运营管理由参与建设的企业负责，市级资金进行适当配套，中央资金将根据项目运行情况进行一定的奖补。目前，这些工作取得了较为显著的成果，试点城市的生态环境状况得到了很大改善，参与企业的竞争力和绿色生产能力也取得了较大提升。

13.2.6　不同政策工具的比较

从环境改善效果、执行效率和技术创新3个标准对上述5种类型的政策工具进行比较（表13-2）可知，不同类型的政策工具具有不同的优势，在使用时可根据具体目标进行单个选择，也可以组合选择。

表13-2　政策工具比较

政策工具	环境改善效果	执行效率（监督执行成本）	技术创新和激励
命令–控制型	十分有效	成本较高	很小
市场经济型	总量不确定（可交易排污许可证除外）	成本较高	较高
自愿行动型	总量不确定	成本较低	高
公众参与型	总量不确定	成本较低	高
伙伴关系型	十分有效	成本较高	高

13.3　特点与问题

在对我国城市环境政策演变和政策工具进行分析的基础上，有必要对我国城市环境政策的特点和当前存在的问题进行评价，以便更好地指导未来环境政策的优化路径。

13.3.1　我国城市环境政策演变的特点分析

1. 在全球合作背景下推进生态环境保护进程

我国城市生态环境政策制定的首要特点就是要将我国生态环境的基本国情与世

界成功的生态环境保护经验相结合，在全球合作的背景下推动生态环境保护，这一特点主要出现在我国城市生态环境保护的初级阶段。1972年，我国就在生态环境保护领域实行了对外开放政策。

一是积极与世界性的环境组织和机构进行交流和学习。自1972年起，我国就相继派出代表团参与联合国环境规划署、世界环境与发展委员会、世界自然保护同盟等组织机构的活动，从中了解世界生态环境保护领域最前沿的信息和资料。我国代表团在1972年的联合国人类环境会议后，组织国内相关人员翻译并出版了《只有一个地球——对一个小小行星的关怀和维护》等10本著作。我国不仅对联合国环境与发展会议的召开起到了重要作用，而且在政策和组织机构层面落实会议议程：一方面，将工作重点放在城市，制定了《中国21世纪议程》及《中国环境与发展十大对策》；另一方面，成立了中国环境与发展国际合作委员会，主要负责辅助政府制定环境与发展的生态政策，促进我国在生态环境领域的对外交流。

二是认真研究和学习一些发达国家在生态环境保护领域的先进经验。我国于1972年就开始相继派出代表团赴欧盟、美国及日本等国家和地区进行学习和考察，相继引进了环境影响评价、排污收费、排污权交易等政策。

三是国家领导高度重视参与国际社会关于生态环境治理的会议。国务院总理温家宝曾于2009年参加哥本哈根气候大会，不仅学习了在生态环境治理方面先进的国际经验，更向国际社会做出了中国的承诺。习近平总书记于2015年参加了巴黎世界气候大会，表明了中国对世界环境问题的重视。

2. 在政策制定上呈现问题导向型、后置性的特点

城市生态环境政策制定的问题导向型、后置性特点是指政府在制定环境政策、采取行动时，明确针对的是城市中出现的环境问题，而且环境问题可能已经十分严重并已引起社会公众的关注。这一特点与特定的时代背景相关，我国很多政策的制定是伴随着环境问题的出现而开展的。新中国成立初期，我国城市尚未出现严重的生态环境问题，因此政府部门制定政策并没有考虑环境问题。随着我国生产力的不断提高，生产方式也在发生巨大的变化，无论是城市还是农村，无论是农田、湿地、草原还是水域，都不断涌现出生态环境破坏、环境污染及资源枯竭等环境问题。在这种背景下，我国政府逐渐开始关注生态环境问题并制定政策，如针对农村破坏耕地、林地及草地的问题，制定了“统筹兼顾”“综合治理”“除害兴利”“因地制宜”的方针；针对城市企业违规排污的问题，提出了“污染物总量控制”的原则；针对京津地区由于滥放牧、滥开垦、滥樵采引起的沙尘暴天气，先后推行了“三禁政策”、三北防护林工程、京津风沙源治理工程及沙区建设的环评制度；为治理各大城市出现的雾霾等大气污染问题，制定了《大气污染防治法》及《大气污染防治行动计划》，其中大城市还制定了机动车限行的规定。除此之外，我国对各个城市的政绩评价指标也发生了转变，不再将GDP及其增速作为评价的主要指标，而是尽可能考虑各地区的环境绩效，以此来增强城市领导者的环境意识和环境责任，提高城市的环境保护能力。

3. 城市环境政策呈现“国家理念”地位的特点

城市环境政策“国家理念”地位的形成不是一蹴而就的，而是经历了“重要问题”“基本国策”“国家理念”三个阶段，这个“自上而下”的演变过程不仅受到国内城市生态环境恶化因素的影响，也受到国际绿色贸易政策压力因素的影响。

第一，“重要问题”地位阶段。这一地位处于“大跃进”时期，由于城市工业粗放、无序的发展，生态环境问题不断涌现，社会公众逐渐具有了生态环境保护的意识，国家也开始重视城市生态环境问题并将其作为一项“重要问题”进行考虑，如1973年国务院在第一次环境会议上提出的环境保护工作的“32字方针”，1974年提出“五年控制”“十年解决”的目标。在这一时期，虽然城市生态环境问题得到了国家的重视，并且得到了一定的改善，但是其生态环境恶化的压力仍然较大。

第二，“基本国策”地位阶段。从党的十一届三中全会到党的十三大，国家就生态环境问题开始全局性的探索。党的十四大将“环境保护”定位为一项基本国策，这对我国生态环境保护具有里程碑意义。

第三，“国家理念”地位阶段。党的十四大之后，环境保护逐渐从“基本国策”向“国家理念”转变。党的十五大提出了可持续发展战略，环境保护成为改革开放和现代化建设的重要组成部分；党的十七大正式提出生态文明理念，标志着环境保护问题已经成为文明形态的一种；党的十八大进一步提高了生态环境政策的地位，在“五位一体”总体布局中，生态文明建设位列其中，“绿色”也被纳入“五大发展理念”，正式标志着生态环境政策“国家理念”地位的形成。

4. 生态环境保护的主体责任不断明确

担负生态环境保护责任的主体有政府及其所属环保部门和污染者，政府及环保部门担负的责任主要基于政府的公共服务职能及政府公共产品供给理念，污染者担负的责任主要基于“污染者付费”的原则。无论是环保部门还是污染者，其担负的生态环境保护责任都是不断明确的。对于环保部门来说，经历了相对原则化的责任规定[1]到责任规定不断明确细化[2]的转变，尤其是“绿色经济GDP”“党政领导干部生态环境损害责任”[3]的提出，将各级政府的环境保护责任进行了明确分工。

我国按照“污染者付费”的原则对污染者开展了排污收费政策、水权交易、生态补偿等环境经济政策实践，并取得了一定的成效和进展，进一步明确了污染者的生态环境保护责任。

5. 不断深化法治化水平与政策理念的全面化

新中国成立至今，我国生态环境政策的制定理念不断深化、全面化及法治化。

一是从偏重污染控制到环境污染与生态保护同等重视。1970年前后，我国的环境保护工作刚刚起步，主要关注的是治理“三废”问题，这一现象一直持续到1998年前后。1998年特大洪灾之后，政府开始注重生态保护问题，制定了相关的政策并采取了多项行动。

二是政策方法从“末端控制”到“全程控制”的转变。这一转变的时间点发生

---

[1] 参见《环境保护法（试行）》第五条：国务院和所属各部门、地方各级人民政府必须切实做好环境保护工作；在制定国民经济和社会发展计划的时候，必须对环境的保护和改善进行统筹安排，并认真组织实施；对已经造成的环境污染和其他公害必须作出规划，有计划、有步骤地加以解决。

[2] 1992年《中国环境与发展十大对策》公布，进一步明确了各级政府的生态环境保护责任，提出了“环境保护目标责任制”和“城市环境综合整治定量考核”等手段。

[3]《党政领导干部生态环境损害责任追究办法（试行）》第三条指出，地方各级党委和政府对本地区生态环境和资源保护负总责，党委和政府主要领导成员承担主要责任，其他有关领导成员在职责范围内承担相应责任；中央和国家机关有关工作部门、地方各级党委和政府的有关工作部门及其有关机构领导人员按照职责分别承担相应责任。

在1990年前后，自该节点之后，我国的生态环境政策从偏重分散治理转变为分散治理与集中治理相结合，从偏重浓度控制转变为浓度控制与总量控制相结合。

三是政策范围从点源到流域、区域的转变。点源控制是基于“谁污染、谁治理”的传统认知，自1996年以后，我国将政策范围的重点逐渐转移到流域和区域[1]。

四是政策手段从行政命令主导到法律经济手段主导的转变。自1990年以来，我国不断提高生态环境保护领域的法制水平，完善相关法律法规的建设。从1979年出台的《环境保护法（试行）》到2016年出台的《环境影响评价法》，我国已经制定了相对完善、覆盖面较广的环保法律法规体系，各个城市在法律框架下也因地制宜地出台了地方法规。我国的环境政策工具也完成了从传统的命令-控制型到市场经济型、公众参与型和伙伴关系型协同组成的政策工具集合的转变。

13.3.2　我国城市环境政策存在的问题

虽然我国城市的生态环境政策在几十年的发展过程中已取得了显著成果，但在政策制定、执行、监督和公众参与方面仍有许多亟须解决的问题。

1. 政策制定缺乏统筹性

以往我国在制定国家和城市的生态环境政策时对生态系统的复杂性认识不足，忽略了生态环境各组成要素之间的复杂联系。城市环境政策的制定一般都是针对单个生态环境要素的，如大气、土壤、固体废物、水域等，而不能从生态环境整体系统的角度出发，缺乏具有明确目标和整体协调的政策措施。此外，在城市生态环境政策的演变过程中，不同城市的政策内容及同一个城市内部多个政策之间多有重复之处或相互矛盾之处，致使很多政策在很大程度上难以落实。在政策制定统筹方面，美国颁布的《国家环境政策法》是一个很好的参照[8]，它针对美国生态环境法律法规体系的混乱局面，统筹协调生态环境与经济、政治和社会

---

[1] 1996—2010年，《中国跨世纪绿色工程规划》实施，“三河三湖”、北京、SO_2污染控制区和酸雨控制区、渤海、三峡库区及上游、南水北调工程地区、黄河、松花江相继纳入重点区域范围。

之间的关系，以统一的生态环境政策、目标和操作程序改变了各行政部门及相邻各区域在生态环境保护上的各行其是和消极怠慢。就美国《国家环境政策法》的作用而言，其规定的环境影响评价操作程序让各行政部门和不同区域把生态环境纳入决策进程，使其不再忽视生态环境的价值。我国目前在统筹性的城市生态环境法律方面尚属空白。

2. 政策执行的有效性较差

我国在国家和城市层面的生态环境政策体系较为完善，但在执行的有效性上有待提升，主要存在两个方面的问题。一是由于地方经济发展、政府制度结构及激励结构的原因，城市层面的环境政策执行会比一般政策执行更加困难[9]。我国尚处于社会主义初级阶段，以经济建设为中心，地方政府在经济建设中表现出的灵活性是我国经济发展的重要动力。而生态环境政策由于增加了地方经济发展的成本，往往遭到抵触，同时由于生态环境问题的跨域性和复杂性，生态环境责任也较难被指标化地下放到地方政府，因而生态环境政策的落实难度较大。二是由于道德激励和纪律惩戒不足，地方政府在执行生态环境政策时难以长期、持久地发挥作用[10]。突出体现在相关宣传教育还需进一步加强，尤其是要注意教育不能浮于形式，要建立与现代国家生态环境治理要求相适应的长效激励与惩戒机制，目前多以政治激励的方式鼓励地方政府进行生态环境保护的模式很难发挥有效作用。

3. 政策监督的独立性较弱

我国城市生态环境政策的官方监督由生态环境部和地方生态环境主管部门负责。地方生态环境主管部门本身隶属当地政府，在执行监督时往往会受到限制，导致缺乏独立性。另外，从法律的角度来看，政策享有司法豁免权，我国的《行政诉讼法》第12条规定，公民、法人或其他组织对行政法规、规章或者行政机关制定、发布的具有普遍约束力的决定、命令提起的诉讼，人民法院不予受理。这种制度安排使城市生态环境政策在执行中较少受到司法监督，政策的执行效果无法得到合理评估。为了提高我国城市生态环境政策监督的有效性，应当逐步提高我国各级环境保护主管部门的监督独立性。

4. 公众参与缺乏广泛性

公众参与是城市生态环境政策的重要组成部分，美国等发达国家的公众参与生态环境政策的程序和规则较为完善，公众参与的广泛性较高，如在环境影响评价方面，这些国家往往充分利用媒体公开建设项目信息，号召城市居民和社会公众参与相关听证会并总结公众意见[1]。相较而言，我国城市公众的参与权虽然在新环保法和公众参与办法等法规中得到体现，但在实践中主要体现在环境影响评价领域，在环境政策制定等其他领域中公众参与往往以专家座谈会的形式进行，城市普通公众的参与渠道较窄。此外，由于区域的不同，我国东部沿海城市和中部地区城市的公众参与度较高，在层次上主要以学生团体和社会志愿者为主，受过良好教育或经济条件较好的人群参与度较高，广大西部地区城市由于生态环境保护教育较差、经济条件落后等原因，公众参与度不高。在生态环境政策方面，要实现全面的公众参与尚需很长的路要走。

13.4 政策优化

优化我国现有的城市生态环境政策具有重要意义：首先，政策的优化是贯彻“五位一体”总体布局和绿色发展理念的要求；其次，政策的优化是立足我国经济发展现状、转变经济发展方式、促进经济又好又快发展的内在需求；最后，政策的优化不仅可以满足公众日益增长的环境生存权诉求，也有利于增强整个城市的竞争力，更有利于提升国家参与全球环境治理的能力和水平。

13.4.1 拓宽国际视野，增强国际生态环境合作

优化城市生态环境政策需要在生态环境领域广泛开展国际合作，这是在环境风险全球化背景下的必然要求。国际合作要求在优化城市生态环境政策时应满足全球生态环境治理的需求，符合全球生态环境政策制定的新要求，顺应全球环境规则制定的新趋势，紧跟国际生态环境会议的议程，学习国外发达城市的先进经验。目前，我国在制定城市生态环境政策时就保持了前瞻性，始终紧跟全球生态环境会的

进展情况，不仅符合全球生态环境质量的最新趋势，也使我国城市环境问题的治理富有成效。

在世界范围内，绿色发展的示范国家往往由于充分展现了其生态环境政策优化的政治、经济及社会可行性，才使其他国家采取跟随战略，促进先进生态环境政策理念的吸收和扩散[12]。因此，我国在优化城市生态环境政策时，不仅应考虑政策推进的强度，也应考虑政策理念的可扩散性和可吸收性，只有综合考虑上述两个因素，才能使城市生态环境政策的优化富有成效。具体到实践层面，我国应当与世界环境组织和机构、生态环境建设的示范国家及城市开展全方位、多层次、宽领域的合作，这不仅有利于进一步优化我国城市生态环境政策制定的水平，更有助于促进我国生态环境政策理念的扩散和吸收，提升我国在生态环境领域政策制定的话语权和影响力。

13.4.2　构建中国特色城市生态环境治理路径，为世界提供中国样本

我国在优化城市生态环境政策的过程中，不仅要紧跟全球生态环境治理的最新趋势、学习示范国家的先进实践经验，更要立足我国经济、政治、社会、文化发展的现状，在充分挖掘我国城市生态环境治理存在的问题的基础上，探索中国特色城市生态环境治理路径，制定本土化、创新型的生态环境政策标准。通过对相关文献的查阅发现，不同国家实现绿色发展的路径是不同的，现有模式主要有部门路径、跨部门路径、综合性多维度路径及将可持续发展整合到其他计划中的路径[13]。上述路径各有优劣，在此不做评价，需要指出的是不同国家选择的不同路径都是立足于本国国情的，因此我国在选择城市发展路径时应综合考虑自身的政治经济基础、生态环境现状及公众对环境生存权的诉求等基本国情。基于上述考量，我国在城市生态环境政策的优化上应明确3个目标：①提高生态文明建设和绿色发展领域制度建设的具体化水平及生态环境政策的执行效率；②制定和实施综合性的生态环境政策，将环境因素融入我国经济、制度及技术建设的各个方面；③顺应国际生态环境治理的最新趋势，并将国家承诺的减排目标和责任落实到城市层面，持久地推动生态环境政策的实施，提高政策的有效性。

13.4.3 重视多元主体参与协商共治，减少政策推行的阻力

城市生态环境政策的优化不仅要体现出政策的合理性和科学性，还要重视政策的可实施性，这就需要解决各主体之间复杂的利益关系，重视多元主体参与协商共治，以减少生态环境政策推行的阻力，这实际上也体现了优化政策的可行性及转移效益。一方面，决策者在优化城市生态环境政策时，应向不同的主体展现期望价值，对于企业来说，应体现出绿色技术创新可以加快实现市场化和规模化，开辟技术领域的新市场，在技术革新上为其消除制度壁垒的前景；对于公众来说，应体现出可以满足其环境生存权的诉求及提供环境公共服务的愿景；对于政府来说，应体现出可以提高我国在全球环境治理中的话语权和竞争力。另一方面，我国城市生态环境政策的优化应重视社会公众的接纳度，转变城市生态环境的政策模型，重视城市居民的公众参与，由命令-控制型政策工具向多元主体参与协商共治的政策转变，丰富公众参与的形式，加强生态环境政策的政治决策层、具体实施层及专家、企业、公众的交流和协调，激发社会公众参与生态环境治理的热情并畅通参与渠道，以减少生态环境政策在推行中的阻力和产生的社会成本，提高政策的社会接纳度。

13.4.4 加强综合能力建设，稳固政策优化基础

我国城市生态环境政策的优化需要从四个层面加强政策优化的综合能力建设：一是在战略层面，应立足国情，着眼于长远，加强多元主体参与生态环境的协商共治，明确生态环境政策优化的方向和目标，提升我国城市生态环境政策优化的战略能力；二是在系统层面，应完善相关的法律法规体系、宣传网络及信息服务等系统建设，为城市生态环境政策的优化提供法律保障、政策转移及公众参与的渠道；三是在主体层面，应强化政府在城市生态环境政策优化中的主体地位，其作为政策优化的决定者、推动者和实施者是由生态环境政策优化的特点决定的，生态环境政策优化是一个充满挑战的复杂过程，需要平衡各主体的利益诉求，因此需要政策决定者具有丰富的生态环境知识、准确的判断力、强制的执行力及灵活的调控力；四是

在制度层面，应提升生态环境制度建设的一体化和综合化水平，打破部门间、城市间的割裂状态，优化重组不同部门、不同城市甚至不同组织之间的分工合作，把环境保护这一国家理念融入不同部门的工作中，强化各主体之间的利益协调和监管，促进生态环境政策的整体性发展。

参考文献

[1] 任春晓. 我国环境政策预期与绩效的悖反及其矫正[J]. 行政论坛，2007(3)：51-55.

[2] 李东松，张恒力. 生态政策的六十年发展轨迹[J]. 北京行政学院学报，2010(1)：71-75.

[3] 屈格平. 中国环境保护事业发展历程提要[M]//《中国环境年鉴》编辑委员会. 中国环境年鉴 1990. 北京：中国环境科学出版社，1990：1-12.

[4] 彭海珍. 中国环境政策体系改革的思路探讨[J]. 科学管理研究，2006(1)：25-28.

[5] 蔡运龙. 自然资源管理[M]. 北京：北京大学出版社，2001.

[6] 马小明，赵月炜. 环境管制政策的局限性与变革——自愿性环境政策的兴起[J]. 中国人口·资源与环境，2005(6)：19-23.

[7] 徐祥民，刘杰. 全民环保：从自觉自愿到法定权利[J]. 中华环境，2015(11)：66-68.

[8] 王曦. 美国环境法概论[M]. 武汉：武汉大学出版社，1992.

[9] 黄晗. 地方政府与中国环境政策执行困境分析[J]. 北京行政学院学报，2013(4)：14-18.

[10] 冉冉. 道德激励、纪律惩戒与地方环境政策的执行困境[J]. 经济社会体制比较，2015(2)：153-164.

[11] 吴荻，武春友. 建国以来中国环境政策的演进分析[J]. 大连理工大学学报(社会科学版)，2006(4)：48-52.

[12] 克劳斯·雅各布马丁·耶内克. 全球视野下的环境管治：生态与政治现代化的新方法[M]. 济南：山东大学出版社，2012.

[13] 舒绍福. 绿色发展的环境政策革新：国际镜鉴与启示[J]. 改革，2016(3)：102-109.

第14章

城市生态文明建设的评价体系

XINSHIDAI SHENGTAI WENMING CONGSHU

14.1 评价体系综述

自20世纪90年代以来，社会各界对可持续发展越来越关注，研究生态文明城市的重要性得到了国内外学界与政界的认可。国内外研究者从多角度构建了一系列与可持续发展及生态文明城市有关的评价指标体系与框架，政府也在积极尝试落实这些发展构想。具体来说，相关研究主要集中在生态文明评价体系、城市生态系统评价体系、城市生态化过程评价体系、城市可持续发展评价体系、生态城市评价体系等研究热点上，并衍生出侧重点各异、行业特色明显的诸多概念，形成了城市建设与生态文明相结合的交叉研究的多元化格局，但也在一定程度上引发了生态文明城市管理的混乱。本节主要整理了国内外关于生态文明与城市建设相结合的各种研究成果，旨在为之后城市生态文明评价指标体系的建立奠定理论基础。

14.1.1 生态文明评价体系

生态文明是指为保护和建设美好的生态环境而取得的物质成果、精神成果和制度成果的总和，是贯穿经济建设、政治建设、文化建设、社会建设全过程和各方面的系统工程，反映了一个社会的文明进步状态。城市生态文明建设是指在城市建设和发展的过程中，树立城市伦理和生态文化，指导人类各项活动，实现人与环境的和谐共处，共同推动城市社会经济的可持续发展[1]。

国内关于生态文明评价体系的研究并不多，具有重要指导作用的主要有中国科学院可持续发展战略研究组的可持续发展能力综合评估指标、资源环境综合绩效评估指数、北京林业大学生态文明研究中心的生态文明指数。

1. 可持续发展能力综合评估指标

中国科学院可持续发展战略研究组将可持续发展视为由相互内在联系的五大子系统构成的复杂巨系统的正向演化轨迹，可将指标体系分为5个等级，分别是总体层、系统层、状态层、变量层和要素层，共有234个基层指标。

2. 资源环境综合绩效评估指数

资源环境综合绩效评估指数（REPI）表达的是一个地区的资源消耗或污染物

排放绩效与全国相应资源消耗或污染物排放绩效比值的加权平均。指数越大，说明资源环境综合绩效水平越高。在评估中，REPI选择了能源消费总量、用水总量、建设用地规模、固定资产投资、化学需氧量排放、二氧化硫排放量和工业固体废物排放总量共7大类资源环境指标。

3. 生态文明指数

北京林业大学生态文明研究中心从生态活力、环境质量、社会发展、协调程度、转移贡献5个方面对生态文明发展状况进行评价，形成了生态文明指数（ECI），并且在此基础上进一步在省级层面设计出中国省域生态文明评价指标体系（ECCI）。随着科技的不断进步及人们意识的不断深化，衡量一个省份生态文明建设水平的标准也会发生相应的变化，在ECCI 2010的基础上，通过进行进一步研究，ECCI创新发展成为ECCI 2011，由原来的4个二级指标和20个三级指标增加到5个二级指标和25个三级指标。其中，二级指标在原有基础上增加了“转移贡献”这一指标，其下又包括“农林牧渔业人均总产值”“煤油气能源自给率”“用水自给率”“人口密度”4个三级指标；在“生态活力”这个二级指标下增加了“湿地面积占国土面积的比重”这个三级指标；将“社会发展”指标下的“教育经费占GDP比例”改为“人均教育经费投入”。[2]

4. 其他研究成果

表14-1给出了其他一些研究者从不同角度建立的生态文明评价体系。

表14-1　其他生态文明评价体系研究[3-6]

学者	主张的生态文明评价内容
朱松丽、李俊峰	评价内容包括生态环境、大气环境、水环境、经济结构、能源发展、生态产业、生态文明教育普及率7类40个具体指标；单独设置了生态文化与制度指标系统，包含绿色GDP市级普及率、近岸海域水质达标率等创新指标

续表

学者	主张的生态文明评价内容
刘伟杰、曹玉昆	从思想教化、生态文化、生态经济、生态环境、生态社会和保障体系6个层面选取了25个评价指标
蒋小平	评价内容包括森林覆盖率、水土流失治理率、城市垃圾无害化处理率等环境指标，人均GDP、第三产业比重等经济指标，人口自然增长率、城市化水平等社会指标
关琰珠等	共拟定32项指标，其中含新创指标10项，即工业污染控制指数，生态环境议案、提案、建议比例，为民办实事环境友好项目比例，环境管理能力标准化建设达标率，健全完善生态预警机制，生态知识普及率，万人各类人才总量，人均绿色GDP，生态环境投资指数，非政府组织参与环境保护活动人次

14.1.2 城市生态系统评价体系

王云才等[7]研究指出，城市生态系统评价是建立在城市整体人类生态系统的基础上的，是将城市作为一类独特的生态系统进行的生态系统结构、功能和协调程度的评价，是立足于生态学进行的评价。城市生态系统评价的目的在于正确认识其内在特征、内在过程和独特的人地关系机制，科学揭示城市生态系统的运行特征和过程，为城市生态和生态城市的发展奠定科学依据、提供技术平台。因此，城市生态系统特征与评价是对城市生态化和生态城市进行研究、规划设计和城市建设的重要基础。

城市生态系统主要分为自然环境生态子系统、社会生态子系统、经济生态子系统和基础设施生态子系统，以发展循环经济为目标，保证城市物质流、信息流、能量流、人口流和资金流的通畅。从现有研究来看，城市生态系统评价体系主要集中在城市生态系统的结构（人口、基础设施、城市环境和城市绿化）、功能（物质还原、资源配置、生产效率）及协调度（社会保障、城市文明和环保投资比例）等方面。

14.1.3 城市生态化过程评价体系

城市生态化过程是城市由传统城市向生态城市转化的过程，是城市生态化程度的阶段性状态。它具有三层含义：一是城市生态化的过程；二是在城市发展的不同阶段，在由传统城市逐步走向生态城市的过程中对城市生态化程度的描述与判断；三是城市规划、城市建设和城市管理逐步生态化的进程。城市生态化过程评价体系是一个动态的研究和评价体系，关注的是城市生态化的进展、速度、整体性及其潜力四个方面。城市生态化过程评价并非静态的评价，往往难以与城市生态和城市可持续发展评价相区分。因此，对城市生态化的研究和评价集中在城市的生态水平对于标准生态城市状态的隶属度评价上，是对城市现状具有的生态属性和生态水平的评价。具体来说，评价指标集中在城市生态系统的自然生态水平（城市绿化、环境质量和环境治理）、经济生态水平（经济水平、经济效益、经济结构）、社会生态水平（人口状况、资源配置、社会保障）和设施生态水平（交通通信、给排水设施、能源与防灾设施）四个方面[7]。该评价体系存在的问题在于，评价指标并不能真正反映城市生态化过程的内在特征，不具有代表性和系统性[7]。

14.1.4 城市可持续发展评价体系

城市可持续发展评价也是城市研究与城市规划中的重要课题。王云才等[7]在总结众多研究后指出，城市可持发展评价体系从城市系统的广义特征来看，是对城市整体人类生态系统可持续能力的评价；从狭义特征来看，是对城市系统生态层面可持续能力的评价。从目前的研究来看，城市可持续发展评价体系主要集中在城市生态系统可持续发展评价和城市生态可持续发展评价两个领域。二者的差异一方面表现为前者以城市整体人类生态系统为对象，评价其可持续发展的能力和体系，后者则侧重于对城市生态问题的评价，这只是城市复杂问题的一个方面；另一方面在于对城市经济质量和效率、社会生活与保障、环境污染与控制三个方面的评价针对的是城市系统的生态特征，而城市生态可持续能力评价指标主要集中在对经济水平

（数量与质量）、社会水平（人口质量、环境质量、精神生活、物质生活）和自然环境水平（环境状况、环境控制和环境建设）的评价上。

14.1.5　生态城市评价体系

生态城市是依托城市建设技术而不断发展和演变的人类生态系统。但随着生态技术的发展，生态城市的内涵和标准也在不断发生变化。国际上对此研究较多，如弗兰克·阿齐布吉（Franco Archibugi）提出了“结果-行为-容量”的生态城市评价指标群；联合国可持续发展委员会在借鉴“压力-状态-响应”（PSR）框架机制并结合城市生态系统关系的基础上，从社会、经济、环境和制度4个方面构建了生态城市评价体系；欧盟于2002年2月开始资助“生态城市：向可持续城市交通结构发展”项目，从区域与城市文脉、城市结构、城市交通、物资能源、社会经济5个方面来构建生态城市评价指标体系，追求实现环境友好的交通系统与发展可持续的居住模式。[8]

国内相关研究起步较晚，总结起来有2种类型：①将城市生态系统划分为城市经济、城市社会和城市自然3个子系统，将指标对应为经济生态指标、社会生态指标和自然生态指标3个部分；②从城市生态系统入手，如宋永昌、王祥荣等通过分析城市生态系统，从城市生态系统的结构、功能和协调度3个方面来建立生态城市评价指标体系。生态城市指标体系不仅是生态城市内涵的具体化，还应是生态城市规划和建设成效的度量。

自党的十七大提出生态文明建设战略目标以后，中央到地方都已开展了生态文明相关理论研究。2008年7月，中共中央编译局课题组正式发布了国内首个生态文明建设（城镇）指标体系[9]。该指标体系试图用30个指标来衡量区域生态文明发展程度：除了人均GDP、单位GDP能耗、清洁能源使用率、工业用水重复利用率等常见指标外，还包含建成区绿地率、无公害农产品绿色食品和有机食品认证比例、居民平均预期寿命及公众对城市环境保护的满意率等新指标。该体系对深化生态文明内涵理解，推动生态文明建设的正确决策、科学规划、定量管理、准备和评价、具体实施提供了科学依据。

2012年8月9日，山东省质监局批准发布了全国第一个水生态文明城市省级地方评价标准——《山东省水生态文明城市评价标准》（DB37/T 2172—2012），并于2012年8月20日起实施。该评价指标体系主要涉及5项分指标体系：①城市水资源体系，主要考察水资源支撑城市经济社会可持续发展的能力，从城市水源情况和用水效率2个方面来评价；②城市水生态体系，主要指水域水体维持水生态平衡、防止水生态破坏及促进水生态良性循环的能力，从水域环境、动植物资源和水土保持3个方面来评价；③城市水景观体系评价，主要考察城市水域周边的风景、风貌和特色，从生态水系治理、亲水景观建设、水利风景区建设和观赏性4个方面来评价；④城市水工程体系评价，主要考察在江河、湖泊、地下水源上开发、利用、控制、调配、保护水资源的各类水利工程的运行状况，从工程标准、工程质量和工程景观方面来评价；⑤城市水管理体系，指运用法律、行政、经济、技术等手段对水资源的分配、开发、利用、调度和保护进行管理的各种活动，以求可持续地满足经济社会发展、改善环境对水的需求，具体从规划编制、管理体制机制和公众满意度等方面来评价[10]。

总体来看，由于生态城市的内涵和标准还不统一、不确定，无论是状态评价、过程评价还是目标评价，均使生态城市评价更为复杂。生态城市标准的不确定性也是制约进行生态城市评价研究的重要方面。

14.1.6 各评价体系的相同点和不同点

根据以上分析，表14-2从目标、评价指标2个方面对生态文明评价体系、城市生态系统评价体系、城市生态化过程评价体系、城市可持续发展评价体系、生态城市评价体系进行了对比。从中可以看出，我国对生态文明城市建设评价指标体系的研究大多着重于定性衡量，而且偏重于精神文明创建方面的评估，因此难以指导生态文明城市发展和建设的具体实践。

表14-2 主要评价体系对比

<table>
<tr><th>对比项目</th><th>目标</th><th colspan="2">评价指标</th></tr>
<tr><td>生态文明评价体系</td><td>为保护和建设美好生态环境而取得的物质成果、精神成果和制度成果的总和</td><td colspan="2">● 可持续发展能力综合评估指标
● 资源环境综合绩效评估指数
● 生态文明指数</td></tr>
<tr><td rowspan="3">城市生态系统评价体系</td><td rowspan="3">正确认识城市生态系统的整体特征，及时调整城市建设与管理的决策与措施</td><td>结构</td><td>● 人口结构：人口密度、人均期望寿命、每万人高等学历人数
● 基础设施：人均道路面积、人均住房面积、每万人病床数
● 城市环境：污染控制综合得分、空气质量、环境噪声
● 城市绿化：人均公共绿地面积、城市绿地覆盖率、自然保留地面积</td></tr>
<tr><td>功能</td><td>● 物质还原：固体废物无害化处理率、工业废水排放达标率、工业废气排放达标率
● 资源配置：百人电话数、人均生活用水、人均生活用电
● 生产效率：人均GDP、万元产值能耗、土地产出率</td></tr>
<tr><td>协调度</td><td>● 社会保障：人均保险费、失业率、刑事案件发生率
● 城市文明：百人拥有藏书量、城市卫生达标率
● 环保投资占GDP的比重、科教投入占GDP的比重、城乡收入比</td></tr>
<tr><td>城市生态化过程评价体系</td><td>城市生态化是由传统城市向生态城市目标转化的一个过程和阶段性目标</td><td>社会生态水平</td><td>● 人口状况：市区人口密度、平均预期寿命、第三产业从业人员比例、婴儿缺陷发生率、城市化水平
● 资源配置：人均耕地面积、人均住房面积、外商实际投资额
● 社会保障：失业率、医院床位数、年均工资水平、人均保险费</td></tr>
</table>

续表

对比项目	目标	评价指标	
城市生态化过程评价体系	城市生态化是由传统城市向生态城市目标转化的一个过程和阶段性目标	经济生态水平	●经济水平：人均GDP、GDP总量 ●经济效益：万元GDP能耗、万元GDP物耗、百元资金实际利税 ●经济结构：第三产业占GDP比重、高新技术产品占工业总产值比重、信息产业增加值占GDP比重、科技进步贡献率
		设施生态水平	●交通通信：人均铺装道路面积、每万人拥有的公共车辆数、电信业务总量、国际互联网用户 ●给排水设施：人均生活用水量 ●能源与防灾设施：人均生活用电、火灾损失
		自然生态水平	●城市绿化：人均公共绿地面积、建城区绿化覆盖率 ●环境质量：大气环境浓度、饮用水水质达标率、环境噪声平均值 ●环境治理：工业废水排放达标率、工业废气处理率、工业固体废物综合利用率
城市可持续发展评价体系	建立城市生态系统可持续发展调控体系，揭示城市生态的特征及可持续发展水平的趋势	经济水平	●数量：人均GDP、工业产值密度 ●质量：第三产业占GDP比重、百元固定资产净值的工业产值、每千克能源GDP产值
		社会水平	●人口质量：百万人中科技人员、大专院校师生数，人口密度 ●环境质量：区域优于Ⅲ类水体的比例、空气质量指数、森林覆盖率、公众对环境的满意率 ●精神生活：人均拥有公共藏书数、万人拥有电影放映场数、万人拥有医生数、年每平方千米城市灾害次数 ●物质生活：百人拥有电话数、万人拥有公共车辆数、千人拥有服务人员数、人均居住面积、人均年生活用电量

续表

对比项目	目标	评价指标	
城市可持续发展评价体系	建立城市生态系统可持续发展调控体系，揭示城市生态的特征及可持续发展水平的趋势	自然环境水平	●环境状况（大气质量）：总悬浮颗粒物、降尘 ●环境状况（水质量）： 溶解氧、生化需氧量、高锰酸盐指数 ●环境状况（声质量）：区域环境噪声 ●环境控制：烟尘控制区面积比、工业废水处理率、生活污水处理率、固体废物综合利用率 ●环境建设：气化率、人均公共绿地面积、建城区道路率
生态城市评价	建立生态城市规划、建设、管理的有效依据	发展状态	●经济水平：人均GDP、国土产出率 ●生活质量：人均期望寿命、住房指数 ●环境质量：区域优于Ⅲ类水体的比例、空气质量指数、森林覆盖率、公众对环境的满意率
		发展动态	●经济动态：GDP年增长率、能源产出率、财政收入占GDP比例 ●社会动态：基尼系数倒数（社会公平性） ●环保动态：退化土地恢复率、工业废水排放达标率、城区生活垃圾无害化资源化率
		发展实力	●经济发展实力：企业ISO 14000认证率、固定资产投资占GDP比例、从事研发人员比例 ●社会发展实力：成人平均受专业教育年限、公务员平均受专业教育年限、政府职能部门符合生态城市规划的政策条例比例 ●生态建设实力：环境保护投资占GDP比例、受保护地面积比率、市民环境知识普及和参与率

14.2 城市生态文明指标体系及关联度分析

目前，我国城市生态文明建设评价体系中的指标数量基本介于20～40项，大部分均从国家生态市指标衍生而来，如张家港市的30项指标中有11项、无锡市的42项指标中有15项、昆山市的37项指标中有19项、吴江市的37项指标中有15项与生态市指标相同[11]。本节在研究借鉴以往相关评价指标制定和体系运行经验的基础上，创建了较为完整的城市生态文明指标体系，这些评价指标主要包括伦理、边界、目标、动力、能源基础五大类。

14.2.1 伦理指标

1. 人类发展指数

人类发展指数（Human Development Index，HDI）是由联合国开发计划署（UNDP）在《1990年人文发展报告》中提出来的，是用以衡量联合国各成员经济社会发展水平的指标。该报告定义了“人类发展”的概念，包括人文发展状况、健康寿命、受教育机会、生活水平、生存环境和自由程度等指标。HDI是以“预期寿命、教育水平和生活质量”这3项为基础变量，按照一定的计算方法进行核算后得出的综合指标。根据2015年HDI排名，挪威连续12次蝉联第一，在参评的188个国家和地区中位列前10位的全部是西方国家，分别是挪威、澳大利亚、瑞士、丹麦、荷兰、德国、爱尔兰、美国、加拿大和新西兰。排在后3位的国家都位于非洲，分别是尼日尔、中非共和国和厄立特里亚。在亚洲，排名最高的是新加坡（第11位），中国香港排名第12位，韩国排名第17位，日本排名第20位，我国内地排名第90位。但是HDI数据仅仅反映了当地的人类综合发展情况，无法说明某一国家和地区内人们生活和发展中的差异。

2. 基尼系数

基尼系数是国际上用以综合考察居民内部收入分配差异状况的重要指标之一，数值范围在0～1，数值“0”表示居民之间的收入分配绝对平均，即人与人之间收入完全平等，没有任何差异；而数值“1”表示居民之间的收入分配绝对不平均，即所有收入被一个居民全部占有。基尼系数通常把0.4作为收入分配差距的“警戒线”（根据黄金分割率，其准确值应为0.382）。一般发达国家的基尼系数在0.24～0.36。根据国家统计局公布的数据，2015年我国的基尼系数为0.468，处于“收入差距较大”水平（表14-3）。

表14-3　基尼系数对应的收入差距水平

基尼系数值	收入差距水平
低于0.2	收入绝对平均
0.2～0.3	收分比较平均
0.3～0.4	收入差距相对合理
0.4～0.5	收入差距较大
0.5以上	收入差距悬殊

3. 城市人均公共绿地面积

城市人均公共绿地面积是指城市非农业人口每人拥有的公共绿地面积，计算公式如下：

$$人均公共绿地面积 = 城市公共绿地面积/城市非农业人口 \qquad (14-1)$$

生态城市人均公共绿地面积的达标值≥11 m^2。在具体计算时，公共绿地包括公共人工绿地、天然绿地及机关、企事业单位绿地。根据《国务院关于加强城市绿化建设的通知》（国发〔2001〕20号）的规划目标，要求2005年全国城市规划人均公共绿地面积达到8 m^2以上，2010年人均公共绿地面积达到10 m^2以上，在现实中相应年份的数据也都达到了上述要求。根据全国绿化委员会办公室公布的《2019年中国国土绿化状况公报》，2019年城市人均公共绿地面积为14.11 m^2。

4. 人均水资源量

人均水资源量是衡量国家可利用水资源程度的指标之一，指一国可以利用的淡水资源平均到每个人的占有量。据统计，2012年我国人均水资源量只有2 100 m^3，仅为世界人均水平的28%。根据《2019年国民经济和社会发展统计公报》，全国总人口为140 005万人，全年水资源总量为28 670亿m^3，故人均水资源占有量约为2 048 m^3。目前，我国约有2/3的城市缺水，1/4的城市严重缺水。据水利部预测，2030年我国人口将达到16亿人，人均水资源量仅为1 750 m^3。届时，在充分考虑节水的情况下，预计用水总量为7 000亿～8 000亿m^3，要求供水能力比现在增长1 300亿～2 300亿m^3，全国实际可利用水资源量接近合理利用水量上限，水资源开发难度极大。[12]

5. $PM_{2.5}$

$PM_{2.5}$也称细颗粒物，是指大气中空气动力学当量直径小于或等于2.5 μm的颗粒物，也称为可入肺颗粒物。虽然$PM_{2.5}$只是地球大气成分中含量很少的组分，但它对空气质量和能见度等有重要的影响。$PM_{2.5}$粒径小，含有大量的有毒、有害物质且在大气中的停留时间长、输送距离远，因而对人体健康和大气环境质量的影响更大。$PM_{2.5}$的成分很复杂，主要取决于其来源，有自然源和人为源两种，但危害较大的是后者。人为源又分为括固定源和流动源：固定源包括各种燃料燃烧源，如发电、冶金、石油、化学、纺织印染等各种工业过程及供热、烹调过程中的燃煤与燃气或燃油排放的烟尘；流动源主要是各类交通工具在运行过程中使用燃料时向大气排放的尾气。

14.2.2　边界指标

1. 耕地红线

耕地红线指经常进行耕种的土地面积最低值。它是一个具有低限含义的数值，有国家耕地红线和地方耕地红线。中央政府要求坚持18亿亩耕地红线不动摇：2006年3月，十届全国人大四次会议通过了《国民经济和社会发展第十一个五年规划纲要》，指出“十一五”时期（2006—2010年）“耕地保有量保持1.2亿hm^2（18亿亩）”是要努力实现的经济社会发展主要目标之一。这就是18亿亩耕地红线的起源。2008年出台的《全国土地利用总体规划纲要（2006—2020年）》提出，要“守住18亿亩耕地红线”，全国耕地保有量到2010年和2020年分别保持在18.18亿亩和18.05亿亩。2009年6月23日，国务院新闻办公室举行新闻发布会，国土资源部提出开展“保经济增长、保耕地红线”行动，坚持实行最严格的耕地保护制度，耕地保护的红线不能碰。

2. 水资源底线

2012年1月，国务院发布了《关于实行最严格水资源管理制度的意见》（国发〔2012〕3号），这是继2011年中央1号文件和中央水利工作会议明确要求实行最严格水资源管理制度以来，国务院对实行该制度作出的全面部署和具体安排，是指导当前和今后一个时期我国水资源工作的纲领性文件。中央和地方政府着力构建确立水资源开发利用控制、用水效率控制和水功能区限制纳污“三条红线”，强化水资源、水环境刚性约束：一是确立水资源开发利用控制红线，到2030年全国用水总量控制在7 000亿m^3以内；二是确立用水效率控制红线，到2030年用水效率达到或接近世界先进水平，万元工业增加值用水量降低到40 m^3以下，农田灌溉水有效利用系数提高到0.6以上；三是确立水功能区限制纳污红线，到2030年主要污染物入河湖总量控制在水功能区纳污能力范围之内，水功能区水质达标率提高到95%以上。为实现上述红线目标，中央和地方政府进一步明确了2015年和2020年水资源管理的阶段性目标。

14.2.3　目标指标

1. 人均 GDP

人均GDP，即人均国内生产总值，常作为发展经济学中衡量经济发展状况的指标，是最重要的宏观经济指标之一。将一个国家核算期内（通常是一年）实现的GDP与这个国家的常住人口（或户籍人口）数量相比进行计算，即得到人均GDP。根据国家统计局的数据，2019年我国GDP为98.65万亿元，人均GDP折合10 276美元。

2. 碳生产力

碳生产力是指单位二氧化碳排放产出的GDP。城市的碳生产力可以用式（14-2）表示：

$$Z_i = \frac{Y}{X_i \times 3.67} \tag{14-2}$$

其中，Z_i——i城市的碳生产力；

Y——i城市的地区生产总值，美元；

X_i——i城市的碳源量，kg；

3.67——碳和CO_2之间的折算系数。

碳生产力的提高代表用更少的物质和能源消耗产生出更多的社会财富，因此提高碳生产力是发展低碳经济的关键。

3. 能源强度

能源强度是指能源利用与经济或物力产出之比，是用于对比不同国家和地区能源综合利用效率的最常用指标之一，体现了能源利用的经济效益。能源强度最常用的计算方法有两种：一是单位GDP消耗的能源；二是单位产值消耗的能源。由于后者所使用的产值随市场价格变化波动较大，因此若无特别注明，能源强度均指单位GDP能耗，最常用的单位为“tce/万元”。我国在“十一五”、“十二五”和“十三五”时期分别提出了能源强度下降20%、16%和15%的节能降耗目标。

4. 脱钩弹性系数

脱钩理论源于物理学领域，应用于环境经济学领域时主要指打破经济增长与环境负荷之间的关系，应用于资源消耗问题时主要指打破经济增长与资源消耗之间的关系。脱钩弹性系数源于Tapio分析1970—2001年欧洲交通业发展及排放脱钩关系时对OECD脱钩模型的改进研究。Tapio将脱钩指标细分为脱钩、链接和复钩3种状态，依据不同的脱钩弹性系数进一步将指标细分为弱脱钩、强脱钩、弱复钩、强复钩、扩张复钩、扩张连结、衰退复钩和衰退连结八大类，从而使环境压力指标和经济驱动力的各种可能性被赋予了合理的定位。具体公式如下：

$$DE = \frac{\%\Delta EP}{\%\Delta DF} = \frac{(EP_n - EP_{n-1})/EP_{n-1}}{(DF_n - DF_{n-1})/DF_{n-1}} \tag{14-3}$$

其中，DE——脱钩因子；

$\% \Delta EP$——环境压力增长率；

$\% \Delta DF$——经济驱动力增长率；

EP_n——第n年的环境压力；

DF_n——第n年的经济驱动力。

$$\text{能耗因子} = \frac{\% \Delta EC}{\% \Delta GIO} = \frac{\Delta EC / EC}{\Delta GIO / GIO} \qquad (14-4)$$

$$\text{碳排放因子} = \frac{\% \Delta CO_2}{\% \Delta FC} = \frac{\Delta \mathrm{CO_2} / \mathrm{CO_2}}{\Delta EC / EC} \qquad (14-5)$$

其中，EC——能源消费量，万tce；

GIO——工业总产值，亿美元；

$\mathrm{CO_2}$——二氧化碳排放量，Mt。

能耗脱钩弹性系数在一定程度上反映了产业能源消费变化与产业经济增长之间的关系；碳排放脱钩弹性系数衡量了二氧化碳与产业能耗之间的关系，可以从侧面反映出低碳技术在产业发展中的作用，当该数值接近脱钩状态时说明产业能源利用率较高且清洁能源所占比重较大；反之则说明产业减排效果差，高碳能源比重增加[13]。

若将碳排放量变化与经济增长变化相比，则相应的脱钩是指经济增长与温室气体排放之间的关系不断弱化乃至消失的理想化过程，即在实现经济增长的基础上逐渐降低能源消费量。

5. 人均碳排放

碳排放是关于温室气体排放的一个总称或简称。温室气体中最主要的气体是二氧化碳，因此可以用碳作为代表。碳排放不仅由燃料燃烧产生，人口增加、经济增长也是碳排放增加的原因。人均碳排放是将一个国家的碳排放总量除以这个国家的常住人口（或户籍人口）数量所得的数值。2016年，我国人均碳排放量为8.8 t。

6. 智能化水平

智能化技术在应用中主要体现在计算机技术、精密传感技术、GPS定位技术的综合应用上。随着产品市场竞争的日趋激烈，产品智能化的优势在实际操作和应用中得到了非常好的运用，其主要表现在大大改善了操作者的作业环境，减轻了工作强度；提高了作业质量和工作效率；使一些危险场合或重点施工应用得到解决；环保、节能；提高了机器的自动化程度及智能化水平；提高了设备的可靠性，降低了维护成本；故障诊断实现了智能化，等等。

将智能化技术应用于生态城市的建设，用智能技术手段监控、维护和改善生态城市建设的科学性和合理性，对于提高机制运行效率、加强体系协调性具有重要影响。

7. 社会保障水平

社会保障水平是指在一定时期内，一个国家或地区的社会成员享受社会保障的程度和水平，包括待遇水平、制度成熟水平、基金运作水平、管理水平。社会保障水平是社会保障体系中的关键要素，直接反映了社会保障资金的供求关系，并间接反映了社会保障体系的运行状况，其计算公式如下：

$$社会保障水平=社会保障支出总额/国内生产总值\times 100\% \qquad (14-6)$$

社会保障制度的建立不等于保障功能的实现，社会保障水平应保持适度，即社会保障水平并非越高越好。社会保障费用支出要与国家生产力发展水平以及各方面的承受能力相适应，过低的社会保障水平和过高的社会保障水平都无法保障其功能的实现，相反还会产生一系列的问题。

14.2.4 动力指标

1. 城乡居民收入比

城乡居民收入比是衡量城乡收入差距的一个重要指标。从宏观角度来看，我国的城乡收入差距经历了一个“U”字形发展路径。中国社会科学院经济研究所收入分配课题组经过数年长期跟踪调查发现，20世纪80年代中期的城乡居民收入比为1.8，1995年增加至2.8，2002年继续扩大至3.1。2002—2013年，我国城乡居民收入比一直在3以上，2007年城乡收入差距扩大到改革开放以来的最高水平（3.33：1）。从2010年开始，农村居民收入增速连续多年超过城镇居民收入，城乡居民收入比首次从上一年的3.33下降到3.23，2011年再次下降到3.13。2012年，农村居民收入再次“跑赢”城镇居民，全年农村居民人均纯收入7 917元，比上一年名义增长13.5%，扣除价格因素后实际增长10.7%；全年城镇居民人均可支配收入为24 565元，比上年名义增长12.6%，扣除价格因素后实际增长9.6%。2013年，城镇居民人均可支配收入为26 955元，农村居民人均纯收入为8 896元，城乡居民收入比为3.03，较2012年微降。2014年城乡居民收入比为2.92，城镇和农村居民的收入水平差距降至3倍以下。2015年，城镇居民人均可支配收入为31 195元，农村居民人均可支配收入为11 422元，城乡居民收入比为2.73，这是城镇和农村居民收入水平差距连续两年降至3倍以下，为15年以来的最低值。表14-4给出了2001—2015年我国城乡居民收入比变化情况。

表14-4　2001—2015年我国城乡居民收入比变化

年份	农村居民纯收入/元	城镇居民可支配收入/元	城乡绝对差距/元	城乡收入比/%
2001	2 366	6 860	4 494	2.90
2002	2 476	7 703	5 227	3.11
2003	2 600	8 472	5 872	3.26
2004	2 936	9 422	6 486	3.21
2005	3 255	10 493	7 238	3.22
2006	3 587	11 759	8 172	3.28
2007	4 140	13 786	9 646	3.33
2008	4 761	15 781	11 020	3.31
2009	5 153	17 175	12 022	3.33
2010	5 919	19 109	13 190	3.23
2011	6 977	21 810	14 833	3.13
2012	7 917	24 565	16 648	3.10
2013	8 896	26 955	18 059	3.03
2014	9 892	28 844	18 952	2.92
2015	11 422	31 195	19 773	2.73

2. 空气质量指数

空气质量指数（Air Quality Index，AQI）是定量描述空气质量状况的无量纲指数。参与空气质量评价的主要污染物为$PM_{2.5}$、PM_{10}、二氧化硫、二氧化氮、臭氧、一氧化碳6项。由于AQI评价的以上6种污染物浓度限值各有不同，所以在评价时各污染物会根据不同的目标浓度限值折算成空气质量分指数（IAQI）。空气质量按照AQI大小分为6级，相对应空气质量的6个类别，指数越大、级别越高说明污染的情况越严重，对人体的健康危害也就越大，从一级优、二级良、三级轻度污染、四级中度污染，直至五级重度污染、六级严重污染。以当前社会各界关心的雾霾情况为例，当$PM_{2.5}$日均值浓度达到75 $\mu g/m^3$（就是通常所说的限值）时，折算成IAQI是100；当$PM_{2.5}$日均值浓度达到150 $\mu g/m^3$时，IAQI达到200；当$PM_{2.5}$日均浓度达到250 $\mu g/m^3$时，IAQI达到300；$PM_{2.5}$日均浓度达到500 $\mu g/m^3$时，对应的IAQI达到500。AQI就是各项污染物空气质量分指数中的最大值。当AQI大于50时，IAQI最大的污染物为首要污染物，若IAQI最大的污染物为两项或两项以上时，并列为首要污染物。

3. 公共交通分担率

绿色出行是指采用对环境影响最小的方式出行，既节约能源、提高能效、减少污染，又益于健康、兼顾效率，如通过乘坐公共汽车、地铁等公共交通工具，合作乘车、环保驾车，或者以步行、骑自行车等方式出行可降低自己出行中的能耗和污染。相关的常用量化指标是“公共交通分担率”，指城市居民出行方式中选择公共交通（包括常规公交和轨道交通）的出行量占总出行量的比率，这个指标是衡量公共交通发展、城市交通结构合理性的重要指标，其计算公式如下：

$$\text{公共交通分担率}=\text{公共交通乘坐出行总人次}/\text{出行总人次}\times 100\% \quad (14\text{-}7)$$

目前，我国的城市公共交通分担率低于10%，特大城市只有20%左右，而欧洲、日本、南美等大城市的公共交通分担率已达40%～60%，这也是欧洲、日本、美国私家车众多，却很少拥堵的重要原因之一。2015年9月25日，习近平主席在与美国总统奥巴马再次发表的《中美气候变化联合声明》中承诺，中国将推动低碳交通，到2020年大中城市公共交通占机动化出行比例达到30%。

4. 绿色（低碳）建筑占比

建筑碳排放在二氧化碳排放总量中几乎占到50%，这一比例远远高于运输和工业领域，因此在当今绿色经济发展的背景下，低碳建筑已逐渐成为国际建筑界的主流趋势。低碳建筑是指在建筑材料与设备制造、施工建造和建筑物使用的整个生命周期内，减少化石能源的使用，提高能效，降低二氧化碳排放量。低碳建筑主要分为两方面：一是低碳材料，二是低碳建筑技术。

绿色（低碳）建筑占比是衡量城市生态文明及可持续发展水平的重要指标之一。2015年9月25日，习近平主席在与美国总统奥巴马再次发表的《中美气候变化联合声明》中承诺，中国将推动低碳建筑，到2020年城镇新建建筑中绿色建筑占比达到50%。

14.2.5 能源基础指标

1. 非化石能源占一次能源消费的比重

一次能源，也称天然能源，是指从自然界获得的可直接利用的能源，如原煤、原油、天然气、水能、风能、太阳能、潮汐能、地热能等。一次能源又分为可再生能源和不可再生能源，前者是指能够重复产生的天然能源，后者是指不可再生的各类化石燃料、核燃料等。由于化石能源的大量使用带来相对较大的环境污染，所以着力发展非化石能源、提高非化石能源在总能源消费中的比重是符合生态文明建设需求的重要举措。“十二五”期间，我国非化石能源占一次能源消费的比重从2010年的8.6%提高到2015年的12%。2019年，我国非化石能源占一次能源消费的比重达15.3%，提前一年完成“十三五”规划目标任务。

2. 人均可再生非商品能源占有量

非商品能源是指未经商品流通领域、未进入市场进行正规买卖活动，一般由农民自产自用的能源，如薪柴、秸秆等农业废料以及人畜粪便等可以就地利用的能源。非商品能源在发展中国家农村地区的能源供应中占有很大比重。2005年，我国农村居民的生活能源中有53.9%是非商品能源。提高人均可再生非商品能源占有量有利于降低温室气体排放，保护生态环境。

3. 碳能源强度

碳能源强度（Carbon Intensity）是指单位GDP的二氧化碳排放量，其高低不表明效率高低，如贫穷的农业国家虽碳能源强度较低但效率并不高；同样，碳能源强度高也不说明效率低，如产品的能源效率高但并没有全部卖出去，没有得到货币实现，则单位GDP的强度同样高。一般情况下，无论发达国家还是发展中国家，强度指标是随着时间（技术进步和经济增长）而下降的，所以按这一自然下降趋势作出的承诺是没有任何实际意义的；如果要承诺低于这一趋势，则很可能表现出制约影响。碳能源强度计算公式如下：

$$碳能源强度=二氧化碳排放总量/GDP \tag{14-8}$$

对于发展中国家而言，如果有资金、技术的保障，则强度承诺在近期是可取的；但经济规模的扩大需要同一技术的重复利用，因而强度并不能随经济增长而线性递减。因而从长远来看，对发展中国家可能是不利的。对于发达国家，由于资金、技术和完善市场制度的保障，就短期水平而言，采用强度承诺是可行的；而就长期水平而言，由于规模扩张较为有限（人口稳定、发展饱和），强度承诺对经济发展不会有不利影响，但由于发达国家的强度水平低，进一步大幅降低的难度较大。

为了积极应对气候变化，着力探索符合我国国情的低碳发展道路，我国政府将进一步加大温室气体排放控制力度。截至2020年年底，我国碳能源强度较2005年降低约48.4%。此外，根据中国能源研究会发布的《中国能源展望2030》报告，2016—2030年我国碳能源强度预计将累计下降54%。但是总体来说，碳能源强度指标受经济波动（增长、汇率、通货膨胀等）影响较大，具有较大的不确定性，缺乏较为严格的科学性和客观性。

14.2.6 指标间的关联度分析

灰色系统理论提出了对各子系统进行灰色关联度分析的概念，意图透过一定的方法寻求系统中各子系统（或因素）之间的数值关系。简言之，对指标进行灰色关联度分析的意义是试图在系统发展过程中发现变化态势趋于一致的两个甚至多个因素。如果同步变化程度较高，可以认为两者关联度较大；反之，则两者关联度较小。因此，灰色关联度分析为一个系统的发展变化态势提供了量化的度量，非常适合动态（Dynamic）的历程分析。

将关联度分析应用于城市生态文明指标体系的研究可以得出，如果指标之间关联度越大，说明被评价城市的生态文明程度越高，而且关联度的大小顺序就是被评价城市生态文明程度的次序[14]。

1. 确定参考数列（被评价对象）和比较数列（评价标准）

设被评价对象为m个，评价指标为n个，比较数列为$X_i=\{X_i\ (k)\ ,\ k=1,\ 2,\ L,\ n\}$，$i=1,\ 2,\ \cdots,\ m$；参考数列为$X_0=\{X_0\ (k)\ \ k=1,\ 2,\ L,\ n\}$。

2. 确定各指标对应的权重

考虑到各指标的重要程度不同，在计算关联度时可采取权重乘以关联系数的方法。确定各指标权重的方法有很多，如平均赋权法、层次分析法、专家调查法等，本节所采用的是专家调查法。根据专家调查法得到某一层的各指标相对于上一层指标的重要程度如下：

$$W_{\mathrm{k}}=(W_1,\ W_2,\ \cdots,\ W_n) \tag{14-9}$$

其中，W_k——第k个评价指标对应的权重；

$\sum\limits_{k=1}^{t} W_k=1$，表示该层中的指标个数。

3. 计算灰色关联系数

$$\varepsilon_t(k)=\frac{\min\limits_i\min\limits_k\left|X_0(k)-X_i(k)\right|+\varepsilon\max\limits_i\max\limits_k\left|X_0(k)-X_i(k)\right.}{\left|X_0(k)-X_i(k)\right|+\varepsilon\max\limits_i\max\limits_k\left|X_0(k)-X_i(k)\right.} \tag{14-10}$$

其中，$\varepsilon_t(k)$——比较数列X_i与参考数列X_0在第k个评价指标上的相对差值，

即比较数列X_i与参考数列X_0在第k个评价指标上的关联系数；

ε——分辨系数，引入它是为了减少极值对计算的影响，不会影响排序结果，只是影响数值大小，所以设置 $\varepsilon=0.5$。

4. 计算灰色加权关联度

$$r_i = \frac{1}{n}\sum_{k=1}^{t} W_k \varepsilon_t(k) \qquad (14-11)$$

其中，r_i——第i个被评价对象对理想对象的灰色加权关联度。

对一个L层组成的多层评价系统，最终关联度的计算方法如下：

利用式（14-11）将第k层各指标的关联系数进行合成，分别得到它们所属上一层即$k-1$层各指标的关联度；然后把这一层所得的关联度作为原始数据，继续得到$k-2$层各指标的关联度，以此类推，直到求出最高层次指标的关联度为止。

5. 评价分析

根据灰色加权关联度的大小，对各被评价对象进行排序，建立被评价对象的关联度，关联度越大其评价结果越好，同时通过各指标的灰色关联度得分找到各个被评价对象存在的问题，从中再找到解决问题的方法和途径。

参考文献

[1] 何天祥，廖杰，魏晓．城市生态文明综合评价指标体系的构建［J］．经济地理，2011，31（11）：1879，1897-1900.

[2] 康蕊．我国生态文明建设评价指标体系的对比研究［D］．北京：北京林业大学，2012.

[3] 朱松丽，李俊峰．生态文明评价指标体系研究［J］．世界环境，2010（1）：72-75.

[4] 刘伟杰，曹玉昆．生态文明建设评价指标体系研究［J］．林业经济问题，2013，33（4）：325-328，334.

[5] 蒋小平．河南省生态文明评价指标体系的构建研究［J］．河南农业大学学报，2008（1）：61-64.

[6] 关琰珠，等 . 生态文明指标体系研究 [J] . 中国发展，2007 (2)：21-27.
[7] 王云才，石忆邵，陈田 . 生态城市评价体系对比与创新研究 [J] . 城市问题，2007 (12)：17-21，27.
[8] 薄力之 . 欧盟“生态城市”(ECOCITY) 研究项目评析与启示 [J] . 城市发展研究，2008 (S1)：101-104.
[9] 中共中央编译局课题组 . 生态文明建设 (城镇) 指标体系 [EB/OL] . [2008-07-08] . https：//epaper.gmw.cn/gmrb/html/2008-07/10/nw.D110000gmrb_20080710_5-12.htm.
[10] 高华，曹先玉，蔡保国 . 山东省水生态文明城市评价体系研究 [J] . 特别关注，2013 (10)：8-10.
[11] 陈晓丹，等 . 经济发达城市生态文明建设评价方法研究 [J] . 生态经济，2012 (7)：52-56.
[12]《中国新时代》编辑部 .2011 年企业社会责任系列报道之一 [J] . 中国新时代，2011 (3)：26-27.
[13] 苑清敏，郑少宇 . 区域产业脱钩弹性与低碳经济路径分析 [J] . 环境科学与技术，2014 (10)：177-181.
[14] 朱玉林，李明杰，刘旖 . 基于灰色关联度的城市生态文明程度综合评价——以长株潭城市群为例 [J] . 中南林业科技大学学报 (社会科学版)，2010，4 (5)：77-80.

总结与展望

XIN SHIDAI SHENGTAI WENMING CONGSHU

针对我国发展过程中在资源、人口、环境和经济方面遇到的问题，我国政府提出了生态文明建设的发展战略。生态文明建设是为转变传统的发展模式而提倡的可持续发展，即实现社会、经济和环境一体化、综合的发展。新型城市化道路成为生态文明建设的具体载体。生态文明与可持续发展一样，需要解决好经济、社会和环境一体化的问题，因此必须协调好经济、社会和环境三者之间的关系。因而，转型和创新，特别是体制、思维方式的转型和创新，当然也包括技术的创新和转型，也就成为推动生态文明建设的重要核心条件。

随着生态文明建设的不断推进，传统城市化由于过度关注发展速度而忽略了发展质量，造成城市生态承载力的下降和城市生态脆弱性的加剧，出现了资源短缺、环境污染等制约城市持续健康发展的问题，因此在推行新型城市化的进程中注重生态文明建设势在必行。生态文明建设以保护自然环境和经济可持续发展为基础的，强调人与自然和谐相处，倡导建立可持续的生产方式和生活方式，形成节约能源和保护生态环境的增长方式和消费模式，实现经济、社会、生态全面可持续发展，最终是要建设资源节约型、环境友好型社会。当前和今后一个时期，一方面要将推进新型城市化与生态文明建设结合起来，通过生态文明建设调整产业结构、转变消费方式，促进城市化健康发展；另一方面要通过推进城市化把生态文明理念和原则融入全过程，走集约、智能、绿色、低碳的新型城市化道路。

在探索新型城市化的道路上，需要在生态文明理念的指导下，建设一批生态文明示范城市、生态文明小城镇等，将生态文明与城市化相结合，努力建设生态城市将成为必然趋势。当前，如何将生态文明理念融入新型城市化的全过程是值得关注的问题。在新型城市化与生态文明建设的过程中，对“人的城市化”的认识比“土地的城市化”还很欠缺，缺乏对“人的城市化”的关注，继“人的城市化”之后首次提出要建设“人的新农村”。近年来，随着城市化进程的加快，生态环境逐渐恶化，今后可持续发展将成为衡量生态文明建设与新型城市化协调发展的一种趋势。